2500語

政経
データバンク

一問一答 　論理選択問題
　　　　　資料・論述問題

清水書院

2

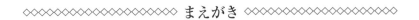

◇◇◇◇◇◇◇◇◇◇◇◇◇◇◇◇◇◇◇◇◇ まえがき ◇◇◇◇◇◇◇◇◇◇◇◇◇◇◇◇◇◇◇◇◇

　私たちの日常をとりまく多くの問題は，ほとんどといってよいほど政治や経済に関係しています。しかもそうした政治や経済の諸問題は時々刻々と激しく変化していますし，同時に国際社会と密接な関係をもって動いています。

　「政治・経済」は，「グローバル化する国際社会に主体的に生きる平和で民主的な国家及び社会の有意な形成者に必要な公民としての資質・能力」の育成をめざしている科目です。現実社会の諸課題の解決に向けて，手がかりとなる概念や理論を，理解するとともに活用して探究し，現実社会に見られる複雑な課題を把握し，身に付けた判断基準を根拠に構想し，公正に判断して合意形成や社会参加に向かう力を養います。そして，よりよい社会の実現のために，諸課題を主体的に解決しようとする態度，公民として，より積極的な役割を果たそうとする自覚などを，深めることをめざしています。

　現代の諸課題を追究したり，解決に向けて構想したりする活動を通して，政治や経済に関するさまざまな問題に対する客観的理解と，それを科学的・合理的に判断し，その解決に向かって主体的に行動しうる能力と態度を養うために，探究科目として「政治・経済」は設けられています。

　よりよい社会の実現のためには，民主主義の本質と現代政治の課題や現代経済の変容と国際経済の動向，さらに，国際情勢の基本動向や課題などに対する客観的・総合的理解と考察が不可欠となります。しかし，これらの問題は複雑・多岐にわたり，従って学習内容も非常に広範囲で，何を基礎・基本として押さえたらよいのか，迷ってしまうこともあるでしょう。

　本書は，皆さんが「政治・経済」を学習するにあたって，どのような事項を基礎・基本として押さえ，知識を整理し，課題解決に向けての「学び」を進めていけばよいのか，また，大学入学共通テストであろうと私大入試であろうと，皆さんの目標実現のために，それらに対応するにはどのような知識を身に付け能力を培わなければならないのかを考えて編集にあたりました。

　本書とともに，学習内容を効果的に整理し，その学習を深化させるとともに，能率的に受験対策を進め，皆さんが，首尾よく合格の栄冠を獲得されることを，切に期待するものです。

編者記す

目　次

基礎 第3編 現代の国際政治・経済

演習 論理・選択問題

演習 ◆ 資料読み取り問題

第Ⅰ章　政治分野		**263**
1	表現の自由と報道の自由に関する出題	263
2	総選挙の結果と内閣に関する出題	264
3	地方選挙に関する出題	266
4	法律の条文の読み取りに関する出題	268
5	若者の投票率とネット選挙に関する出題	270
第Ⅱ章　経済分野		**272**
1	近年の経済状況の推移に関する出題	272
2	一般会計歳出に関する出題	273
3	企業の資金調達に関する出題	274
4	消費者物価指数の推移に関する出題	275
5	実質GDP成長率に関する出題	276
6	社会保障に関する出題	277
第Ⅲ章　国際分野		**279**
1	経常収支の推移に関する出題	279
2	外国為替相場の動きに関する出題	280
3	アジア通貨危機に関する出題	282
4	比較生産費説に関する出題	284

演習 ◆ 短文問題

第Ⅰ章　政治分野	286		第Ⅲ章　国際分野	292
第Ⅱ章　経済分野	289			

演習 ◆ 論述問題

第Ⅰ章　政治分野		**295**
1	民主政治の基本原理	295
2	日本国憲法と平和主義	296
3	基本的人権の保障	296
4	国民主権と政治機構	298
5	現代日本の政治	299
第Ⅱ章　経済分野		**301**
1	経済社会の変容	301
2	現代経済のしくみ	302
3	日本経済のあゆみと現状	304
4	労働と社会保障	306
第Ⅲ章　国際分野		**308**
1	国際政治と日本	308
2	世界経済と日本	310

さくいん　315

◇◇◇◇◇◇◇◇◇◇◇◇◇◇◇◇ **本書の使用にあたって** ◇◇◇◇◇◇◇◇◇◇◇◇◇◇◇◇

1　本書は，新課程の探究科目「政治・経済」に対応して構成を整え，新たな教材として編纂されたものです。次のように，ねらいを絞り込んだ6種類の問題演習から構成されています。

　　「一問一答」は，簡潔な問いによって，基本的な事項，重要語を確認します。「正誤問題にTRY」は，類似の選択肢や判別しにくい選択肢を持った問題の正・誤を判断し，「解説」を読みとって，知識の定着を図ります。

　　「論理・選択問題」は，学習内容，関連事項等を整え，「思考プロセス」や「論理展開」がわかる「解説」を読みとり，理論と理論，理論と現実の相互関連の理解を図ります。「資料読み取り問題」は，新しい傾向の資料読み取り問題を取り上げ，その解答に向けた知識・技能の習得を図ります。

　　「短文問題」は，細切れの用語を暗記するのではなく「学習課題（主題）」や「問い」に対して，基本的な事項を活用し表現できる力の育成を図ります。「論述問題」は，小論文にも対応した論理的な思考力・判断力・表現力の育成をめざすものです。

2　「一問一答」で取り上げた用語問題ですが，全国的に多く採用されている教科書や主要大学の入試問題から，出題頻度の高い基本用語を取捨選択し，さらに，教科書などにあまり取り上げられていないけれども重要なタームや，時事的な用語も追加しました。特に時事的な用語は，何かと変化の激しい現代において，何を今日的問題としてとらえ考察すべきなのかを考えるときに，大いに役立つだろうと確信しています。また，問題文にも重要な用語がちりばめられています。解答を確認して終わりにするのではなく，逆に解答から問題文を読み返してみることで，知識の定着がいっそう確実なものになるはずです。問題の解答は，各ページに示してあります。はさみこんである色シートを利用して，必ず正確に「書いて解答」するようにしてください。書いて練習することで，いっそう理解が深まります。

3　本書は，ハンディサイズで取り扱いやすく，日々の「政治・経済」の学習を支え，受験に向けたエキスが，ぎっしり詰まっています。この小さな1冊で，あらゆる出題傾向の入試に対応できます。そして，試験会場に持ち込んで，試験開始直前まで，勉強した成果を確認することができます。

基礎　第1編　現代日本の政治

第1章　民主政治の発達 ◇◇◇◇◇◇◇◇◇◇◇◇◇◇◇◇◇◇◇◇◇◇◇◇

1　国民と政治

【人間生活と政治】……………………………………………………

❶人間が生活していくときに，必ず参加せざるを得ない生活の集団ないし共同体を何というか。

❷その著『政治学』で，「**人間は社会的（ポリス的）動物**であり，国家をもたぬ者は劣等人であるか，超人である」とした古代ギリシアの哲学者は誰か。

❸個人間，個人と集団，集団相互のさまざまな利害を調整したり統合したりして，社会全体として均衡・秩序を形成・維持するための機能ないし作用を何というか。

❹政治がその役割を果たすために，集団内部の構成員の行動を強制的にコントロールする力を何というか。

❺権力による支配が安定するためには，権力の行使に対する被治者の同意ないし承認が不可欠になる。この被治者が支配を受け入れる根拠を何というか。

❻支配の類型のうちで，身分的な秩序が支配する前近代的な社会において，伝統に則しているという形でその正当性を樹立する支配を何というか。

❼支配の類型のうちで，個人の超人的な資質に基づいて行われる支配を何というか。

❽支配の類型のうちで，明示された規則や法の正当性に基づいて行われる支配を何というか。

❾支配の正当性の根拠に応じて三つの類型に区分し，近代社会においては**合法的支配**が最も重要であるとし，その典型として，**官僚制**を分析したドイツの社会学者は誰か。

❿一定の地域を基盤にし，そこに住む住民の社会生活の

❶社会

❷アリストテレス

❸政治

❹権力（政治権力）

❺支配の正当性
　（権力の正当性）

❻伝統的支配

❼カリスマ的支配

❽合法的支配

❾マックス＝ウェーバー
　（1864 ～ 1920）

❿国家

秩序を維持管理するために強制力をもち，政治的・社会的および経済的機能を果たす組織を何というか。

【国家と法】…………………………………………………………………………

❶社会の秩序や統制を維持するために，強制的裏づけをもち，人々の外面的行為を規制する社会規範を何というか。

❷国家が法に基づき政治的機能を果たすときに，国民に対してもつ主な強制力には，どのようなものがあるか。

❸社会の秩序や統制を維持するために，社会がその成員に対して命じたり禁じたりする，一定の価値基準と行為の様式を何というか。

❹社会規範の一種であるが，外面的行為を規制する法とは異なり，個人のなかに内面化された内的規範として，行為の善悪の判断基準となるものを何というか。

❺権限のある機関によって制定された文書に表された法を何というか。

❻成文法に対する概念で，文章化されていないが，慣習・判例によって認められている法を何というか。

❼広い意味では法と同義であるが，狭い意味では憲法のもとに議会によって定められた法規範を何というか。

❽行政機関が制定する，議会が制定した法律の範囲内において住民を拘束する法規範を何というか。

❾地方公共団体が日本国憲法の地方自治の本旨にのっとり，法律の範囲内で制定・改廃することのできるものを何というか。

❿憲章，協定，規約，宣言，議定書，覚書なども含めた文書による国家間の法律的合意を何というか。

⓫慣習が国民の法意識によって確認され，法として認知された不文法を何というか。

⓬裁判所における長年の判決例によって成立する不文法を何というか。

⓭古代ギリシアに源流をもち，近代では**グロティウス**に始まる，国家が成立する以前，あるいは国家をこえて，人間の本性（理性）に根ざした普遍的な法を何というか。

⓮自然法に対置される概念で，立法機関などによって制

❶法

❷警察権，裁判権，徴税権

❸社会規範

❹道徳

❺成文法

❻不文法

❼法律

❽命令

❾条例

❿条約

⓫慣習法

⓬判例法

⓭自然法

⓮実定法

定された法を何というか。

【国家の変容】‥‥‥‥‥‥‥‥‥‥‥‥‥‥‥‥‥‥‥‥‥‥‥‥

❶国家が成立するための必要要件で，**国家の三要素**と呼ばれるものは何か。

❷著書『一般国家学』などにより「国家の三要素」を提示したドイツの法学者は誰か。

❸国家がその支配下にある集団や国民に対して行使しうる最高絶対の権力で，外国からの干渉を排除し，その独立性を主張しうる権力を何というか。

❹フランスの政治思想家で，その著書『**国家論**』(1576年)で，国家の主権の絶対性を主張したのは誰か。

❺ラスキらによって主張された，国家は他の社会集団に対して優越した絶対的支配権をもつものではなく，政治権力を委ねられた他の集団と同格の機能集団であるとする国家観を何というか。

❻マルクスらによって主張された，国家の本質を支配階級が人民支配のためにつくり出した体制と考え，国家を人民に対する搾取や抑圧の機構と考える国家観を何というか。

❼スペンサーらによって主張された，国家を一つの生命体と考え，個人は国家の部分で，国家のために機能を分担し，全体に奉仕するものとする学説を何というか。

❽イェリネックらによって主張された，国家そのものが主権者で，法的行為は機関が遂行すると考え，国家を法的な主体としての法人とする学説を何というか。

❾21世紀の現代においては，環境破壊，戦争，貧困などの問題に対して，従来の国民国家の枠をこえた人類の協力で解決をめざす必要があるという，地球全体を一つの共同体とする現象や考え方を何というか。

❿経済，人権，安全保障などさまざまな分野において，従来の国家や民族の枠をこえて活動が行われる現象を何というか。

⓫政府や政府関連の機関ではなく，国家の枠をこえて人権保障，平和，環境などの分野で活躍している民間団体を何というか。

❶主権，領域，国民

❷イェリネック（1851～1911）

❸主権

❹ボーダン（1530～96）

❺多元的国家論

❻階級国家論

❼国家有機体説

❽国家法人説

❾グローバリズム（グローバリゼーション）

❿ボーダレス化（相互浸透）

⓫非政府組織（NGO）

2　近代民主政治の発展

【市民革命と社会契約説】‥‥‥‥‥‥‥‥‥‥‥‥‥‥‥‥‥‥‥‥

❶16 〜 18世紀のヨーロッパに出現した君主主権の専制的政治体制で，王権神授説を背景に，国王が官僚制と常備軍を備えたものを何というか。絶対主義・絶対君主制ともいう。

❷ヨーロッパ近代初頭に，絶対王政の君主権力を正当化する目的で主張された，国家の権威は神から授与されたものであると説く考えを何というか。

❸王権神授説の代表的理論家として，『家父長権論』を書いたイギリスの政治思想家と，ルイ14世の師であるフランスの司教は，それぞれ誰か。

❹17 〜 18世紀に欧米における市民の実力の上昇にともなって，国王の専制政治に対する民衆による社会改革が展開されたが，これを総称して何というか。

❺1642年，イギリスでチャールズ1世の専制を打倒し，クロムウェルを中心とする共和制が成立した革命を何というか。

❻古代ギリシアのデモス（人民）とクラティア（統治）を語源とする，全人民の主体的政治参加，人民による自発的秩序形成の実現をめざす政治を何というか。

❼単独者または特定の集団に権力を集中しながらも，何らかの形で大衆の支持のもとに支配する政治を何というか。

❽国の元首が国民の直接または間接選挙によって選ばれる国家形態を何というか。

❾世襲の単独の首長により統治される国家形態を何というか。

❿各個人の自由意思によって相互に結んだ契約に，社会および国家の起源と本質を求めようとする政治思想を何というか。

⓫社会契約説の論理的前提とされる国家状態ないし社会状態に先立つ状態を何というか。

⓬自然法によって，あるいは人間が人間であることに

❶絶対王政

❷王権神授説

❸フィルマー（1588 〜 1653），ボシュエ（1627 〜 1704）

❹市民革命

❺ピューリタン（清教徒）革命

❻民主政治

❼独裁政治

❽共和制

❾君主制

❿社会契約説

⓫自然状態

⓬自然権

よってもっているとされる諸権利を何というか。

⓭著書『リヴァイアサン』において，自然状態では自己保存の権利を有するがゆえに「万人の万人に対する闘争」になるとし，契約による主権者への自然権の譲渡を説いたイギリスの政治家は誰か。｜⓭ホッブズ（1588〜1679）

⓮著書『市民政府二論（統治二論）』において，自然状態では自然権の保障が不十分であるがゆえに，これを確実ならしめるために契約によって自然権の一部を信託して政府を樹立する，と説いたイギリスの政治思想家は誰か。｜⓮ロック（1632〜1704）

⓯ロックが，保障すべき自然権に身体と生活資料をも含めたため，生命・自由とともに自然権（所有権）の内容とされたものは何か。｜⓯財産

⓰ロックが，契約によって設立させた政府が信託に違反した場合，市民がいつでも契約を撤回できるとした権利を何というか。｜⓰抵抗権，革命権

⓱文明社会の不平等や頽廃を批判し，その著書『社会契約論』で全人民の契約に基づく新たな社会状態を描き出し，一般意思によって人民主権の理念を基礎づけた18世紀のフランスの啓蒙思想家は誰か。｜⓱ルソー（1712〜78）

⓲ルソーの政治理論の基礎概念で，私的利害をもつ個々人の意思（特殊意思）の総和である全体意思ではなく，共通の利益だけを志向する全人民の意思で，主権の根拠をなすとされるものは何か。｜⓲一般意思

⓳ルソーが，契約によって創設された国家を導くのは総体としての人民そのものの意思であるとして，主権の譲渡や分割を否定し，直接民主制を主張する根拠となったものは何か。｜⓳人民主権論

【近代民主政治の原理】………………………………………

❶19世紀中期のアメリカ合衆国大統領で「人民の，人民による，人民のための政治（統治）」という有名な言葉を残し，民主主義の発展に寄与した人物は誰か。｜❶リンカン（1809〜65）

❷人間が人間として当然に有し，何人においてもこれを侵すことができない権利を何というか。｜❷基本的人権

❸名誉革命後の1689年，国王が議会の同意なしに課税｜❸権利章典

したり，法律の停止を行ったりしてはならないことを規定した法律を何というか。

❹ 1776 年，アメリカ独立当初の 13 州の一つの州で制定された，自然法思想に基づく最初の権利の章典は何か。

❹ヴァージニア権利章典

❺フランス革命中の 1789 年，基本的人権が何人によっても侵すことができない人間固有の権利であることを明確にし，その尊重を主張した宣言を何というか。

❺フランス人権宣言

❻国家のあり方を最終的に決定する権力（主権）は国民にあるという考え方を何というか。

❻国民主権

❼アメリカ独立戦争中の 1776 年，ロックの思想を背景に自然権，国民主権，抵抗権などの考え方を含み，イギリスからの独立を明らかにした宣言を何というか。

❼アメリカ独立宣言

❽権力を機能的あるいは地域的に分立させて，**権力の濫用**を抑制しようとする理論および制度を何というか。

❽権力分立

❾権力分立の原理に従って，国家権力を立法権，行政権，司法権に分け，おのおの独立した機関が分担し，権力の濫用を防止して，国民の人権を保障しようとするしくみを何というか。

❾三権分立

❿著書『**法の精神**』において，国家権力を立法，執行，司法の三権に分け，相互間の**抑制と均衡（チェック－アンド－バランス）**により権力の濫用が阻止されると説いたのは誰か。

❿モンテスキュー（1689 ～ 1755）

⓫権力者による恣意的支配（**人の支配**）を排し，権力者といえども自然法および国法の支配に服さねばならないとする，中世以来のイギリス法の原理を何というか。

⓫法の支配

⓬ 1215 年，イギリス国王ジョンが，封建貴族の要求を入れて王がみだりに貴族の権益を侵さないことを約束した文書で，王といえども法に従うという原則が規定され「法の支配」の萌芽とされるものは何か。

⓬マグナ－カルタ

⓭ 17 世紀前半，絶対王政との抗争のなかで，国王に対しても法の優位を説き，「法の支配」の確立に努めた裁判官は誰か。

⓭エドワード－コーク（クック）（1552 ～ 1634）

⓮「国王はいかなる人の下にも立たないが，神と法の下にある」という言葉がコークによって引用された，13 世紀の裁判官は誰か。

⓮ブラクトン（1216 ? ～ 68）

⓯ 11 世紀以降の中世イギリスで，地方的慣習法に対する一般的慣習法の意味で，国王裁判所が形成した判例法を何というか。

⓯コモン‐ロー

⓰国民の信託を受けた議会こそ政治運営の主体であるべきだという**議会主権**を説き，「法の支配」の原則を適応して憲法の体系化を図ったイギリスの憲法学者は誰か。

⓰ダイシー
（1835 〜 1922）

⓱ 19 世紀ドイツで発展した考えで，人権保障の目的よりも形式的に，公権力の行使はすべて議会で制定した法律に基づかなければならないとする考えを何というか。

⓱法治主義

⓲法治主義では，明示された法律があれば人権も制限しうるとされるが，そうした例として 1933 年にナチスが制定した政府に立法権を与えた法律は何か。

⓲（ナチス）授権法
（全権委任法）

⓳国民が自ら直接に国家意思の決定と執行に参加する民主制の形態で，わが国の憲法でも，国民投票，国民審査，住民投票などの制度として採用されているものを何というか。

⓳直接民主制

⓴国民がその代表者を選出し，選出された代表者が立法・行政などの政治を行う制度を何というか。

⓴間接民主制
（代議制）

㉑国民の代表者が議会を構成して，議会を通じて国民の意思の実現をめざす間接民主制の理念を示す言葉は何か。

㉑議会制民主主義

㉒十分な討論と少数意見の尊重を前提として，評決に際して多数意見をもって論議に決着を与える原理を何というか。

㉒多数決の原理

3　現代民主政治と人権保障の拡大
【自由権から社会権へ】……………………………………………

❶国家の果たすべき役割が国防や治安維持など必要最小限に限定されていた近代国家を，ドイツの国家社会主義者ラッサールは何と呼んで批判したか。

❶夜警国家（消極国家，安価な政府）

❷ 17 〜 18 世紀の欧米の市民革命後に確立された，国家権力による不当かつ違法な介入・干渉を排除して（**国家からの自由**），各人の自由・生命・財産の保障を主張する基本的人権を何というか。

❷自由権

❸自由な経済活動が保障された資本主義の発展にともな

❸低賃金，長時間

い，19世紀以降生じてきた社会問題にはどのようなも
のがあるか。

労働，貧富の格
差，恐慌など

❹財産や納税額によって選挙権や被選挙権に制限を加え
る**制限選挙**に対して，すべての国民（成年者）に選挙権・
被選挙権を与える選挙制度を何というか。

❹普通選挙

❺19世紀中頃，イギリスで成年男子普通選挙を中心内
容とする**人民憲章**を掲げて闘われた，労働者階級の大衆
的政治・経済改革運動を何というか。

❺チャーティスト
運動

❻資本主義社会における経済弱者である労働者が，労働
条件の改善や生活の向上を求める運動を何というか。

❻労働運動

❼**資本家階級**による**労働者階級**の支配を本質とする資本
主義を廃止し，搾取と抑圧のない平等な社会の実現をめ
ざす運動を何というか。

❼社会主義運動

❽マルクスの思想を背景に**レーニン**の指導のもと，帝政
ロシアを打倒し社会主義国家建設の道を開いた，1917
年に起こった世界最初の社会主義革命は何か。

❽ロシア革命

❾1918年に成立した労働者による企業統制，18歳以上
の男女による普通選挙制，8時間労働制などを定めたソ
ビエトの最初の憲法を通称何と呼ぶか。

❾レーニン憲法

❿1919年に成立した，初めて「社会権（生存権）」の保
障を規定し，20歳以上の男女普通選挙制などを定め，
20世紀の憲法の方向性を示したドイツ共和国憲法を通
称何と呼ぶか。

❿ワイマール憲法

⓫資本主義の発展に伴って生み出されてきた社会的弱者
に対して，人間たるに値する生活を保障する（**国家による**
自由），20世紀になってから確立した基本的人権は何か。

⓫社会権

⓬19世紀末，住民自治の伝統が強いアメリカやスイス
の一部の州で採用された直接民主制の一つの方法で，憲
法の改正など政治の重要事項に関して，国民または住民
が直接投票を行ってその可否を決する制度を何というか。

⓬レファレンダム

⓭有権者が一定数の連署による請求を通じて，法律の制
定・改廃を提案しうる直接民主的方法を何というか。

⓭イニシアティブ

⓮国または地方公共団体の特定の公職にある者が国民や
住民の信頼に反する行為をしていると思われるとき，任

⓮リコール

期満了前に国民または住民がその解職を請求する制度を
何というか。

⓯社会政策や経済政策の実施により，積極的に国民福祉
の増進を図ることが期待されている現代の国家を何とい
うか。

⓯福祉国家（積極
国家，社会国家）

⓰古典的な自由主義やケインズ政策に基礎をおくのでは
なく，市場原理主義と個人の自由・自己責任とに根本的
な信頼をおく考え方を何というか。サッチャーやレーガ
ン，ブッシュ（父子）などに影響を与えた。

⓰新自由主義（ネ
オ－リベラリズ
ム）

【ファシズムと人権保障の拡大・国際化】……………………………………

❶1929年10月，ニューヨークの**ウォール街**の株価の大
暴落に始まり，全資本主義世界を巻き込んだ大恐慌を何
というか。

❶世界恐慌

❷アメリカの**F. ローズヴェルト**大統領が，世界恐慌に
始まる不況を克服するために，政府による経済への介入
を進めた一連の政策を何というか。

❷ニューディール
政策

❸一般に権力集中制と密接に関連した国家目的優先とそ
れに伴う国民の人権抑圧の体制を何というか。

❸全体主義

❹1920～30年代に台頭し，大衆行動によって国民の支
持を獲得したものの，政権獲得後は国民の自由や権利を
否定し，社会主義を弾圧したヒトラーやムッソリーニ政
権にみられる独裁政治を何というか。

❹ファシズム

❺1941年，F. ローズヴェルト大統領が教書で述べ，そ
の後国連憲章や世界人権宣言の基調となった，**言論と表
現の自由，信教の自由，欠乏からの自由，恐怖からの自
由**を何というか。

❺四つの自由

❻社会情勢の変化に対応して，従来の人権の分類では不
十分なために新しく主張されるようになった，知る権利，
環境権，プライバシーの権利などを何というか。

❻新しい人権

❼各国の国内問題とされていた人権保障が，国際的に共
通の問題として取り上げられるようになったことを何と
いうか。

❼人権保障の国際
化

❽人権を「すべての人民とすべての国とが達成すべき共
通の基準として」保障しようと定めた，1948年の国連
総会で採択された宣言は何か。

❽世界人権宣言

❾世界人権宣言よりも具体化して，法的拘束力をもたせて，1966年の国連総会で採択された，**社会権規約（A規約）**と**自由権規約（B規約）**などからなる条約は何か。

❿国際人権規約のA・B両規約の第1条に規定されている，人権保障の基盤とされている権利は何か。

⓫1998年，集団殺害（**ジェノサイド**）や戦争犯罪，非人道的な罪を犯した個人を裁くための常設の裁判所を設置する内容で採択された条約を何というか。

⓬2002年7月に国際刑事裁判所設立条約が発効したことにより，オランダのハーグに設置された常設の裁判所を何と呼ぶか。日本は2007年10月に加入した。また2008年7月には，スーダン西部ダルフールの紛争をめぐって，同国大統領に現職の国家元首に対する初めての逮捕状が請求された。

⓭160以上の国に会員をもち，思想・信条・宗教などを理由に国家から身体的拘束を受けている人々（**良心の囚人**）の釈放や死刑の廃止などを国際世論に訴えている，人権擁護を目的とする国際的民間団体は何か。

⓮身体的あるいは文化的特性により，彼らが住む社会において他の人々と区別され，政治的支配，経済的搾取，社会的差別などを受けている人々をめぐる問題は何か。

⓯「積極的な差別是正措置」で，過去の差別の結果の埋め合わせのため，少数民族や女性などに対して，経済・教育上でとられる暫定的な優遇措置を何というか。

⓰一般大衆の考え方や要求に依拠して行われる政治的な主張や運動を何というか。

4　世界のおもな政治制度
【イギリス】

❶下院の信任に基づいて内閣が存立するしくみで，内閣は行政権の行使に対して議会に連帯して責任を負うという政治制度を何というか。

❷議会（下院）が内閣を信任しないことを表明する権限を何というか。

❾国際人権規約

❿民族自決権

⓫国際刑事裁判所設立条約（ICC条約）

⓬国際刑事裁判所（ICC）

⓭アムネスティ‐インターナショナル

⓮少数者（マイノリティ）の権利

⓯ポジティブ‐アクション（アファーマティブ‐アクション）

⓰ポピュリズム

❶議院内閣制（責任内閣制）

❷内閣不信任決議権

❸内閣が下院議員の任期満了前にその資格を奪う権限を何というか。

❹イギリスの最初の首相で議院内閣制の確立に努力し，1742年，議会の信任を失った場合に内閣が総辞職するという先例をつくったのは誰か。

❺イギリスの憲法にみられるように，具体的な成文をもたず，重要な法律や政治的慣習などを集大成して構成される憲法の形態を何というか。

❻憲法の規定に従って君主が統治権を行使する政治形態を何というか。

❼18世紀以降，イギリスにおいて王権に対する議会の優位が確立し，国王は存在するけれども政治的実権を行使しないことを象徴した有名な言葉は何か。

❽内閣総理大臣（首相）をはじめ大部分の国務大臣が政党員であるように，政党に基礎をおく内閣制度を何というか。

❾イギリスの**二大政党制**のもとで，野党のなかに内閣の組織に対応する担当者をおいて形成する機関の俗称で，政権交代を円滑に進める役割も果たしているのは何か。

❿イギリス議会の上下両院は，それぞれ何というか。

⓫イギリスで，1911年および1943年の議会法によって確立された原則で，上院に対して下院が優越した地位をもつ原則を何というか。

⓬17世紀中ごろに成立したトーリー党が，1830年に改称，現在は労働党とならびイギリスの二大政党をなしている政党は何か。

⓭20世紀初期，漸新的改革によって社会主義の実現をはかろうとする人々がつくった政党で，保守党とならびイギリスの二大政党をなしている政党は何か。

⓮1990年代からヨーロッパの社会民主主義政党が模索した政治路線の総称で，市場の効率性を重視し，社会的公正を図る立場。ブレア政権はその代表。

⓯「宙ぶらりんの議会」と訳される。イギリス下院で，どの政党も単独過半数を確保できない状態を何というか。

⓰イギリスが欧州連合（EU）から離脱すること。

❸下院解散権

❹ウォルポール（1676～1745）

❺不文憲法

❻立憲君主制

❼「君臨すれども統治せず」

❽政党内閣制

❾影の内閣（シャドー‐キャビネット）

❿貴族院，庶民院

⓫下院の優越

⓬保守党

⓭労働党

⓮第三の道

⓯ハング‐パーラメント

⓰ブレグジット

【**アメリカ合衆国**】……………………………………………………………………

❶各州に広範囲な自治権を認め，それぞれの州の連合体を基盤として国家を形成する制度を何というか。

❷国家元首であるとともに行政の首長である大統領が，国民の選挙によって選ばれ，立法機関である議会から独立して行政権の行使にあたる政治制度を何というか。

❸4年に1回，有権者から選出された**大統領選挙人**によって大統領の選出を行うもので，形式的には間接選挙であるが，実質的には直接選挙といえるアメリカの選挙は何か。

❹アメリカ大統領が，行政権を直接行使するために発する命令を何というか。

❺アメリカ大統領が，連邦の状況につき情報を与え，自ら必要と認める施策について議会の審議を勧告するために連邦議会に送付するメッセージを何というか。

❻大統領が，連邦議会が可決した法案を拒否できる権限を何というか。

❼大統領が法案を拒否した場合，議会が法律を成立（**オーバーライド**）させるための条件はどのようなものか。

❽イギリスの内閣や首相には認められるが，アメリカ合衆国の大統領にはない主な権限は何か。3つあげよ。

❾1951年の憲法改正で，アメリカ合衆国大統領の多選に枠がはめられたが，それは何か。

❿アメリカ合衆国連邦議会の上下両院は，それぞれ何というか。

⓫アメリカ連邦議会で政党を代表する役職を何というか。上下両院の与党と野党に1人ずつ計4人いる。

⓬連邦議会においては上院と下院は対等の権限を有するが，外交問題の処理と高級公務員の任免については上院に承認権がある。このことを何というか。

⓭アメリカの二大政党の一つで，共和党よりもリベラルな立場に立ち，労働組合や少数民族の支持者も多い政党は何か。

⓮アメリカの二大政党の一つで，保守的な傾向をもち，

❶連邦制度

❷大統領制

❸大統領選挙

❹大統領令

❺教書

❻法案拒否権

❼3分の2以上の賛成で再可決

❽解散権，法案提出権，議会出席権

❾三選の禁止

❿元老院，代議院

⓫院内総務

⓬上院の優越

⓭民主党

⓮共和党

より小さな政府の立場をとる政党は何か。

❶議会や内閣の行為が憲法に適合するか否かについて訴｜❶違憲法令審査権
えがあった場合に，裁判所が審査し，その有効・無効を　（違憲立法審査
判断することができる権限を何というか。　　　　　　　　権）

【その他の先進国】‥‥‥‥‥‥‥‥‥‥‥‥‥‥‥‥‥‥‥‥‥‥‥‥‥‥‥‥‥

❶フランス第五共和制では，政府運営の実務を大統領と｜❶半大統領制
首相の2人が共同で担う政治制度を取っている。これを
何というか。

❷国家元首としての儀礼的役割が中心であり，一部の例｜❷連邦大統領
外を除いて直接の統治権を持たず，連邦議会議員と各州
代表で構成する連邦会議によって選出されるドイツの大
統領を何と呼ぶか。

【旧ソ連，中国】‥‥‥‥‥‥‥‥‥‥‥‥‥‥‥‥‥‥‥‥‥‥‥‥‥‥‥‥‥‥

❶社会主義陣営で採用された，国家権力を国民の代表機｜❶権力集中制（民
関に集中させる民主的な中央集権体制を何というか。　　　主集中制）

❷本来ロシア語で，「会議」「評議会」の意味をもつが，｜❷ソビエト
立法・司法・行政の三権を統一して掌握し，勤労大衆の
直接的政治参加の形態と考えられていた旧ソ連の合議体
を総称して何といったか。

❸反革命を排除して，社会主義社会の実現のためにプロ｜❸プロレタリア独
レタリアート（労働者）の名において共産党一党による　裁
国内支配をはかる考え方を何というか。

❹ロシア語で「再建」の意。1985年に共産党書記長ゴ｜❹ペレストロイカ
ルバチョフが推進した，旧ソ連の政治・経済・社会のあ
らゆる領域に関わる改革を何というか。

❺ゴルバチョフのペレストロイカの一環をなす政策で，｜❺グラスノスチ
「情報公開」と訳されるもの。

❻1990年の憲法改正まで，ソ連の国家政策を策定し，｜❻共産党
政府機関の要職を占め，国家機関のなかで指導的役割を
果たしてきたが，1991年のクーデタ失敗後解散させら
れた政党は何か。

❼1990年，人民代議員大会で新設された，軍の統帥権｜❼大統領
や最高会議に対する提案権，法案の拒否権などをもつ，
行政府の長であるとともに国家元首の地位にあった機関
は何か。

❽1990年の憲法改正によって，ソ連は共産党の一党独裁制を放棄し，これに代わってどのような政党制に移行したか。

❾1991年，保守派のクーデタの失敗後，12月のアルマ・アタ会議の協定に基づき，バルト三国とグルジア（現ジョージア）を除く旧ソ連を構成していた11共和国が創設した組織は何か。

❿ソ連崩壊後，ソ連領土の一部だった旧ロシア共和国が独立国家となる形で，1991年に樹立された国は何か。

⓫2001年に設立されたロシアの政党で，2003年下院選挙に勝利して以来，2023年現在に至るまで下院の第一党であり，特定イデオロギーに固執せずに，プーチン政権を支持する事実上の政権与党である政党は何か。

⓬2006年に設立されたロシアの社会民主主義政党は何か。「21世紀の新しい社会主義」を標榜している。

⓭5年の任期で選出される代表によって組織され，憲法改正，法律制定，国務院構成員の任免，予算・決算の審議と承認などの権限を有する中国の最高国家権力機関は何か。

⓮全国人民代表大会によって選出され，これに対して責任を負う常設機関で，法律の解釈，条約の批准などの権限を有する機関を何というか。

⓯1958年，中国共産党第8回全国人民代表大会で設置された，中国共産党の最高指導者の地位を何というか。

⓰1970年代末に鄧小平によって着手された経済体制の改革と対外開放政策を何というか。

⓱改革の主導力であり，現憲法下においては正規の国軍となり，**中央軍事委員会**の統率下におかれている中国の軍隊を何いうか。

⓲総理をはじめとする閣僚が全人代によって選出され，これに対する責任を負う最高の行政機関を何というか。

⓳中国の裁判所で最高の地位に属する司法機関で，その下にある各級の裁判所を監督する機関を何というか。

⓴憲法上にも明記され，各級国家機関を指導し社会主義建設に指導的役割を果たしている政党は何か。

❽複数政党制

❾独立国家共同体（CIS）

❿ロシア連邦

⓫統一ロシア

⓬公正ロシア

⓭全国人民代表大会（全人代）

⓮常務委員会

⓯総書記

⓰改革・開放政策

⓱人民解放軍

⓲国務院

⓳最高人民法院

⓴中国共産党

㉑中国共産党の一党独裁を批判し，三権分立を保障した新たな憲法のもと，中華連邦共和国の樹立を求めた宣言書を何というか。2008年末にインターネット上で公表された。 | ㉑08憲章

【発展途上国】……………………………………………………

❶発展途上国にみられる強権的政治体制で，軍人・官僚中心の政権が国民の政治的自由を制限したうえで，外国資本の導入による開発と経済成長を最優先させる政治体制を何というか。 | ❶開発独裁

❷支配階級の一部が，自己の権力の強化ないし政権を獲得するために行う非合法的・実力的な奇襲を何というか。 | ❷クーデタ

❸ある政治勢力が他者及び他の政治勢力に対して，自らの政治目的のために行う暴力の使用又は威嚇行為を何というか。 | ❸テロリズム

❹政治機構が未成熟で，政党などの統合機能が不十分な地域で，武装集団の軍部が統合機能を代行する政権を何というか。 | ❹軍事政権

❺共産党の指導による社会主義国家や，右翼・軍事独裁体制の国家にみられる，一つの政党が政治の主導権を握る体制を何というか。 | ❺一党支配制

第1章 民主政治の発達

【正誤問題に TRY】

①主権は，領域，政府と合わせて，「国家の三要素」を構成するものと考えられている（22 追）

②ジャン・ボーダン（ボダン）は，著書『国家論』の中で神から授けられる権力として主権を論じ，絶対主義を否定した。（22 追）

③公海では，すべての国に航行の自由が認められるわけではない。（19 本）

④大陸棚の幅は，沿岸国の基線から測定して 200 海里を超えることはない。（19 本）

⑤領海の幅は，沿岸国の基線から測定して最大 3 海里までである。（19 本）

⑥排他的経済水域では，沿岸国に天然資源を開発する権利が認められる。（19 本）

⑦マックス・ウェーバーは支配の正当性（正統性）をカリスマ的支配，ポリス的支配，合法的支配の三つに分類した。（20 本改）

⑧ホッブズが自然状態を「万人の万人に対する闘争」とあらわした。（15 本）

⑨グロティウスは『戦争と平和の法』をあらわし，戦争を制御して平和な秩序を実現するルールを論じた。（19 追）

⑩ロックは『統治二論（市民政府二論）』をあらわし，国家権力が立法権と執行権に分割され，後者が優越することを論じた。（19 追）

⑪「統治二論」には，裁判権が，立法権と執行権から分離されていないときにもまた，自由はない。もしそれが，立法権に結合されていれば，市民の生命と自由を支配する権力は恣意的であろう。と記述されている。（18 追）

① × 領域・国民・主権を国家の三要素としている。

② × 絶対的永続的な権力として主権を論じた。

③ × 公海ではすべての国の船舶に公海自由が認められている。

④ × 大陸棚限界委員会では，大陸縁辺部が 200 海里を超えて延びている場合，同条約が定める一定の条件の下で 200 海里を超えて大陸棚を設定できると規定。

⑤ × 1982 年に採択された国連海洋法条約で，領海は基線から 12 海里以内と定められた。

⑥ ○

⑦ × マックス・ウェーバーが提唱したのは，カリスマ的支配，合法的支配，伝統的支配の三つ。

⑧ ○

⑨ × 戦争は正当な理由によるものでなければならず，やむを得ず戦争を行うときも，国際法に従うとした。

⑩ × 立法権を最高権とした。

⑪ × モンテスキューの「法の精神」の内容である。

⑫サン＝ピエールは『永久平和論（永久平和の計画）』をあらわし，国際機構を設立して平和を実現する構想を論じた。(19追)

⑬アメリカ独立宣言には，すべての人は平等に造られ，造物主によって一定の奪うことのできない権利を与えられ，その中には生命，自由および幸福の追求が含まれる。と示している。(23追改)

⑭ワイマール憲法には，人は，自由，かつ，権利において平等なものとして生まれ，生存する。社会的区別は，共同の利益に基づくものでなければ，設けられない。と示されている。

⑮1789年のフランス人権宣言では「圧制に抵抗する権利」が自然権と位置づけられた。(15追)

⑯市民革命の後に各国で定められた多くの人権宣言は，自由と平等とを保障している。ここでは，「社会的・経済的弱者に対して国家が手厚い保護を与えることで，ほかの個人と同等の生活を保障することが平等である」との考え方がとられていた。(18試)

⑰17世紀初頭にイギリスの裁判官エドワード・コーク（クック）は，13世紀の法律家ブラクトンの言葉をひいて「あらゆる政治的結合の目的は，人の，時効によって消滅することのない自然的な諸権利の保全にある」と述べ，法の支配を主張した。(20本改)

⑱法の支配とは，個人の権利を守るため，国王や権力者といえども法に従わなければならないとする考え方である。(18本改)

⑫　○

⑬　○

⑭　×　フランス人権宣言の内容である。ワイマール憲法は，男女普通選挙，社会権規定，財産権制限などを盛り込み，当時の世界で最も進んだ民主的憲法といわれた。

⑮　○

⑯　○

⑰　×　「あらゆる政治的結合の目的は，人の，時効によって消滅することのない自然的な諸権利の保全にある」はフランス人権宣言の内容である。エドワード・コークは「王は何人の下にも立つことはない。しかし，神と法の下には立たなければならない」と述べた。

⑱　×　ドイツで発達した「法治主義」である。法の内容よりも法の形式的な適合性を重視したため，人権軽視や専制化につながる場合もあった。

⑲君主による恣意的な権力行使を抑制し，国民の権利を擁護するために「法の支配」という原則が確立するとともに，国家権力を担う機関相互の関係を規律する「国民主権」という原理が生まれた。(22追改)

⑳国民主権の下で国民により制定された憲法を，欽定憲法という。(15追)

㉑イギリスは，多数の法律や慣例が憲法の役割を果たしているため，成文憲法をもつ国である。(15追)

㉒ドイツのワイマール憲法は，世界で初めて社会権を規定した憲法である。(15追)

㉓特別の改正手続を必要とせず，一般の法律と同じ手続で改正できる憲法を，硬性憲法という。(15追)

㉔新自由主義（ネオ・リベラリズム）の政策や考え方に関係の深い人物は，ブレアである。(18本改)

㉕議院内閣制をとっている日本では，通常，国会の多数派が内閣を組織し，行政に責任を負う。(19追)

㉖大統領制をとっているアメリカでは，大統領が拒否権を行使した法案は直ちに廃案となる。(19追)

㉗中華人民共和国では，行政府の長である国務院総理が国家主席を指名している。(19追)

㉘イギリスでは，下院は比例代表制によって，上院は小選挙区制によって，議員が選出される。(19追)

⑲　×　「国民主権」ではなく「権力分立」

⑳　×　民定憲法のこと。欽定憲法は君主の権威と意思で単独に制定された憲法をいう。

㉑　×　イギリスでは文字で記された憲法典がなく，歴史的に憲法的な文書とよばれるマグナ - カルタや権利章典，裁判の判例などの集大成が憲法の役割を果たしている。

㉒　○

㉓　×　軟性憲法

㉔　×　新自由主義は市場原理主義と個人の自由・自己責任とに根本的な信頼を置く考え方。サッチャーやレーガンブッシュ（父子）政権などの影響を与えた。

㉕　○

㉖　×　上下両院の各3分の2以上で再可決すると法案は成立する。

㉗　×　国務院総理（首相）は共産党中央委員会の提案と推薦に基づいて国家主席により指名される。

㉘　×　下院は小選挙区制により。上院は基本的に国王が任命し，任期は終身とされている。

㉙フランスは大統領制と議院内閣制を混合した政治体制を導入している。フランスの大統領は，直接選挙によって選ばれ，首相の任命権，議会（下院）の解散権をもっている。一方で，首相は議会に対して責任を負い，議会の信任も必要である。(21追)

㉚ナチス政権は，全権委任法により行政権を立法府に委譲した。(20本)

㉛国際法上の拘束力をもつ国家間の合意を条約と呼ぶとき，市民的及び政治的権利に関する国際規約の第2選択議定書は，条約の例として正しい。(19本)

㉜日本は，国際司法裁判所（ICJ）で裁判の当事国となったことがない。(17本)

㉝日本は，国際刑事裁判所（ICC）に加盟していない。(17本)

㉞国際司法裁判所は，紛争当事国双方の同意がない限り，国家間の紛争を裁判することはできない。(17本)

㉟国際刑事裁判所は，人道に対する犯罪などの処罰をめぐる国家間の紛争を裁判する機関であって,個人を裁くための裁判所ではない。(17本)

㉙　○

㉚　×　全権委任法は，正式には「民族および帝国の困難を除去するための法律」。立法権を行政府に委譲し，ヒトラーは大きな権限を得た。

㉛　○

㉜　×　2010年南極海における調査捕鯨活動をめぐってオーストラリアに提訴され，当事国となり敗訴した。

㉝　×　日本は2007年10月，設立条約に加入した。

㉞　○

㉟　×　集団殺害罪，人道に対する罪，戦争犯罪などの重大犯罪を行った個人を裁くための常設の国際裁判所である。

第2章　日本国憲法と平和主義◇◇◇◇◇◇◇◇◇◇◇◇◇◇◇◇◇◇◇◇◇◇

1　日本国憲法の基本的性格
【大日本帝国憲法の制定】‥‥‥‥‥‥‥‥‥‥‥‥‥‥‥‥‥‥‥‥

❶明治初期において近代化を進めるために，産業を振興して財政を豊かにし，軍備を充実して国力を発展させようというスローガンを何というか。 — ❶富国強兵

❷近代産業の育成をはかるために，官営模範工場の建設や外国技術の導入を進めた産業政策を何というか。 — ❷殖産興業

❸明治新政府の樹立に貢献した薩摩・長州両藩出身の指導者を中心に派閥をつくり，要職を独占して組織した政治を何というか。 — ❸藩閥政治

❹明治期の前半，薩長藩閥専制政治に反対する**板垣退助**らが中心となって，憲法制定や国会開設などを求めて展開した民主主義的な政治運動を何というか。 — ❹自由民権運動

❺官有物払い下げ事件で世論が沸騰したので，これを鎮めるために政府が出した，10年後に国会を開設することを約束した勅諭（詔勅）を何というか。 — ❺国会開設の勅諭（詔勅）

❻明治前期に近代的な立憲国家をめざしてつくられた**植木枝盛**の『**東洋大日本国国憲按**』など，民間の手による憲法草案の総称を何というか。 — ❻私擬憲法

❼1885（明治18）年に**内閣制度**を創設して初代の首相に就任し，ヨーロッパに渡って君主権力の強い国の憲法を学び，**明治憲法**の起草の中心となった人物は誰か。 — ❼伊藤博文（1841～1909）

❽1888（明治21）年に憲法草案審議のために設置され，その後，天皇の最高諮問機関として重要な国務を審議・答申した機関は何か。 — ❽枢密院

❾天皇中心の立憲国家をめざした当時の政府が模範とした，君主権力の強いヨーロッパの国の憲法は何か。 — ❾プロイセン憲法

❿1889（明治22）年，プロイセン憲法を範として伊藤博文らの起草により発布された憲法の正式名称は何か。 — ❿大日本帝国憲法

⓫明治憲法のように，天皇（君主）が恩恵的に国民に付与したかたちで制定された憲法を何というか。 — ⓫欽定憲法

⓬明治憲法のように，制度上は立憲主義の形をとりなが — ⓬外見的立憲主義

ら実際にはそれを否定するような政治の形態は何か。

【大日本帝国憲法の特色】‥‥‥‥‥‥‥‥‥‥‥‥‥‥‥‥‥‥‥‥‥‥‥‥

❶明治憲法の主権者であり，神聖不可侵の地位を与えられていたのは誰か。

❷明治憲法下の天皇のように，対外的に国を代表する資格をもつ国家機関のことを何というか。また，天皇が国民や国土を支配する権限を一手に握っていることを何というか。

❸明治憲法下で天皇が帝国議会の関与なしに行使できた権限を何というか。

❹公共の安全保持や災難を避けるために緊急の場合，帝国議会の閉会中に，法律にかわって天皇が出す勅令のことを何というか。

❺法律の執行，公共の安全・秩序維持，国民の幸福の増進のために，天皇の名において法律とは無関係に行政機関が独立に発する命令を何というか。

❻明治憲法下で，天皇のもつ軍隊の指揮命令権は，議会や内閣から統制を受けないで，直接行使できたことを何というか。

❼君主国の国民をさす言葉で，明治憲法下の国民は何と呼ばれたか。

❽明治憲法では，臣民の権利は「法律ノ範囲内ニ於テ」とか「法律ノ定ムル所」というように，法律によって制限されることが明示されている。このことを何というか。

❾帝国議会を構成した議院の一つで，国民の選挙によって選出される議院は何か。

❿衆議院とともに帝国議会を構成した議院で，皇族・華族および勅選議員からなるものは何か。

⓫形式的な権力分立制をとっていた明治憲法下で，帝国議会のもっていた権限は何か。

⓬明治憲法下で，国務大臣およびそれが構成する内閣のもっていた権限は何か。

⓭明治憲法下の裁判所は，司法権を行使するにあたってどのような立場におかれていたか。

❶天皇

❷元首，統治権の総攬者

❸天皇大権

❹緊急勅令

❺独立命令

❻統帥権の独立

❼臣民

❽法律の留保

❾衆議院

❿貴族院

⓫立法権の協賛

⓬行政権の輔弼

⓭天皇の名において

【大日本帝国憲法下の政治】‥‥‥‥‥‥‥‥‥‥‥‥‥‥‥‥‥‥‥‥‥

❶天皇に任命される大臣からなる内閣は，天皇に対して責任を負い，議会の政党勢力に左右されずにその政権を担当すべきであるという立場を何というか。

❷1900（明治33）年，集会・結社・団結を制限し，民主的な政治活動や思想を取り締まるために制定された法律は何か。

❸大正期，民主主義思想が普及して護憲運動が展開され，本格的な政党内閣と男子普通選挙制の成立をみた。この時代の風潮を何というか。

❹大正期，藩閥・官僚政治による超然内閣を打ち倒し，政党内閣を成立させようとした政治運動を何というか。

❺大正デモクラシーのもとで，憲政擁護運動とも結びつきながら展開された選挙制度改革運動を何というか。

❻米騒動で寺内正毅内閣が倒れたあと，1918年に政友会を中心に成立した，わが国最初の本格的な**政党内閣**の首相は誰か。平民宰相とも呼ばれた。

❼1925（大正14）年に成立した**普通選挙制**によって選挙権が与えられたのはどのような人か。

❽1925（大正14）年，共産主義者や無政府主義者を取り締まるために制定され，自由主義・反政府思想の弾圧にも濫用された法律は何か。

❾1882（明治15）年，明治天皇が軍人に対する訓戒として出した，天皇が国軍を統率した歴史を説き，忠節・礼儀・武勇・信義・資質の徳目を示した勅諭を何というか。

❿1890（明治23）年，自由民権思想に対抗して明治政府が発布した，儒教主義で国民を教化するためにつくられた教育方針を示す勅語を何というか。

⓫1931（昭和6）年，柳条湖の南満州鉄道爆破事件をきっかけに始まる日本の侵略事件を何というか。

⓬1932（昭和7）年5月，海軍青年将校が中心になり，政党内閣を否定し軍部独裁政権樹立をめざして**犬養毅**首相らを殺害した事件を何というか。

⓭1936（昭和11）年2月，**北一輝**らの影響を受け，直接行動による政権樹立をめざした陸軍の青年将校らが，

❶超然主義

❷治安警察法

❸大正デモクラシー

❹憲政擁護運動（護憲運動）

❺普選運動

❻原敬（1856〜1921）

❼25歳以上の男子

❽治安維持法

❾軍人勅諭

❿教育勅語

⓫満州事変

⓬五・一五事件

⓭二・二六事件

首相官邸や警視庁などを襲撃した事件を何というか。

⓮ 1938（昭和13）年，**日中戦争**の長期化に対処して国力を有効に発揮するために，人的・物的資源を統制運用することを目的に制定された法律は何か。　⓮国家総動員法

⓯ 1940（昭和15）年，挙国一致体制樹立のために結成された上意下達の機関は何か。首相を総裁に，隣組・町内会・大日本婦人会などを組み入れた。　⓯大政翼賛会

⓰ **日独伊三国同盟**を結び，1941（昭和16）年にアメリカなどとの間で日本が引き起こした戦争を何というか。　⓰アジア太平洋戦争（太平洋戦争）

⓱ アジア太平洋戦争の末期，国内で唯一の「地上戦」となった日米間の戦闘を何というか。　⓱沖縄戦

【日本国憲法の成立】……………………………………………………

❶ 1945（昭和20）年に米・英・中の3国（後にソ連が参加）の名で発せられた，軍国主義の除去，民主主義的傾向の復活，基本的人権の尊重など，日本の民主化と非軍事化を要求した宣言を何というか。　❶ポツダム宣言

❷ 第二次世界大戦後，**マッカーサー**を最高司令官として，日本の占領政策を推進するために連合国が設置した政治機関の中枢部を何というか。　❷連合国軍（最高司令官）総司令部（GHQ）

❸ GHQの指示のもと，1945（昭和20）年に国務大臣松本烝治を委員長として，憲法改正のために政府が設置した委員会を何というか。　❸憲法問題調査委員会

❹ 1946（昭和21）年に憲法問題調査委員会から出された憲法改正案で，天皇主権を温存する非民主的な内容のために，GHQによって拒否された改正案を通称何というか。　❹松本案

❺ マッカーサーが憲法改正の基本方針としてGHQ民政局に示した，天皇制の存続，戦争の放棄および軍備の撤廃，封建的諸制度の廃止という三つの原則を何というか。　❺マッカーサー三原則（マッカーサー-ノート）

❻ 万世一系の天皇が統治する日本独自の国家形態を維持しようとする主張や運動を何というか。　❻国体護持

❼ 高野岩三郎・鈴木安蔵ら7人の学者・知識人で構成された憲法改正案作成のための民間の研究会は何か。この会の改正案は，GHQ案をまとめる際に参考にされたといわれる。　❼憲法研究会

❽ 1946（昭和21）年にGHQが日本政府に示した，国民主権，象徴天皇制，戦争放棄，基本的人権の保障，一院制議会などを定めた憲法草案を何というか。

❽マッカーサー草案（ＧＨＱ案）

❾ 1946（昭和21）年4月，マッカーサー草案を原案として若干の修正を加えて（公選による二院制の復活など），幣原喜重郎内閣が条文化して発表したものを何というか。

❾憲法改正草案

❿明治憲法に基づく最後の議会であると同時に，20歳以上の男女による普通選挙で選ばれた議員で構成された衆議院の最初の議会で，「帝国憲法改正案」が審議され，可決された議会を何というか。

❿第90帝国議会

⓫第90帝国議会での審議で，前文や第1条に**国民主権**が明記され，第15条に普通選挙の規定が追加されたが，第25条と第66条にそれぞれ追加されたものは何か。

⓫生存権規定，総理大臣と国務大臣の文民規定

⓬ 1946（昭和21）年1月1日，「現人神」思想を「架空なる観念」と明言し，天皇の神格性を否定した宣言を何というか。

⓬天皇の人間宣言

⓭日本国憲法のように，国民がその代表である議会を通じて（または国民投票によって）制定する憲法を何というか。

⓭民定憲法

【日本国憲法の原理と特色】……………………………………………

❶日本国憲法の三大基本原理は何か。

❶国民主権，平和主義，基本的人権の尊重

❷国民が国の政治のあり方を最終的に決定するという国民主権は，日本国憲法のどことどこに定められているか。

❷前文と第1条

❸日本国憲法前文での国政の原理についての規定のなかで，国政は主権者である国民から信頼されて任せられているとされている。このことを表す言葉は何か。

❸信託

❹日本国憲法での天皇の地位は，明治憲法の元首とは根本的に異なる。どのような地位にあるか。

❹象徴

❺日本国憲法において，天皇が行うと定められている，すでに他の機関が実質的に決定したことを表示するにすぎない**形式的・儀礼的行為**を何というか。

❺国事行為

❻天皇が国事行為を行うときにはどのようなことが必要

❻内閣の助言と承

か。また，天皇の国事行為の責任はどこが負うのか。　　　　　認，内閣

❼天皇の国事行為のうち，憲法第6条に規定されているのは誰と誰を任命することか。
❼内閣総理大臣と最高裁判所長官

❽日本国憲法において，天皇には，国家意思の決定に実質的影響を与えるような政治的行為を行う権限がない。この権限を何というか。
❽国政に関する権能

❾憲法は日本の法体系のなかでどのような地位にあるか。憲法第98条に定められている。
❾最高法規

❿憲法第99条に定める，天皇，摂政，国務大臣，国会議員，裁判官，その他の公務員に求められている義務は何か。
❿憲法尊重擁護の義務

⓫憲法第96条によれば，憲法の改正を国会が発議するためには，**各議院の総議員**のどれだけの賛成が必要か。また，改正するためには，国会の発議後どのような条件が必要か。
⓫3分の2以上，国民投票で過半数の賛成

⓬通常の法律の制定・改廃よりも厳しい改正手続きを定めている憲法を何というか。また，通常の法律の制定・改廃と同じ手続きで改正できる憲法を何というか。
⓬硬性憲法，軟性憲法

⓭改正の手続きによっても，**憲法の基本原理は改正できない**と一般に理解されている。このことを何というか。
⓭憲法改正の限界

⓮2000（平成12）年，日本国憲法について，「広範かつ総合的に」調査を行う目的で，国会（衆参両議院）に初めて設置され，2005年に最終報告書を提出してその役目を終えた機関を何というか。
⓮憲法調査会

⓯憲法調査会にかわり，2007年に衆参両議院に設置された機関を何というか。
⓯憲法審査会

⓰2007（平成19）年に成立した，憲法改正の手続きを定めた法律は何か。
⓰国民投票法（憲法改正手続法）

⓱国民投票法で，投票権を有するのは原則として何歳以上か。
⓱満18歳以上

2　平和憲法と安全保障
【戦争違法化の潮流】

❶1928年の**不戦条約**以来，戦争を防止するために，法律で戦争を制限ないし禁止しようとする動きを何というか。
❶戦争の違法化

❷平和主義は，日本国憲法のどこに定められているか。　　❷前文と第9条

❸憲法前文に定められている「全世界の国民が，ひとし　❸平和的生存権
く恐怖と欠乏から免かれ，平和のうちに生存する権利」
を何というか。

❹前文を受けて，第9条に具体化されている平和主義の　❹戦争の放棄，戦
三つの要素（原則）は何か。　　　　　　　　　　　　　　　　力の不保持，交
　　　　　　　　　　　　　　　　　　　　　　　　　　　　　　戦権の否認

❺日本国憲法は，徹底した非戦・非武装平和主義と，平　❺平和憲法
和を人権とする平和的生存権を定めていることから，一
般に何と呼ばれるか。

【憲法第9条と自衛隊】・・

❶第二次世界大戦後，北緯38度線を境に分断された朝　❶朝鮮戦争
鮮半島を戦場として，1950年から1953年にかけて行わ
れた**大韓民国（韓国）**と**朝鮮民主主義人民共和国（北朝
鮮）**との戦争を何というか。

❷アジア情勢の変化により，日本を「**反共の防壁**」とす　❷警察予備隊
る占領政策を打ち出したアメリカ（GHQ）が，1950（昭
和25）年の朝鮮戦争勃発後に設立を指示した治安維持
のための部隊を何というか。

❸1952（昭和27）年，警察予備隊から改編された「我が　❸保安隊
国の平和……を維持する」目的が明示された部隊を何と
いうか。

❹1954（昭和29）年，保安隊にかわって創設された「直　❹自衛隊，防衛省
接侵略及び間接侵略に対し我が国を防衛することを主た　　（発足時は防衛
る任務」とする陸海空の三部隊を何というか。また，こ　　庁）
の部隊を管理・運営する機関は何というか。

❺保安隊創設直後の1952（昭和27）年に出された政府　❺近代戦争遂行に
統一見解では，**憲法第9条2項で禁じられている「戦力」**　　役立つ程度
をどの程度の装備・編制を備えるものとしたか。

❻1972（昭和47）年の田中角栄内閣による政府統一見解　❻自衛のための必
では，憲法第9条2項に禁じられている「戦力」を，ど　　要最小限度をこ
のようなものとしたか。　　　　　　　　　　　　　　　　　　えるもの

❼「自衛のための必要最小限度」の実力（自衛力）をも　❼自衛力合憲論
つことは，憲法の禁ずる「戦力」にあたらないと解する
政府の解釈を何というか。

❽日米安全保障条約に基づく米軍の駐留が，憲法第9条で禁じている「戦力」にあたるかどうかが裁判で争われた事件を何というか。　❽砂川事件

❾砂川事件において1959（昭和34）年に東京地裁で出された，米軍の駐留は第9条が禁ずる戦力にあたり憲法違反とする判決を，通称何というか。　❾伊達判決

❿ナイキミサイル基地建設のために北海道長沼町にある保安林の一部指定解除をめぐり，反対する住民と政府との間で自衛隊が違憲か否かについて争われた訴訟を何というか。　❿長沼ナイキ基地訴訟

⓫長沼ナイキ基地訴訟において1973（昭和48）年に札幌地裁で出された，自衛隊を違憲とする判決を通称何というか。　⓫福島判決

⓬北海道恵庭町（現在の恵庭市）の地元酪農家が自衛隊の演習騒音に抗議し，演習中止を目的に自衛隊の通信連絡線を切断した事件を何というか。審理の過程で自衛隊の合憲性が争われたが，札幌地裁は1967（昭和42）年，自衛隊に関する憲法判断を回避した。　⓬恵庭事件

⓭自衛隊の基地をめぐり，1977（昭和52）年の水戸地裁判決で，自衛戦争を認め，自衛隊についても実質的に合憲と判断されたと考えられる訴訟は何か。　⓭百里基地訴訟

⓮高度に政治的な問題は，裁判所の司法審査の対象外であるとする考えを何というか。　⓮統治行為論

⓯憲法の条文そのものは改正せず，社会の実態に適合させるとして，条文の意味や運用を解釈によって事実上変更することを，**明文改憲**に対して何というか。　⓯解釈改憲

⓰相手から武力攻撃を受けたときに初めて防衛力を行使するという，日本がとる受動的な防衛戦略を何というか。　⓰専守防衛

【日米安保体制】……………………………………………

❶1951（昭和26）年，**サンフランシスコ平和条約**の調印と同時にアメリカとの間で結ばれた，日本の安全維持のために，米軍の駐留継続と基地の提供を決めた条約を何というか。　❶〔旧〕日米安全保障条約

❷日米安全保障条約の締結により日本が西側諸国の一員となり，反共・親米を基本とした政治・経済・防衛・外　❷日米安保体制

交政策を展開している体制を何というか。

❸1960（昭和35）年，旧条約の大幅な改定によって，日本の防衛力増強義務，日本の領域内での日米共同対処行動・共同作戦，米軍の日本駐留と極東での行動などが定められた条約を通称何というか。｜❸新日米安全保障条約

❹新日米安全保障条約の承認に際して，社会党や共産党を中心に労働組合や学生などが，国会内外で繰り広げた激しい反対運動のことを何というか。｜❹安保反対闘争

❺新日米安全保障条約の附属文書で定められている，米軍の配置や装備の重要な変更などについて，日米両政府間で前もって話し合う制度を何というか。｜❺事前協議制度

❻1978（昭和53）年に日米安全保障協議委員会で決定された，日本有事の際の日米共同作戦や共同行動に関する取り決めを何というか。｜❻日米防衛協力のための指針（ガイドライン）

❼1978年度から，アメリカの負担となっていた在日米軍従業員の労務費や施設整備費や光熱水費などを，日本が徐々に負担することになった。これを何というか。｜❼思いやり予算

❽旧日米安全保障条約に基づき1960（昭和35）年に締結された米軍施設や米軍の地位に関する協定で，新安保条約の成立に伴い「行政協定」から名称が変更されたものを何というか。1995（平成7）年の米兵による沖縄少女暴行事件を契機に，見直しを求める動きが高まっている。｜❽日米地位協定

❾1954（昭和29）年に，アメリカが友好各国との間で個別に締結した対外経済・軍事援助協定を何というか。｜❾ＭＳＡ協定（日米相互防衛援助協定）

【安全保障政策の原則】……………………………………

❶1968（昭和43）年に佐藤栄作首相が表明し，1971（昭和46）年に衆議院本会議で決議された「核兵器をもたず，つくらず，もち込ませず」という日本の方針を何というか。｜❶非核三原則

❷軍部の独走を防ぐため，文民（職業軍人の経歴がない人や自衛官の職にない人）からなる政府や議会が，軍隊を民主的に統制することを何というか。｜❷文民統制（シビリアン－コントロール）

❸自衛隊の最高指揮権をもつのは誰か。また，自衛隊を統括する文民である国務大臣は誰か。｜❸内閣総理大臣，防衛大臣

❹議長である内閣総理大臣と防衛大臣を含む数名の国務大臣からなる，国防に関する重要事項を決める会議を何というか。

❹安全保障会議

❺国家が外部からの緊急・不正の侵害に対して，自国を防衛するために実力を行使しうる権利を何というか。

❺個別的自衛権

❻自国と密接な関係にある国が武力攻撃を受けた場合，自国の安全を脅かすものとみなして，その国と共同で防衛にあたる権利を何というか。政府は，この権利の行使は違憲との立場を明言している。

❻集団的自衛権

❼日本の防衛力増強に対する歯止めとして，1976（昭和51）年に三木武夫内閣が閣議決定した予算編成の基準は何か。中曽根康弘内閣以来，防衛費の総額を中期防衛力整備計画時に示す「**総額明示方式**」がとられている。

❼（防衛予算）ＧＮＰ比１％枠

❽ 1976（昭和51）年に政府が表明した，共産圏，国連の決議で武器輸出が禁止されている国，国際紛争の当事国またはその恐れがある国に対して武器輸出を認めないという原則を何というか。

❽武器輸出三原則

❾ 1954（昭和29）年の参議院本会議で決議され，武力行使を伴う目的や任務で武装した自衛隊の海外出動を禁じたことを何というか。

❾海外派兵の禁止

❿ 2014（平成26）年に武器輸出三原則を見直して閣議決定された，国際条約違反国への輸出禁止，平和貢献・国際協力に資する場合などに輸出を限定，輸出の条件として目的外使用などを適正に管理すること，とした新三原則を何というか。この新三原則では輸出する場合の制限を示している。

❿防衛装備移転三原則

【冷戦終結後の安全保障と安保再定義】……………………………

❶ 1992（平成４）年，国連平和維持活動への本格的参加を目的に，**武力紛争停止**の合意と派遣に対する**当事国の同意**などを前提に，自衛隊の海外派遣を認めた法律を何というか。

❶国連平和維持活動等協力法（ＰＫＯ協力法）

❷冷戦の終結によってそれまでの日米安保体制の役割が終わったために，1996（平成８）年に日米両政府は，**日米安保共同宣言**を発表して，安保体制の新たな意義づけを行った。このことを何というか。

❷安保再定義

❸1997（平成9）年に策定され，新しく取り入れられた「周辺事態」で出動する米軍への支援までも盛り込んだ日米防衛協力のための指針を通称何というか。 ❸新ガイドライン

❹「日本周辺地域における日本の平和と安全に重要な影響を与える事態」が発生した場合に米軍の軍事行動・作戦を自衛隊が後方支援し，さらに地方公共団体や民間に協力を依頼できることを定めた法律を何というか。 ❹周辺事態法

【進展する自衛隊海外派遣と平和憲法の行方】……………………………

❶2001（平成13）年，アメリカにおいて発生した同時多発テロを受けて，自衛隊が外国の軍隊などへ後方支援活動を行うことを認めた法律を何というか。 ❶テロ対策特別措置法

❷テロ対策特別措置法の期限切れを受けて，2008（平成20）年に成立した法律を何というか。2010年に失効した。 ❷新テロ対策特別措置法

❸湾岸戦争以降，国際平和の維持のための「国際貢献」が日本の課題とされるようになったが，その憲法上の根拠として前文に規定されている原則とは何か。 ❸国際協調主義

❹日本が外国から武力攻撃を受けたり，それが予想される場合に，国・地方自治体や個人が対処することなどについて，2003（平成15）年から2004年に制定された法律をまとめて何というか。 ❹有事法制関連法（有事立法）

❺日本に外部からの武力攻撃があった場合，もしくは武力攻撃が予測されるに至った場合に，国，地方公共団体，公共機関と個人の対処方法などを定めた法律を何というか。2003年に成立した有事法制関連法の中核となる法律でもある。 ❺武力攻撃事態法

❻2004（平成16）年に成立した有事法制関連法の一つで，有事の際に国民の生命・財産などを守るために国の責務などを定めた法律を何というか。 ❻国民保護法

❼2003年に制定された，イラクの「非戦闘地域」へ自衛隊の派遣を可能にする法律を何というか。この法律に基づいて2004年から自衛隊が派遣されたが，2008（平成20）年に完全撤収した。 ❼イラク復興支援特別措置法

❽アフリカのソマリア沖などでの海賊行為に対処するため，自衛隊の海外派遣について定めた法律を何というか。 ❽海賊対処法

❾核兵器保有国の核戦力によって自国の軍事的安全保障 ❾核の傘（拡大抑

をはかることを一般に何というか。

❿米軍再編にともなって返還が決まっている沖縄の基地を何というか。その移設先などをめぐり，政治・外交問題となっている。

⓫核兵器のない世界をめざす決意を，地方公共団体のレベルで示した宣言を何というか。

⓬1954年以来の国防会議の任務を継承した安全保障会議にかわり，2013（平成25）年末に設けられた外交・防衛政策などを決める閣僚会議を何というか。

⓭安倍晋三内閣が2015（平成27）年の国会に提出して成立した，国の安全保障にかかわる法制度の総称を何というか。

⓮2015年に成立した「平和安全法制」において，自衛隊法，ＰＫＯ等協力法などを一括改正した法律を何というか。

⓯国際平和共同対処事態に対応して諸外国の軍隊等に協力支援活動を実施することなどを盛り込み，2015年に成立した「平和安全法制」において新規に制定された法律を何というか。

⓰自衛隊の活動範囲を制約してきた「周辺事態」の概念を廃止し，日本の安全に重要な影響を与える事態が発生した場合に，地理的な制約なしに他国軍を支援できるようにした法律を何というか。

止）

❿普天間飛行場

⓫非核自治体宣言

⓬国家安全保障会議（ＮＳＣ）

⓭安全保障関連法

⓮平和安全法制整備法

⓯国際平和支援法

⓰重要影響事態法

第2章　日本国憲法と平和主義

【正誤問題に TRY】‥‥‥‥‥‥‥‥‥‥‥‥‥‥‥‥‥‥‥‥‥

①明治憲法下では，天皇は陸海軍の最高指揮権である統帥権を有していたが，その行使には議会の承認決議が必要とされた。(14 本)

②日本では，明治憲法によって，基本的人権は公共の福祉に優先するものとされた。(06 追)

③明治憲法下では，天皇機関説が唱えられていたが，昭和期にその提唱者の著書の発売が禁止された。(14 本)

④第二次世界大戦前の日本では，外見上は権力分立制がとられていたが，究極的には，天皇が統治権を総攬するものとされていた。(06 本)

⑤日本国憲法は，憲法問題調査委員会の起草した憲法改正案（松本案）を，帝国議会が修正して成立した。(17 年本)

⑥日本国憲法の改正に関する国民投票は，特別の国民投票，または国会の定める選挙の際に行われる国民投票のいずれかによる。(20 本)

⑦憲法改正に関する国民投票法は，憲法改正以外の事項についての国民投票には適用されない。(19 追)

⑧国会議員だけでなく，衆参両院に設置されている憲法審査会も，憲法改正原案を発議することができる。(19 追)

⑨日本国憲法は，基本的人権を「侵すことのできない永久の権利」と規定する一方で，この規定は憲法改正の手続きにより廃止できる，とも明記されている。

⑩日本国憲法は，君主である，天皇が国民に授ける民定憲法という形で制定された。(17 本)

⑪日本国憲法は，国会の指名に基づいて天皇が行う内閣総理大臣の任命に際して，不適格な人物については天皇が任命を拒否できることを定め

① ×　統帥権は議会から独立している。

② ×　明治憲法には基本的人権規定なし。

③ ○

④ ○

⑤ ×　松本案は GHQ により拒否され，マッカーサー 3 原則を基に GHQ が草案を作成した。

⑥ ○

⑦ ○

⑧ ○

⑨ ×　日本国憲法にこのような規定はない。

⑩ ×　君主が国民に授ける憲法は欽定憲法。

⑪ ×　憲法は天皇が任命を拒否できることを定めていない。

ている。(14本)

⑫日本国憲法は，第二次世界大戦の反省から，戦争を放棄し，交戦権を否認すると規定しているが，戦力の不保持については規定していない。

⑬日本政府は，憲法第9条が保持を禁じている「戦力」は自衛のための必要最小限度を超える実力であるとしている。(19本)

⑭最高裁判所は，百里基地訴訟において，自衛隊は日本国憲法第9条で禁止される「戦力」に該当せず合憲であるとの判断を明らかにしている。(14本)

⑮砂川事件において，最高裁判所は日米安全保障条約が憲法に違反すると判断した。(14本)

⑯サンフランシスコ平和条約の締結と同時に，日米相互協力及び安全保障条約（新安保条約）が結ばれた。(17追)

⑰日米防衛協力のための指針（ガイドライン）の策定とその改定により，日米間の防衛協力体制が強化されてきた。(17追)

⑱2014年に政府が決定した防衛装備移転三原則によれば，武器や関連技術の輸出は全面的に禁止されている。(18本)

⑲安全保障に関する重要事項を審議する機関として，国家安全保障会議を内閣に設置している。(18本)

⑳日本は，在日米軍の駐留経費を負担していない。(19本)

㉑海賊対処法に基づき，PKOとして自衛隊がソマリア沖に派遣された。(15追)

㉒2015年に成立した安全保障関連法によれば，日本と密接な関係にある他国に対する攻撃によって日本の存立が脅かされ，国民の権利が根底から覆される明白な危険がある場合でも，武力行使は禁止されている。(18本)

⑫ ×　戦力の不保持も規定。

⑬ ○

⑭ ×　憲法判断を回避しているため明らかにしていない。

⑮ ×　最高裁判所は高度に政治的な問題として憲法判断を回避した。

⑯ ×　新安保条約ではなく，旧安保条約。

⑰ ○

⑱ ×　全面的に禁止はしていない。

⑲ ○

⑳ ×　思いやり予算として，駐留経費を負担。

㉑ ×　PKOは関係ない。

㉒ ×　「安全保障関連法」ではなく，「集団的自衛権」の説明文。

第3章　基本的人権の保障 ◇◇◇◇◇◇◇◇◇◇◇◇◇◇◇◇◇◇◇

1　法の下の平等
【個人の尊厳と差別克服への道】……………………………………

❶人間は生まれながらに自由・平等であり，その生得の権利はいかなる権力でも侵しえないとする自然権思想に由来する，人間として当然にもつとされる権利を何というか。

❷憲法第11条や第97条に示されるように，現在および将来の国民に対して保障され，国家や他の社会的権力によって侵害されないという基本的人権の本質を表す言葉は何か。

❸憲法第12条に定める，憲法が保障する自由や権利を保持するために国民に求められていることは何か。

❹憲法第13条に定められている，国民個々人が人格として尊重されることを何というか。

❺憲法第13条に規定された権利で，個人の人格的存在に必要不可欠な利益を内容とする権利の総称を何というか。**包括的基本権**とも呼ばれ，現行憲法に記載されていない「新しい人権」の法的根拠とされる。

❻憲法第14条に定める，すべての人が法的に平等であり，人種・信条・性別・社会的身分・門地により，政治・経済・社会的関係において差別されないという原則を何というか。

❼「機会の均等」とも呼ばれ，すべての者に等しく機会を保障する考え方を何というか。また，機会を均等に与えても，社会的・経済的格差が生じる場合があるが，この格差までも是正しようとする考え方を何というか。

❽憲法第24条で定める，婚姻は両性の合意のみに基づいて成立し，夫婦が同等の権利を有することを基本として，相互の協力により維持されなければならないことは何か。

❾憲法第24条で定める，家族生活における男女の平等をさし，家族生活に関する法律は**個人の尊厳**とこれに立

❶基本的人権

❷永久不可侵の権利

❸国民の不断の努力

❹個人の尊重

❺生命・自由・幸福追求の権利（幸福追求権）

❻法の下の平等

❼形式的平等，実質的平等

❽夫婦の平等

❾両性の本質的平等

脚して制定されなければならないとすることを何という
か。

❿1947年の改正まで民法で規定されていた権利で，家
族の居所指定権，結婚同意権などを含む強大な権限を何
というか。原則として男性が持ち，長男が相続した。

⓫尊属（自己又は配偶者の父母・祖父母など）を殺害し
た場合に適用されていた刑法200条の規定を何という
か。一般の殺人よりも刑が重かったため，法の下の平等
に違反するとして1973年に最高裁が違憲判決を出した。

⓬両親の婚姻を子どもの国籍取得の要件とすることに対
して，2008年の最高裁で違憲判決が出された訴訟は何か。

⓭婚外子の遺産相続分が，婚姻関係のある夫婦の子の1
／2であることが，法の下の平等に照らして違憲である
と，最高裁が2013年に判断したものは何か。

⓮江戸時代，政治的につくられた最下層身分の人々が存
在した。明治時代に入って法的には身分制度が廃止され
たが，現在なお完全には根絶されていないこれらの人々
に対する社会的な差別を何というか。

⓯1871（明治4）年に政府が出した「えた・非人などの
称を廃止し，今後は身分も職業も平民同様たるべきこと」
と宣言した太政官布告を何というか。

⓰融和主義的な部落改善運動ではなく，差別と闘い，被
差別部落の人々自身の手で解放を勝ち取ることをめざし
て，1922（大正11）年に創立された組織を何というか。

⓱同和（同和とは「同胞一和」の略語）対策の早急な解
決を「国の責務・国民的課題」と認め，社会的・経済的
諸問題など部落問題の解決のために，さまざまな方策を
審議・答申する機関として，1961（昭和36）年制定の
法律により設立されたものは何か。

⓲同和対策審議会の答申に基づき，同和地区の住民の生
活の安定および福祉の向上をはかることを目的として，
1969（昭和44）年に制定された法律は何か（1982年失効。
地域改善対策特別措置法に引き継がれ，2002年に廃止）。

⓳「現在もなお部落差別が存在する」と明記したうえで，
差別のない社会の実現を目指すため2016年に制定・施

❿戸主権

⓫尊属殺人重罰規
　定

⓬国籍法違憲訴訟

⓭婚外子相続格差
　規定訴訟

⓮部落差別

⓯身分解放令
　（賤民廃止令）

⓰全国水平社

⓱同和対策審議会

⓲同和対策事業特
　別措置法

⓳部落差別解消推
　進法

行された法律は何か。

❷アイヌの人々の保護を名目に制定され（1899年），土地の私権制限など1997年まで効力をもち続けた「**北海道旧土人保護法**」を廃止して，アイヌ民族としての誇りが尊重される社会の実現とアイヌ文化の振興などを内容として制定（1997年）された法律は何か。

❷アイヌ文化振興法にかわって，2008年の国会決議を受けて初めてアイヌが先住民族であることが明記された法律で，2019年に制定されたものは何か。

❷第二次世界大戦以前の日本の植民地政策に由来する在日韓国・朝鮮人に対する差別や，北海道を中心に居住するアイヌなどに対する差別を何というか。

❷**障害者権利条約**にもとづき，障がいのある人がない人と同等な社会生活が送れるような様々な手立てをすることで，2013（平成25）年制定の**障害者差別解消法**により，民間企業にも求められるようになった考え方は何か。2021年の改正でその提供が義務づけられた。

❷アイヌ文化振興法

❷アイヌ民族支援法（アイヌ施策推進法）

❷民族差別

❷合理的配慮

2　自由権的基本権

【真の自由を求めて，精神の自由】……………………………………………

❶平等権と並んで，近代憲法の保障する人権のなかでも中核的な位置を占め，「精神」「人身」「経済」の3つに大別できるものは何か。

❷精神の自由は，人間の内面における活動の自由と，それを外部に明らかにする活動の自由に分けられる。前者を何というか。

❸憲法第19条に定める，人間はどのような思想をもっても，また道徳的な判断をしても，国家権力から干渉されたり，不利益を受けたりすることがないという自由を何というか。

❹試用期間中の労働者が，特定の思想・信条を理由に本採用を拒否された事件で，最高裁は1973年，憲法第14条・第19条は，私人間に直接適用されないとした訴訟と何というか。

❺憲法は本来，公権力である国家と個人（私人）との関

❶自由権的基本権

❷精神活動の自由（内心の自由）

❸思想・良心の自由

❹三菱樹脂訴訟

❺憲法の私人間効

係を規定するものであるが，実質的な権利保障のため，民間企業（私人）と個人の間においても憲法の規定を適用させるべきであるという考え方がある。これを何というか。

❻ある従業員が，その政治思想を唯一の理由に会社から不当な差別・権利侵害を受けたとされる事件で，1995年最高裁が，会社側の行為を，従業員の名誉を毀損しプライバシーを侵害するもので違法であるとしたものは何か。

❼憲法第23条に示された，個人の人権としてだけではなく，大学など研究機関における，学問の研究・発表，教授の自由を保障しようとするものを何というか。これには，大学の自治も含まれる。

❽大学の運営が，大学によって自主的に行われることを何というか。東大ポポロ劇団事件で最高裁は，学生の集会は学問の自由とこの範囲において認められるものに過ぎないとされた。

❾1952年，東京大学校内で学生劇団が冤罪事件をテーマとする演劇を上演中，観客に混じって公安調査を行っていた警察官を学生がとらえた事件を何というか。最高裁は，上演された演劇が，大学における学問の自由と大学の自治の範囲外だとする判断を示した。

❿憲法第20条に定める，人間はどのような宗教を信じても，また信じなくても国家権力から干渉されたり，不利益を受けたりすることがないという自由を何というか。

⓫憲法第20条で定める信教の自由を保障するために，国家と宗教を分離し，国はいかなる宗教に対しても中立的でなければならないとする原則を何というか。

⓬市立体育館の起工式で行われた地鎮祭の費用を公金でまかなったことが，憲法第20条3項に反するとして起こされ，1977年に最高裁で合憲判決が下された訴訟は何か。

⓭愛媛県が1981年から86年にかけて，靖国神社の例大祭やみたま祭りで玉ぐし料・供物料等を公金から支出したことに対して住民が知事らを相手取って住民訴訟を起

力

❻関西電力事件

❼学問の自由

❽大学の自治

❾ポポロ事件（東大ポポロ劇団事件）

❿信教の自由

⓫政教分離

⓬津地鎮祭訴訟

⓭愛媛玉ぐし料訴訟

こし，1997年に最高裁が違憲判決を下した訴訟は何か。

❹大阪府のある市が私有地に公費で忠魂碑を建設し遺族会に無償貸与し，さらに遺族会主催の慰霊祭に市長が参加したことをめぐって，政教分離の原則から争われた訴訟は何か。

❹箕面忠魂碑・慰霊祭訴訟

❺一宗教法人である神社（明治維新後の国事殉職者や戦没者を合祀）に首相や閣僚が公式参拝することが，政教分離の原則に反するという訴訟がいくつか起きているが，この神社を何というか。

❺靖国神社

❻北海道砂川市が神社の敷地として市有地を無償提供したことに対し，2010年に最高裁が違憲判決を出した訴訟は何か。

❻空知太(そらちぶと)神社訴訟

❼殉職した自衛官を，遺族の意志に反して護国神社に祀ったことをめぐって起きた訴訟は何か。

❼自衛官合祀拒否訴訟

❽政教分離の裁判で，その宗教的行為の目的と他へ波及する効果を勘案し判決の判断基準とする場合があるが，この基準を何というか。

❽目的・効果基準

❾憲法第21条1項で保障されている，内心における思想や信仰を外部に表明する自由を何というか。

❾表現の自由

⓴表現の自由を制約するときの基準の一つで，その制約の理由とされることが，具体的に，真に差し迫った危険のある場合に限るとする考え方を何というか。

⓴明白かつ現在の危機

㉑表現の自由の一つで，人々が共同目的のために一定の場所に一時的に集合したり，共同目的のために団体をつくる自由を何というか。

㉑集会・結社の自由

㉒表現の自由の一つで，個人または集団が自分たちの思想・意見を口頭・出版その他を通じて外部に発表する自由を何というか。

㉒言論・出版の自由

㉓検閲の禁止や表現の自由と個人の名誉の侵害の関係をめぐって争われた訴訟で，1986年の最高裁で，知事候補予定者の名誉を侵害する雑誌の事前差し止めが認められたものは何か。

㉓北方ジャーナル事件

㉔刑法で，わいせつ文書の頒布・販売に対する罪を定めていることが，憲法第21条の表現の自由に違反するかどうかが争われた事件を何というか。最高裁は公共の福

㉔チャタレイ事件

祉のため，この刑法の規定は合憲だとした。

❷❺憲法第21条2項で禁じられている，言論・出版その他の方法における表現の内容について，国や地方公共団体がその発表を事前にチェックすることを何というか。

❷❻憲法第21条2項で規定されている，電話やメールなどの内容を秘匿できる権利を何というか。

❷❼初等中等教育で用いられる教科書を，国（文部科学省）が一定の基準に基づいて審査し，合格したもののみを発行させる制度を何というか。家永教科書裁判では，この制度が憲法違反かどうかが争点となった。

❷❽東京教育大学の**家永三郎**教授が執筆した高校日本史教科書「新日本史」が，文部省の検定で不合格になったことから1965（昭和40）年に家永氏側が提訴し，教科書検定制度が憲法第21条で禁止されている検閲にあたるかどうかが長期にわたり争われた裁判は何か。

❷❾集会・デモ（集団示威行動）などの取り締まりを目的に，多くの地方公共団体で制定された条例を何というか。

❸⓪1933（昭和8）年，京都帝国大学法学部滝川幸辰教授の刑法学説が，自由主義的である（国体に反する）として，文部大臣（当時）により休職処分とされた言論弾圧事件を何というか。

❸❶1935（昭和10）年，東京帝国大学の**美濃部達吉**名誉教授の天皇に関する憲法学説が，天皇神権論の立場からは不敬だとして，著作が発禁処分になった事件は何か。

【人身の自由】……………………………

❶自由権の重要な構成要素の一つで，本人の意志に反し，不当な身体的拘束を受けない自由を総じて何というか。

❷憲法第18条に定める，人格を傷つけるような行為や，その意に反する精神的・肉体的苦痛を伴う労役を，国家権力が課せないことを何というか。

❸憲法第31条および第39条などで保障された，犯罪とされる行為やこれに対する刑罰は，議会の制定する法律や条例で定められなければならないとする原則を何というか。

❹国家による人身の自由の制約は，法律に定める正当な

❷❺検閲

❷❻通信の秘密

❷❼教科書検定制度

❷❽教科書裁判（家永教科書訴訟）

❷❾公安条例

❸⓪滝川事件

❸❶天皇機関説事件

❶人身の自由

❷奴隷的拘束・苦役からの自由

❸罪刑法定主義

❹法定手続きの保

手続きに基づかなければならないとすることを何という
か。「適法手続き」「デュー・プロセス」ともいう。

❺憲法第33条および第35条に定める，犯罪捜査のため
の強制処分（逮捕・抑留・住居侵入・捜索・押収）を行
う場合は，裁判官の発する令状が必要だとする原則を何
というか。

❻憲法第36条では，自白させるために被疑者や被告人
に対し，肉体的苦痛を与えることを禁じているが，これ
を何というか。

❼憲法第34条および第37条3項に定める，抑留・拘禁
された者および刑事被告人が，弁護人に弁護を依頼でき
る権利を何というか。

❽憲法第38条1項に定める，捜査機関の取り調べや裁
判において，被疑者・被告人が自分の意思に反して，不
利益な事実を供述することを拒むことのできる権利を何
というか。

❾刑事裁判で，自己の犯罪事実の全部または主要部分を
承認する供述を何というか。

❿刑事裁判の原則の一つで，裁判における事実の認定は，
伝聞や推測ではない正当な証拠に基づいてのみ行われな
ければならないことを何というか。

⓫憲法第37条に規定されている刑事被告人の権利の一
つで，すべての証人に反対審問する機会が与えられる権
利を何というか。

⓬1908（明治41）年制定の**監獄法**（2006年廃止）以来，
逮捕・勾留された人を，法務省管理下の拘置所ではなく
警察の留置場に留置することを何というか。このことが
自白の強要につながり冤罪の温床になっていると批判さ
れていたが，刑事収容施設法（2005年成立，2006年施行，
呼称も「刑事収容施設」に変更）によって合法なものと
なった。

⓭新たな証拠の提出や重大な事実誤認などにより，確定
した判決に明白な誤りがあるとみなされる場合に，裁判
をやり直すことを何というか。

　障

❺令状主義

❻拷問の禁止

❼弁護人依頼権

❽黙秘権

❾自白

❿証拠主義

⓫証人審問権

⓬代用監獄

⓭再審

⓮裁判による有罪の確定まで，被疑者・被告人は**無罪の推定**を受けるという立場から，刑事裁判の鉄則とされている言葉は何か。

⓯「疑わしきは被告人の利益に」という刑事裁判の鉄則は，再審開始の決定の時にも適用されるという新たな判断が1975年に最高裁から出された。この事件は何か。

⓰憲法第39条の前半に定める，行為を行ったときに適法であった行為を，事後に定めた法律によって遡って処罰することができないという原則を何というか。

⓱憲法第39条の後半に定める，一度判決が確定した事件について，（被告人に不利益な変更を禁止する目的で）同じ罪状で再び裁判をしてはならないという原則を何というか。

⓲憲法第39条後半に定められている，同一の犯罪について重ねて刑事上の責任を問われることはないという考え方を何というか。確定判決を変更するということではないので，厳密には一事不再理とは区別される。

⓳刑事事件を起こした少年に対し，その健全な育成のために成人と異なる特別な扱いを定めた法律を何というか。

⓴**免田事件**，**財田川事件**などのように，無実の者が罪に問われる事件を何というか。

㉑1948年に熊本県人吉市での殺人事件で死刑判決を受けたが，その後再審が行われ，1983年の熊本地裁で無罪が確定した判決は何か。これは死刑確定者に対する日本初の再審無罪判決となった。

㉒1950年に香川県で発生した強盗殺人事件の被告人が，一度死刑判決が確定したあと再審請求が認められた事件で，1984年に無罪判決が出されたものは何か。

㉓それが残虐な刑罰にあたるという考え方や，冤罪の場合取り返しがつかないこと，国連の廃止条約が存在することなどにより，その廃止論が根強い制度は何か。

㉔近年，人道上の見地から，また誤判救済の不可能や犯罪抑止効果への疑問などを理由に，世界的に展開されている運動を何というか。国連では1989年に**死刑廃止条約（B規約の第2選択議定書）**が採択されている。

⓮「疑わしきは被告人の利益に」

⓯白鳥事件

⓰遡及処罰の禁止（事後法の禁止）

⓱一事不再理

⓲二重処罰の禁止

⓳少年法

⓴冤罪事件

㉑免田事件

㉒財田川事件

㉓死刑制度

㉔死刑廃止運動

㉕被告人や被疑者が経済的な理由などで弁護人を選任できない場合，国が弁護人を付ける制度は何か。

㉕国選弁護人制度

㉖警察・検察の自白重視の姿勢や，それに伴う冤罪を予防する対策として，2019年から裁判員裁判対象事件など一部の事件（全事件の数％にとどまるとの批判もある）で義務づけられたことは何か。

㉖取り調べの可視化

㉗これまで犯罪被害者やその家族の権利が軽視されてきたことに鑑み，被害者が再び平穏な生活を営むことができるまで国や地方自治体が必要な支援を行うことを定めた法律は何か（2004年制定）。ただしその支援の実態については多くの課題もある。

㉗犯罪被害者等基本法

【経済の自由】……………………………………………………………………

❶日本国憲法が定める自由権に属し，国民のもつ経済生活・経済活動に関する自由の保障を規定した権利の総称を何というか。精神の自由や人身の自由に比べて，「公共の福祉」による規制を強く受ける。

❶経済の自由（経済活動の自由）

❷憲法第29条1項に定められている，財産権が国家および他人によって侵されないことを何というか。

❷私有財産の不可侵

❸資本主義経済の基礎となる私有財産制度の保障を意味し，財産を任意に所有・保管・処分することのできる権利は何か。

❸財産権

❹憲法第29条3項では，私有財産を公共のために用いることを認めているが，その際に受ける損失の補償程度を示す言葉を何というか。

❹正当な補償

❺憲法第22条1項に定める，どのような場所に住むことも，移転することも，制限されない自由を何というか。

❺居住・移転の自由

❻憲法第22条2項に定める，外国に住所を移したり，自己の意思によって日本の国籍を離れることができる自由を何というか。

❻外国への移住・国籍離脱の自由

❼憲法第22条1項に定める，どのような職業をも選択できる自由を何というか。これには，選択した職業を自由に営む**営業の自由**も含まれる。

❼職業選択の自由

❽薬事法第6条の薬局開設の許可基準にある距離制限が，憲法第22条に定める職業選択の自由に反するとして争われ，1975（昭和50）年に最高裁が違憲判決を下

❽薬事法違憲訴訟（薬局開設距離制限訴訟）

した訴訟を何というか。

❾憲法第29条3項に定めがある，公共事業などにより
私有財産が失われるときに，その正当な補償を求めるこ
とのできる権利を何というか。

❿憲法第29条3項を根拠にする法律で，公共の利益と
なる事業のため，正当な補償の基に個人の土地を接収す
るなどの効力をもたせる法律を何というか。

⓫思索による成果・業績を認め，その表現や技術などの
功績と権益を保障するために与えられる所有権・財産権
を何というか。発明・デザイン・著作などの知的形成物
に関する権利であり，具体的には特許権・商標権・著作
権などをさす。

⓬基本的人権を制約する際の違憲審査の基準となる考え
方の一つで，精神的自由は経済的自由に比べて，その制
限を厳しくするべきとの考え方を何というか。**ダブル－
スタンダード**ともいう。

❾損失補償請求権

❿土地収用法

⓫知的財産権（知
的所有権）

⓬二重の基準の理
論

3　社会権的基本権
【生存権・教育を受ける権利】

❶1919年，ドイツの**ワイマール憲法**に初めて規定され，
日本国憲法第25条1項に定める，国家に対して人間に
値する生活の保障を要求しうる権利を何というか。

❷憲法第25条は努力目標・指針を定めたもので，国家
に対して具体的な請求の権利を定めたものではないとす
る考えは何か。**法的権利説**に対する用語である。

❸1957（昭和32）年，朝日茂氏が国の生活保護基準は
憲法第25条と**生活保護法**に反するとして起こした訴訟
は何か。**人間裁判**とも呼ばれた。第一審で原告が勝訴し
たが，第二審で敗訴（プログラム規定説を採用），第三
審は1967（昭和42）年に原告の死亡により終了した。

❹1970（昭和45）年，堀木フミ子氏が児童扶養手当と
障害福祉年金の併給の禁止は憲法第13・14・25条に反
するとして起こした訴訟は何か。1982（昭和57）年に
最高裁で原告が敗訴して終了した。

❺憲法第26条に明記されている，国民が社会の一員と

❶生存権

❷プログラム規定
説

❸朝日訴訟

❹堀木訴訟

❺教育を受ける権

して生活するために必要な知識・経験などを得るために
は，教育が不可欠であるとの立場から定められた子ども
の側からみた権利で，世界人権宣言や国際人権規約にも
保障されているものを何というか。｜利

❻法の下の平等の精神に基づく教育の平等性の確保を意｜❻教育の機会均等
味する言葉を何というか。これにより，諸事情で就学が
困難な者に対しては，何らかの奨学の措置をとる必要が
あるとされる。

❼文部省の実施した学力テストの合憲性が争われ，1976｜❼旭川学力テスト
（昭和51）年に最高裁が「一定の範囲における教授の自｜事件
由が保障される」としながらも，国が「必要かつ相当と
認められる範囲において，教育内容についてもこれを決
定する権能を有する」ことを認めた訴訟を何というか。

❽日本国憲法の精神に沿って，教育の目的を明示し，新｜❽教育基本法
しい日本の教育の基本を確立するために，1947（昭和
22）年に制定された法律は何か。2006年の法改正で「愛
国心」条項などが加えられた。

❾急速な社会の変化や高齢化社会を迎え，学校教育だけ｜❾生涯学習制度
ではなく，生涯にわたって学び続けることができるよう
認められている制度を何というか。

【労働基本権】……………………………………………………………………………

❶労働者の地位の向上をはかるために日本国憲法に認め｜❶労働基本権
られている，勤労の権利と**労働三権**を合わせて何という
か。

❷労働の意思と能力のある者が，就職できない場合に，｜❷勤労の権利
国家に対して労働の機会を与えることを要求し，それが
不可能なときには相当な生活費を要求できる権利を何と
いうか。**労働権**ともいう。

❸国（厚生労働省）によって設置された，就職の相談や｜❸公共職業安定所
職業紹介，雇用保険の失業給付などを行う施設を何とい
うか。**ハローワーク**とも呼ばれる。

❹労働三権の一つで，労働者が，労働条件の維持・改善｜❹団結権
をはかるために，組織を結成したり組織に加わる権利を
何というか。

❺労働三権の一つで，労働者が労働組合などを通じて，｜❺団体交渉権

労働条件の維持・改善をはかるために団結して使用者と
交渉する権利を何というか。

❻労働三権の一つで，労働組合などと使用者との間の，
団体交渉が決裂したときなどに，労働者が団結して使用
者に対して争議行為を行う権利を何というか。

❼1958（昭和33）年の**春闘**で全逓労組役員が，郵便局
員に争議行為をそそのかしたとして起訴された事件は何
か。**公務員の争議権**の制限が違憲か否かについて争われ，
最高裁で正当な争議行為は限定的に合憲であるとの判決
が下された。

❽1958（昭和33）年に全農林労組幹部が，争議行為の
あおり行為を行ったとして起訴された事件は何か。公務
員の争議権の制限が違憲か否かについて争われ，最高裁
で「国民全体の共同利益」のため公務員の争議行為は一
律かつ全面的な制限を受けるとの判決が下された。

❻団体行動権（争
　議権）

❼全逓東京中央郵
　便局事件

❽全農林警職法事
　件

4　参政権と請求権

❶基本的人権の一つで，国民が政治に参加する権利を何
というか。

❷憲法第15条に定める，ある人を公務員の地位につけ
たり，その地位を奪ったりすることのできる権利を何と
いうか。

❸在外国民の国政選挙での投票を比例代表制選挙に限定
していた公職選挙法の規定が，憲法第14条や第44条に
違反するとして起こされた訴訟は何か。この状態に対し
最高裁は，2005年に違憲の判断を下した。

❹基本的人権の一つで，国家に対して積極的な作為を要
求する権利，具体的には請求権，国家賠償請求権，裁判
を受ける権利，刑事補償請求権を総称して何というか。

❺憲法第32条に定める，自己の利益や権利を侵された
人などが，裁判に訴えることのできる権利を何というか。

❻憲法第16条に定める，国または地方公共団体に対し
て，文書で希望を表明することのできる権利は何か。

❼公務員の**不法行為**で損害が生じたとき，その損害を補
い，損害がなかったのと同様の状態に復することを求め

❶参政権

❷公務員の選定・
　罷免権

❸在外国民選挙権
　訴訟

❹国務請求権（請
　求権，受益権）

❺裁判を受ける権
　利

❻請願権

❼国家賠償請求権

ることのできる権利を何というか。憲法第17条で保障
されている。

❽憲法第17条に基づき1947（昭和22）年に制定された，
公務員の不法行為により損害を受けた者が，国などに賠
償を求める場合に適用される法律は何か。

❽国家賠償法

❾1953年に制定されたらい予防法により医学的根拠が
ないことが判明してからも，1996年に法が廃止される
まで感染者を強制隔離する政策が行われてきたことに対
し，熊本地裁で起こされた訴訟で，2001年に原告全面
勝訴の判決が出たものは何か。

❾ハンセン病国家
　賠償訴訟

❿憲法第40条に定める，抑留・拘禁された後，裁判に
より無罪の判決を受けた者が，国に対してその補償を求
めることのできる権利を何というか。

❿刑事補償請求権

⓫人権思想の普及・高揚と，人権侵犯事件の監視・救済
などを行うために，法務大臣の委嘱により市町村におか
れている委員を何というか。同様の目的のため，法務省
の内部部局として**人権擁護局**が設置されている。

⓫人権擁護委員

5　新しい人権
【プライバシーの権利】⋯⋯⋯⋯⋯⋯⋯⋯⋯⋯⋯⋯⋯⋯⋯

❶憲法第13条の**個人の尊重**と**幸福追求の権利**を根拠と
して確立されてきた，私生活や個人の情報を他人によっ
てみだりに公開されない権利を何というか。この権利は，
近年，情報化の進展にともない，「自己に関する情報を
コントロールする権利」という意味も付加されている。

❶プライバシーの
　権利

❷元外務大臣有田八郎が，自分をモデルとした三島由紀
夫の小説により，プライバシーが侵害されたとして訴え
た事件を何というか。

❷『宴のあと』事
　件

❸柳美里氏のデビュー小説をめぐり，モデルとなった女
性がプライバシーの権利を侵害されたとして作者と出版
社を訴えた訴訟は何か。最高裁が**人格権**に基づき出版差
し止めを認定した。

❸『石に泳ぐ魚』出
　版差し止め訴訟

❹2000（平成12）年に施行された，組織的犯罪の捜査・
予防のため，電話や電子メールなどを裁判官の令状に基
づいて捜査機関が傍受できるとした法律を何というか。

❹通信傍受法

薬物・銃器・集団密航・組織的犯罪などが対象。2016
年に改正され，対象となる犯罪が大幅に増加されるとと
もに，傍受の際の通信事業者の立会が不要になった。

❺2002（平成14）年にスタートした，すべての国民に
11桁の番号を割り当て，氏名・住所などの個人情報を
オンライン上で管理するしくみで，セキュリティ上の問
題や「**国民総背番号制**」につながるとの議論も呼んだ制
度を何というか。

❺住民基本台帳ネットワークシステム（住基ネット）

❻国民一人ひとりに識別番号を割りふり，納税や社会保
障などにかかわる情報を国が一元的に管理するしくみを
何というか。2013（平成25）年に法制化され2016年か
ら運用が開始されたが，データ登録段階などでのトラブ
ルが多数報告されている。

❻共通番号制度（マイナンバー制度）

❼2003（平成15）年に成立した，個人情報を取り扱う
事業者（官，民問わず）にその適切な取り扱いを義務化
したり，個人の情報開示請求に応じることを定めた法律
を何というか。

❼個人情報保護法（個人情報保護関連5法）

❽人が，自分の姿・顔・シルエットなどを無断で撮影さ
れたり，絵画に描かれたりせず，また公表されない権利
を何というか。

❽肖像権

❾インターネットなどの普及や情報の電子化などによ
り，個人情報の履歴が半永久的に残るようになったこと
を背景に，検索サイトなどから自己に関する情報の削除
を求める権利があるとされているが,それを何というか。

❾忘れられる権利

【知る権利】……………………………………………………………………

❶国民が主権者として参政権を行使するために，また個
人の幸福を追求するために，国や地方公共団体に情報の
提供を求め，これを享受する権利を何というか。

❶知る権利

❷毎日新聞の記者が外務省事務官に，沖縄返還の機密書
類をもち出すよう依頼したことから，国家の機密保持と
報道・取材の自由が裁判で争われることになった事件は
何か。

❷外務省公電漏洩事件

❸憲法第21条の表現の自由を保障するためには，メディ
アなどによる報道の自由が保障されることが重要である
が，その報道の正確性・公正性を確保するために必要な

❸取材の自由

自由は何か。

❹主権者としての国民の「知る権利」に対応して，国や地方公共団体などによる一方的な情報の操作を防止し，その保有する情報の公開を求める制度を何というか。　❹情報公開制度

❺主権者としての国民の「知る権利」に対応して，アメリカにおいて 1976 年に制定された情報公開制度に関する法律は何か。　❺サンシャイン法（会議公開法）

❻都道府県や市町村において制定されている，情報公開に関する条例を何というか。　❻情報公開条例

❼2001（平成 13）年に施行された，外国人を含めたすべての人に**開示請求権**を認め，国の行政機関に対して情報開示を義務づけた法律は何か。ただし，法律の条文に「知る権利」は明記されていない。　❼情報公開法

❽情報公開などに関連し，国などの行政機関に課された**説明責任**のことを何というか。　❽アカウンタビリティ

❾一方的に流れてくる情報を受け取るだけでなく，国民がマス－メディアを利用して情報の収集や意見表明の場を求め，また発表された意見に反論の場を求める権利を何というか。　❾アクセス権（情報に接近する権利）

【環境権】……………………………………………………………………………

❶産業公害として**新潟水俣病・四日市ぜんそく・イタイイタイ病・熊本水俣病**の四つの公害の被害者が訴訟を起こして，全て勝訴したが，これらを総称して何というか。　❶四大公害訴訟

❷1967（昭和 42）年に定められ，国の公害対策が総合的に推進される契機となった，公害防止に関する施策の基本事項を定めた法律は何か（1993 年失効）。　❷公害対策基本法

❸地球環境問題に対する国際協調や，将来の環境保全に向けての基本計画の施策などを定めて，1993（平成 5）年に制定された法律は何か。公害対策基本法と自然環境保全法（1972 年制定）に代わるものである。　❸環境基本法

❹人間の生存にとって必要な，快適な生活環境を保有・維持する権利を何というか。憲法第 13 条の**幸福追求権**や第 25 条の**生存権**を根拠として主張されてきた。　❹環境権

❺憲法の幸福権や生存権が根拠とされる，自己の生命・身体・自由・プライバシー・名誉など人格と不可分な利　❺人格権

益について個人が持つ権利の総称を何というか。憲法に明記されていないが，大阪空港公害訴訟（大阪高裁）などで，この権利を根拠とする判決が出されている。

❻空港でのジェット機の騒音や振動で，環境権などが侵害されたとして，地元住民らが夜間飛行の差し止めと損害賠償を求めた裁判は何か。最高裁は 1981（昭和 56）年，一定の損害賠償を認めたが，夜間飛行の差し止めは却下し，また環境権には言及しなかった。

❻大阪空港公害訴訟

❼開発事業を行うに際し，公害の発生や環境破壊を未然に防止するために，その事業の実施が環境に及ぼす影響を事前に予測・評価し，公害のない開発計画を検討するための法律は何か。

❼環境アセスメント（環境影響評価）法

❽東海道新幹線沿線住民が騒音・振動の被害に対する損害賠償を求めた事件を何というか。1986（昭和 61）年に和解が成立した。

❽名古屋新幹線公害訴訟

❾公共事業による埋め立て・架橋計画と歴史的景観の保全をめぐっての訴訟で，広島地裁が 2009（平成 21）年に地域住民の景観利益を認めたものは何か。

❾鞆の浦景観訴訟

6　人権をめぐる新たな動き

【女性・子ども・障がい者の権利】……………………………………

❶「男は外で働き，女は家事」というような，男女の性別による固定的な考えを何というか。

❶性別役割分担

❷生物学的な男女の違いをセックスというのに対して，社会的・文化的につくり上げられた性差を何というか。

❷ジェンダー

❸ダボス会議を主催する世界経済フォーラムが，各国の男女間の格差を数値化したものを何というか。2022（令和 4）年の日本の，政治分野での男女平等度は 146 か国中 139 位であった。GGI（Gender Gap Index）とも表記する。

❸ジェンダーギャップ指数

❹女性差別を打破し，女性の権利実現を目指す思想を何というか。

❹フェミニズム

❺1979 年に国連で採択された，完全な男女平等の実現や，家庭・社会における男女の役割分担の見直しを求める内容をもつものは何か。日本は 1985 年に批准した。

❺国連女性差別撤廃条約

これにより国籍法の改正や男女雇用機会均等法の制定など，国内法の整備が行われた。

❻「男女が，互いにその人権を尊重しつつ責任も分かち合い，性別にかかわりなく，その個性と能力を十分に発揮できる社会」の実現をめざす法律は何か。（1999年制定）

❻男女共同参画社会基本法

❼1985（昭和60）年に制定され，1986年に施行された，職場での男女差別の解消をめざした法律は何か。1997年の法改正によって，採用・昇進などの差別が努力目標から禁止規定に強められた。

❼男女雇用機会均等法

❽1995年，子どもが1歳になるまでの1年間の育児のための休業を，男女いずれにも認めた育児休業法が改正され，介護を必要とする家族をもつ人に3か月（現在は93日）を限度とする介護休業・勤務時間短縮などの保障が盛り込まれた。この法律を何というか。

❽育児・介護休業法

❾結婚により多くの女性が改姓を強いられがちであることから，夫婦同姓を改め，異なる姓の選択を認めるべきだとする問題を一般に何というか。

❾夫婦別姓問題

❿18歳未満のすべての子どもを権利の主体と認め，自己の見解をまとめ発表しうる意見表明権や社会に参加する権利など，さまざまな権利を保障した条約は何か。1989年に国連総会で採択され，日本は1994年に批准した。

❿子どもの権利条約

⓫虐待や放置（ネグレクト），体罰など，子どもへの人権侵害を防止するため，2000年に制定された法律は何か。

⓫児童虐待防止法

⓬男女に対する職場などでの性的嫌がらせをさし，男女雇用機会均等法でも，事業主にその防止義務の規定が盛り込まれたものを何というか。

⓬セクシャル‐ハラスメント

⓭職場において妊娠・出産した女性に対する嫌がらせや，不当な待遇を何というか。最高裁は2014年，妊娠を理由にした職場での降格は，原則として男女雇用機会均等法に違反するという判断を示した。

⓭マタニティー‐ハラスメント

⓮レズビアン，ゲイ，バイセクシャル，トランスジェンダーなどの人たちの総称を何というか。同性婚を法的に認める国もあり，権利拡大の動きがみられる。性的マイノリティともいう。

⓮性的少数者（LGBT）

❻性的指向（Sexual Orientation，どの性別を好きにな ❻SOGI（ソギ）
るのか），性自認（Gender Identity，自分自身をどの性
別だと認識するのか）の頭文字から取った略語で，
LGBT と違ってすべての人が対象となる考え方を示す言
葉を何というか。

❻すべての人の性的指向と性自認の権利を保障しようと ❻同性婚
する考え方に基づくもので，欧米諸国では法的に認める
国も少なくなく，日本では同性カップルに対して「パー
トナーシップ」関係を証明するなどの自治体も現れてき
ている。これを何とよぶか。

❼職場の上司等が業務上の権限を背景に，その適正範囲 ❼パワー - ハラス
をこえて部下の精神や身体に苦痛を与える行為は何か。　　メント

❽特定の人物に対して，執拗なつきまといや待ち伏せ， ❽ストーカー規制
監視などの行為をすることを処罰するもので，2000（平　　法（ストーカー
成 12）年に施行された法律は何か。　　　　　　　　　　行為規制法）

❾配偶者からの暴力（ドメスティック - バイオレンス） ❾DV（ドメスティ
で生命・身体に危険が及ぶ場合，その防止と被害者の保　　ック - バイオレ
護を目的とし，2001 年に施行された法律を何というか。　　ンス）防止法

❷18 歳未満の児童を買春した者，買春を斡旋した者， ❷児童買春・児童
および，児童ポルノの頒布などが処罰の対象となる法律　　ポルノ規制法
は何か（1999 年施行）。

❹1975 年の国連総会で採択された，障がい者も人権を ❹障害者の権利宣
確立すべき主体であるとした宣言は何か。　　　　　　　　言

❷各国政府が障がい者に，障がいのない人と同等の権利 ❷障害者権利条約
を保障し，社会参加を促す努力を求めた条約は何か。
2006 年の国連総会で採択され，2008 年に発効した。

❸高齢者や障がい者を隔離・分断せず，すべて人間とし ❸ノーマライゼー
て普通の生活を送るため，ともに暮らし，ともに生きる　　ション
社会こそノーマルであるという考え方を何というか。

❹「保護と更正」を主とした障がい者対策から，「街づ ❹障害者基本法
くりを含めた障がい者の生活環境の改善と，社会活動を
自由にできる平等な社会づくり」にその目的を転換した
1993 年に制定された法律を何というか。

❺高齢者や障がい者などが駅や空港などを容易に利用で ❺交通バリアフリー
きるように，施設・設備を改善することを公共交通事業　　法

者に求めた法律を何というか（2000 年制定・施行）。

㉖高齢者や障がい者らが公共交通機関や施設を円滑に移動・利用できるよう求めた法律は何か。交通バリアフリー法と**ハートビル法**を一体化して 2006 年に成立した。

㉖バリアフリー新法

㉗2005 年に成立した障害者自立支援法の改正として，目的に「自立」という表現に代わり「基本的人権を享有する個人としての尊厳」と明記され，障がい者の範囲や障がい者に対する支援の見直し等がなされた法律とというか（2012 年成立，2013 年施行）。

㉗障害者総合支援法

㉘障害者基本法の理念に基づいて，障がいを理由とする差別の解消を推進するための法律は何か。2014 年の国連障害者権利条約批准に向けての国内法整備の一環でもある（2013 年成立，2016 年施行）。

㉘障害者差別解消法

【生命倫理をめぐる権利】……………………………………

❶成長した個体から取り出した細胞を使い，もとの個体と遺伝情報がまったく同じ個体をつくりだす技術を何というか。

❶クローン技術

❷人間のもつ遺伝情報の総体（**ヒトゲノム**）を人類の遺産として位置づけ，遺伝的な特徴を理由にした差別やクローン技術の人間への応用を禁止することが，1997 年のＵＮＥＳＣＯ総会で全会一致で採択されたが，この宣言を何というか。

❷ヒトゲノムと人権に関する世界宣言

❸末期治療において患者の意思を尊重し，医師が積極的な延命措置をとらないで死を迎えさせようとすることを何というか。

❸尊厳死

❹救命の見込みのない病人を苦痛から解放するために，人為的に死亡させることを何というか。

❹安楽死

❺事故や病気などで脳の機能が不可逆的に停止した状態を何というか。**心臓死**と対比され，また，脳の一部が機能し，自発呼吸や消化などが可能な「**植物状態**」とは区別される。

❺脳死

❻臓器提供の場合に限って脳死を人の死と認め，臓器移植を可能にした法律を何というか。15 歳以上の本人による臓器提供の意思表示や家族の同意を必要とする内容で 1997 年に施行された。2009 年，脳死を人の死と定義

❻臓器移植法

すること，提供者の年齢制限の撤廃，家族の同意のみでの移植が可能になることなどの改正が行われた。

❼治療に際して患者に正確な病状を伝え，治療方法やその内容について十分な説明を行い，治療の経過や成果を伝えながら進める「**十分な説明と同意**」のことを何というか。

❽よりよい治療方法をめざして，自分の主治医以外の医師から聞く意見を何というか。

❾自己の人格にかかわる私的事項を，公権力に干渉されることなく自ら決定する権利を何というか。

❿医療措置について，患者自らが尊厳死を選択する自由も含めて主張される，「自己の人生のあり方は自らが決定する」という自己決定権に基づく権利を何というか。

⓫生前に自己の死（死後）のあり方についての意思表示をしておくことを何というか。

⓬依頼された第三者の女性が，依頼人に代わって妊娠，出産を行うこと，およびその女性のことを何というか。体外受精した受精卵を第三者の女性の子宮に移植するなどの方法があるが，日本ではこの方法に対しての法整備はなされていない。なお，日本産科婦人科学会は，この方法による出産（懐胎）を認めない見解を 2003 年に出している。

❼インフォームド－コンセント

❽セカンド－オピニオン

❾自己決定権

❿患者の権利

⓫リビング－ウィル

⓬代理出産・代理母

【国際化時代の人権】……………………………………………………

❶国際人権規約にも定められている，民族が自らの運命を決定し，自由に，独立した自己の国家を建設しうるとする考え方を何というか。民族自決権ともいう。

❷正式な在留・就労の許可を得ないで，日本で働いている**外国人労働者**を何というか。

❸日本に滞在する外国人が，技術・技能・知識を習得することを目的として導入されたしくみをめぐり，関係者の責任が不明確なことや，実習生が劣悪な労働環境に置かれていることなどの問題点を改善するため，2016 年に法制化（施行は 2017 年）されたものは何か。

❹現在日本で暮らす外国人のうち，およそ半数は，滞在期間に定めがある「定住者」か，永住権をもつ「永住者」

❶人民の自決権

❷不法就労者

❸外国人技能実習生法

❹特別永住者

であるが，地方参政権の付与など，その人権保障のあり
かたについては様々な意見がある。この永住者のうち，
第二次世界大戦以前からの日本居住の外国人で，サンフ
ランシスコ平和条約により日本国籍を失った，主に朝鮮・
韓国系の日本居住者およびその子孫を何というか。

❺日本に在留しているが，「永住者」とは異なり在留期
間に最長5年の定めがある外国人を何というか。

❻外国人の出入国と在留資格，難民の認定手続きに関す
る基本法を何というか。2018年の法改正（2019年施行）
では，外国人労働者の新しい在留資格（特定技能，最長
5年間）が創設され，事実上の単純労働が可能となった。

❼日本在留中に政治活動を行った外国人が，在留期間の
更新を許可されなかったために訴えた裁判を何という
か。最高裁は1978年に，外国人にも政治活動の自由を
含む基本的人権は保障されるが，それは外国人在留制度
の枠内にとどまるとした。

❽戦争や政治的・宗教的迫害などの危険から逃れるため
に，自分の意思によらず，住んでいた土地を離れざるを
得なくなった人のことを何というか。

❾国際的な保護を必要とする難民の定義や，滞在する難
民に対して同化と帰化の促進および国内における法的な
取扱いの原則を定めた条約を何というか。国連全権会議
で1951年に採択された（発効は1954年）。日本は1981
年に批准したが，難民認定率の低さや難民申請者の扱い
（入管施設への収容）などをめぐり，国内外から批判も
ある。

❿個々の人を国家の構成員とする資格を定めた法律を何
というか。日本では，長く父系優先血統主義がとられて
きたが，女性差別撤廃条約の批准に先立ち，両性平等の
観点から1984年に**父母両系主義**に改められた。

⓫公権力の行使や国家意思の形成に携わる公務員となる
ためには，特に法規上の明文規定が無くても日本国籍が
必要という内閣法制局の見解（1953年，「**当然の法理**」）
に基づく規定を何というか。

❺定住者

❻出入国管理及び
難民認定法（入
管法）

❼マクリーン事件

❽難民

❾難民条約

❿国籍法

⓫国籍条項

7　公共の福祉と国民の義務

❶憲法第 12 条・第 13 条などに定められている，人権相互間の衝突を調整する原理であり，人権が制約されるときに使われる社会全体の幸福・利益を示す言葉を何というか。

❷憲法第 26 条 2 項に定める，すべての国民は法律の定めるところにより，その保護する子女に普通教育を受けさせなければならないことを何というか。

❸すべての国民が，その保護する子女に受けさせなければならない小学校・中学校 9 年間の普通教育を何というか。

❹憲法第 27 条に定められた国民の義務で，道徳的指針であり法的拘束力をもつものではないが，この規定を根拠に，働けるのに働かない者には社会権上の保護を受ける資格がないとの見解もあるのは何か。

❺憲法第 30 条に定められた国民の義務で，国家運営に必要な費用負担を国民に求めたものを何というか。

❶公共の福祉

❷教育を受けさせる義務

❸義務教育

❹勤労の義務

❺納税の義務

第3章　基本的人権の保障

【正誤問題に TRY】‥‥‥‥‥‥‥‥‥‥‥‥‥‥‥‥‥‥‥‥‥‥‥‥‥‥‥‥‥‥‥‥‥‥‥

①自然権（基本的人権，天賦の権利）の基本的な考え方は，国家がつくった法律によって初めてそれが保障されるというものである。

②アファーマティヴ‐アクション（ポジティヴ‐アクション，補正的格差是正措置）とは，形式的平等を保障するための措置といえる。

③尊属殺人訴訟において，刑法200条の尊属殺人重罰規定は，刑の加重が重すぎるため最高裁判所は違憲の判決を下した。

④最高裁判所は2013年，婚姻関係にある夫婦の子と，婚外子との遺産相続分を比べたとき，前者の方が多いという民法の規定に対して，合理的な規定で合憲であるという判決を下した。

⑤アイヌの人々を法的に民族として認めその文化の振興などを図るために，アイヌ文化振興法が制定された。（17追）

⑥三菱樹脂訴訟で最高裁判所は，憲法第19条は，企業と労働者の間（私人間）にも適用されるという判決を下した。

⑦東大ポポロ事件で最高裁判所は，大学には学問の自由と大学の自治が認められており，大学の劇団サークルによる今回の演劇も学問の自由の範囲であるとの判断を下した。

⑧宗教団体が，大学を創設し，運営することは，政教分離の原則に反する。

⑨組織的犯罪の捜査に際して，捜査機関が電話やインターネット上の通信内容を取得するための手続きを定めている法律は，特定秘密保護法である。（22現社本）

① ×　国家や人為的に保障されるものではなく，生まれながらにしてもつというのが自然権思想。

② ×　形式的平等だけでは生じる格差を補うもので，実質的平等を確保する手段といえる。

③ ○　普通殺人との刑の重さの違いが，憲法第14条の「法の下の平等」に違反するとした。

④ ×　法の下の平等に違反するとし違憲判決を出している。

⑤ ○　2019年にアイヌ民族支援法を制定（アイヌを先住民族と明記）。

⑥ ×　第19条は，私人間には適用されないと判断をした。憲法は原則として国家（公権力）と私人の関係を規定している。

⑦ ×　この演劇は学問研究の内容とはいえないとして，学問の自由の範囲外という判断を下した。

⑧ ×　政教分離とは「政治」と「宗教」の分離。

⑨ ×　通信傍受法の説明。この法律は，2016年の改正で通信事業者の立会が不要になった。

⑩最高裁判所は，政教分離原則に違反するかどうかを判断するにあたって，目的効果基準を用いたことがある。(20追)

⑪教科書裁判（家永訴訟）で最高裁判所は，教科書検定制度について，憲法が禁ずる検閲にあたるという判断を示したことがある。

⑫憲法によれば，刑事事件では，自己に不利益な唯一の証拠が，本人の自白であった場合，有罪となり得る。(19現社本)

⑬逮捕・勾留された人を，捜査機関である警察の留置場に置くことは，冤罪の温床となるため違法である。

⑭警察は十分な捜査をして証拠を集めてから裁判所に逮捕令状を請求するため，令状により逮捕された時点で，容疑者は有罪の可能性が高いとして扱わなければならない。

⑮憲法第22条に定める居住・移転の自由は，自由権のうち「身体の自由」に分類される。

⑯日本国憲法が保障する経済活動の自由は，公共の福祉との関係で制約に服することはない。(17本)

⑰朝日訴訟では，憲法上の生存権の規定は個々の国民に対して具体的な権利を保障したものであるとの最高裁判決が下されている。(13本)

⑱憲法が保障する教育を受ける権利の基礎には，人が学習し成長する学習権の理念があるとされている。(18本)

⑲国家賠償請求権は，個人の利益確保のために「国家に対して，不当に干渉しないことを求める権利」である。(16本改)

⑳新しい人権として日本で主張されている「知る権利」とは，税金の使途が適切かどうかを確認するため，国に対して情報の公開を求めるという意味をもつ。(19本改)

---

⑩ ○　津地鎮祭訴訟，愛媛玉串料訴訟などが目的効果基準を用いた判決。

⑪ ×　教科書検定制度自体は合憲とし，不合格処分は違憲と判断した下級審もあった（杉本判決）。

⑫ ×　憲法38条第3項による。冤罪防止が目的。

⑬ ×　2005年に法整備。

⑭ ×　有罪が確定するまでは無罪として扱う「推定無罪」が刑事裁判の鉄則。

⑮ ×　職業選択に関連するので一般的には経済の自由に分類されるが，人身の自由，精神の自由としての要素も併せもつ。

⑯ ×　精神の自由と違い，憲法条文自体に公共の福祉による制約が明記される（「二重の基準」）。

⑰ ×　最高裁は憲法25条は国の責務を宣言したもの（プログラム規定説）で具体的権利は生活保護法で与えられるとした。

⑱ ○　単なる教育の機会均等を求める考え方から，近年変化している。

⑲ ×　国家に対し積極的な行為を要求するもの。

⑳ ○　ただし憲法に知る権利は明記されてない。

㉑最高裁判所が環境権を認めていないため，公害被害を受けた市民の損害賠償請求は認められていない。(11 本)

㉒新しい人権として日本で主張されている「プライバシーの権利」は，自らの情報が勝手に利用されないように，その情報をコントロールするという意味をもつ。(19 本改)

㉓企業は，顧客の同意があっても，その個人情報を事業のために利用できない。(08 本)

㉔男女間の格差を数値化したジェンダーギャップ指数をみると，日本の男女平等度は世界の中で中位である。

㉕セクハラが違法行為と認められた場合，加害者は，損害賠償責任を負うだけであって刑事罰を受けることはない。(08 本)

㉖男女雇用機会均等法では，職場での採用・昇進などの差別を禁じているが，罰則規定は設けられていない。

㉗候補者男女均等法（政治分野における男女共同参画の推進に関する法律）の制定（2018 年）により，政党などに国政選挙や地方選挙で男女の候補者の数ができる限り均等になるよう罰則規定を設けて促すことになった。(21 本)

㉘民法では，結婚すると夫または妻のどちらかの氏を称することが定められていたが，この規定に対して最高裁判所は違憲判断を下し，その規定は削除された。

㉙日本は 2006 年の国連総会で採択された障害者権利条約を批准している。

㉚2011 年障害者基本法が改正され，手話が法律上の言語として認められた。

㉑　×　環境権は認めていないが，憲法第 13 条や第 25 条を根拠に賠償が認められた判決もある（大阪空港訴訟など）

㉒　○

㉓　×　同意があれば可。

㉔　×　146 か国中 139 位と低位（2022 年）。

㉕　×　名誉毀損，公然侮辱，強制わいせつなどの刑事罰が科せられる場合がある。

㉖　○　ただし 1997 年の改正により，違反した企業が是正勧告に従わない場合の制裁措置が盛り込まれた。

㉗　×　罰則規定はなく努力義務にとどまっている。

㉘　×　1996 年に法制審議会は選択的夫婦別姓の導入を打ち出したが実現していない。

㉙　○　2014 年に批准。

㉚　○

㉛末期治療において患者の意思を尊重し，医師が積極的な延命措置をとらないで死を迎えさせようとすることを安楽死という。

㉜臓器移植法は脳死を人の死と定義しているが，臓器移植の際は心臓が停止することも必要条件である。また，2009年の改正で，移植には家族の承諾だけでなく本人の生前の意思も条件に加えられた。

㉝いわゆる代理母については，日本ではそれを禁止する法律が制定されている。

㉞難民条約は，冷戦終結後に国連総会で採択された。（09本）

㉟国籍法は長らく父系優先血統主義が採られてきたが，1950年に父母両系主義に改められた。

㊱憲法は，国民に普通教育を受ける義務を課すことを規定するとともに，義務教育を無償としている。（12現社本）

㉛　×　これは尊厳死である。

㉜　×　臓器移植をする際に限って「脳死＝人の死」と定義している。（後段）本人の意思が不明でも家族の承諾により移植できるようになった。

㉝　×　日本産科婦人科学会は認めない見解だが，禁止する法律はない。

㉞　×　第二次世界大戦後に大量に発生した難民に対処するため，1951年に国連全権会議（ジュネーブ）で採択された。

㉟　×　同法は1950年に制定され，1984年に国連女性差別撤廃条約の批准に先立ち父母両系主義に改められた。

㊱　×　憲法では「保護する子女に普通教育を受けさせる義務」と規定。

第4章　国民主権と政治機構 ◇◇◇◇◇◇◇◇◇◇◇◇◇◇◇◇◇◇◇◇◇◇◇◇

1　日本の政治機構の特色

❶立法・行政・司法の三権相互の抑制により，**権力の濫用と絶対化を防ぎ**，三権のバランスを維持していこうとする権力分立主義を支える原理を何というか。

❷選挙で選ばれた代表者により組織された議会を通して，国民の意思を反映させる統治システムを何というか。

❸衆議院の信任に基づいて内閣が存立するしくみで，内閣は行政権の行使に対して，国会に連帯して責任をもつという政治制度を何というか。

❹国会や内閣などによる法律・命令・規則・処分などが憲法に適合するか否かを，具体的な訴訟のなかで審査する権限を何というか。

❺明治憲法下で，天皇の立法権に対し，それを補助する立場から事前に同意を与える議会の役割を何というか。

❶抑制と均衡（チェック‐アンド‐バランス）

❷議会制民主主義

❸議院内閣制（責任内閣制）

❹違憲法令（立法）審査権

❺協賛

2　国会のしくみとはたらき

【国会の位置づけ】‥‥‥‥‥‥‥‥‥‥‥‥‥‥‥‥‥‥‥‥‥

❶国会が法を制定する権限を何というか。

❷国会（衆議院・参議院）について，憲法第43条1項ではどのように定められているか。

❸日本国憲法は第41条で主権者である国民の代表が構成する国会を何と表現しているか。

❹国会だけが法律を制定できる立法機関であることを，憲法第41条はどのように定めているか。

❺国会が国政の中心であることを何というか。

❶立法権

❷国民の代表機関

❸国権の最高機関

❹国の唯一の立法機関

❺国会中心主義

【国会の組織と権限】‥‥‥‥‥‥‥‥‥‥‥‥‥‥‥‥‥‥‥‥

❶民意を問う機会を増やし，審議を慎重に行うために，議会が二つの議院から構成される制度を何というか。

❷単一の議院から構成される議会制度を何というか。審議の効率化・迅速化などの点でメリットがあるとされる。

❸衆参本会議では，総議員の3分の1以上の出席というように，議会・委員会などの審議が成立するためには，

❶二院制（両院制）

❷一院制

❸定足数

一定以上の出席数が求められる。これを何というか。

❹衆議院と参議院の会派構成が異なり，衆議院と参議院の議決が一致しなくなることを一般的に何というか。　❹ねじれ国会

❺国会に対し，立法府の権限として与えられているものは，予算の議決，財政に関する議決，条約の承認，憲法改正の発議のほかに何があるか。　❺法律の制定

❻国政について証人の出頭・証言，記録の提出などを求める権利を何というか。　❻国政調査権

❼国会が内閣に対してもつ権限の一つで，衆議院に与えられているものは何か。　❼内閣不信任決議権

❽憲法第84条に定める，租税の賦課および変更については，法律に基づかなければならないことを何というか。　❽租税法律主義

❾国の予算について，毎会計年度の予算を作成する機関はどこか。また，その審議・議決を行う機関はどこか。　❾内閣，国会

❿予算の議決について，参議院は衆議院の可決を受け取ってから一定の期間内に議決しないとき，衆議院の議決が国会の議決とみなされるが，その期間は何日以内と定められているか。　❿30日

⓫国会の議決により国会議員のなかから選ばれ，すべての案件に先立ってその指名が行われる役職は何か。また，衆参両院が異なる指名をし，衆議院の指名後一定期間経っても参議院が指名しないときは衆議院の指名が国会の指名となるが，その期間は何日以内と定められているか。　⓫内閣総理大臣，10日

⓬内閣が結んだ**条約**に対し，議院内閣制の立場から国会がその有効性を，事前または事後に与える手続きを何というか。　⓬（条約の）承認

⓭条約は内閣が締結し，国会が承認することによって正式に成立する（拘束力をもつ）が，それらの手続きを通して国家が最終的に条約に対して同意を与える意思表示を何というか。　⓭批准

⓮参議院が内閣の責任を追及するためにもつ権限は何か。法的な拘束力はなく，可決されても内閣が総辞職するわけではない。　⓮問責決議

⓯裁判官の非行について訴追を行う，衆参両議院の議員　⓯裁判官訴追委員

各10名で構成される委員会を何というか。

❶⑯裁判官訴追委員会で訴追を受けた裁判官に対してその罷免の可否を取り扱う，衆参両院の議員各7名で構成される裁判所を何というか。

❶⑰憲法第62条に定める，両議院が立法および行政監督の権限を有効に行使するために，国政に関する調査を行い，証人の出頭・証言および記録の提出を要求できる権限を何というか。

❶⑱毎年1月に召集され，会期150日の国会を何というか。

❶⑲内閣またはいずれかの議院の総議員の4分の1以上の要求で開催される国会は何か。

❷⑳衆議院解散の日から30日以内に開催され，次期内閣総理大臣の指名を主な議案とする国会は何か。

㉑衆議院の解散中に緊急の事案がある場合に開催されるものは何か。決定した内容は後日，新しい衆議院成立後に審議される。

㉒国会の各議院が，他の組織・機関から干渉されずにその独自性を保つために行使する，議員懲罰権や規則制定権などの権限を何というか。

㉓憲法第58条2項に定める議院自律権の一つで，衆参各議院がもつ，会議の手続きや院の内部規律を定めることのできる権限を何というか。

㉔憲法第58条2項に定める議院自律権の一つで，院内の秩序を乱した議員に，戒告・陳謝・登院禁止・除名の処分を与えることのできる権限を何というか。

㉕衆議院・参議院の両議院で，各院の総議員によって構成される会議を何というか。

㉖国会で扱う議題の複雑化・専門化などに対応し，その審議の慎重と能率化をはかるために，両議院内に設けられた組織は何か。**常任委員会**と**特別委員会**がある。

㉗衆参両議院の議決が異なったとき，両院の意見調整を行うために開かれる，各議院の代表10名で構成される機関は何か。

㉘法律案や予算の議決，条約の承認，内閣総理大臣の指名について，両議院の議決が不一致の場合，最終的には

会

⑯弾劾裁判所

⑰国政調査権

⑱通常国会（常会）

⑲臨時国会（臨時会）

⑳特別国会（特別会）

㉑参議院の緊急集会

㉒議院の自律権

㉓規則制定権

㉔議員懲罰権

㉕本会議

㉖委員会

㉗両院協議会

㉘衆議院の優越

衆議院の議決が国会の議決となる。これらの衆議院の権
能を何というか。予算先議権や内閣不信任決議権もこれ
に含める場合がある。

❷衆議院が可決した法律案を参議院が否決または修正し
たとき，衆議院に戻して再び議決することを何というか。
出席議員の3分の2以上の賛成で法律となる。 ❷再議決

❸国会は原則として一度議院が議決した案件と同一の案
件を，同一会期中に重ねて審議することを認めない。こ
れを何というか。 ❸一事不再議

❸会期中に審議が完了しなかった案件は，そこで消滅し
次の国会に継続されない。このように国会の会期はそれ
ぞれ独立して，次の会期とは継続しないという原則を何
というか。 ❸会期不継続の原則

❸衆議院を通過した法律案を，参議院が国会閉会中を除
いて60日以内に採決しないケースを何というか。この
場合，参議院が否決したとみなされる。 ❸みなし否決

❸憲法第60条1項に定める，衆議院が先に予算の提出
を受け，これを審議する権限を何というか。 ❸予算先議権

❸議員や委員会が発議して行われる立法を何というか。 ❸議員立法

❸国会審議に際し，利害関係者や学識経験者を委員会に
呼んで意見を聴くための会を何というか。 ❸公聴会

【国会議員の身分と役割】……………………………………………

❶国会の会期中，現行犯によるものと所属議院の許諾が
あった場合を除き，逮捕されないという特権は何か。 ❶不逮捕特権

❷議院内での演説・討論・表決について院外で責任を問
われないという特権を何というか。 ❷免責特権

❸憲法第49条に定める，両議院の議員が国庫から支給
される歳費を受けることができる特権は何か。 ❸歳費特権（歳費受領権）

【国会の活性化】……………………………………………

❶1999年の国会審議活性化法に基づき廃止された，官
僚が国会で答弁する制度は何か。 ❶政府委員制度

❷1999年の国会審議活性化法にもとづき，政務次官に
代わって配置された職は何か。 ❷副大臣・大臣政務官

❸イギリス議会の**クエスチョン-タイム制度**を手本に
2000年の通常国会から導入された，国会の国家基本政 ❸党首討論

策委員会の場で行われる首相と野党党首による対面式の
討論を何というか。

3　内閣のしくみとはたらき

【議院内閣制】……………………………………………………………

❶憲法第65条に，内閣に属すると定められている権限｜❶行政権
は何か。

❷行政権を担当する最高機関で，内閣総理大臣と14人｜❷内閣
以内（特別に必要な場合は17人以内。内閣法第2条）
の国務大臣で構成される合議体は何か。

❸日本国憲法では，国会により指名された内閣総理大臣｜❸連帯責任
が組織する内閣は，国会に対してどのような責任を負う
か。

❹憲法第72条に定める，内閣を代表して議案を国会に｜❹内閣総理大臣
提出し，一般国務および外交関係について国会に報告し，
行政各部を指揮監督するのは誰の権限か。

❺内閣総理大臣とともに内閣を組織し，府・省・庁など｜❺国務大臣
の責任者として，また内閣の一員として国政全般の処理
にあたる閣僚を何というか。

❻憲法第66条2項で，内閣総理大臣および国務大臣の｜❻文民
条件となっている，職業軍人でない者をさす言葉は何か。

❼憲法第69条に基づき，内閣を信任しないという衆議｜❼内閣不信任決議
院の意思表示を何というか。

❽衆議院で内閣不信任決議案の可決（または信任決議案｜❽総辞職
の否決）後，10日以内に衆議院が解散されないとき，
内閣総理大臣が欠けたとき，総選挙後に初めて国会が召
集されたとき，内閣の全員が行うことを何というか。

❾憲法第7条または第69条により，衆議院の全議員の｜❾解散権
資格を任期満了前に失わせることのできる権限は何か。

❿内閣の政治責任を追及するために参議院が行使できる｜❿問責決議
決議を何というか。ただし，法的拘束力はない。

【内閣の組織と権限】………………………………………………………

❶合議制機関である内閣が職務を行うときに，その意思｜❶閣議
を決定するために開く会議を何というか。非公開で行
い，意思決定は**全員一致**となっている。

❷現行憲法の首相の地位を明治憲法下の「**同輩中の首席**」から「首長」へ高めることになった，国務大臣を任意に選んだり辞めさせたりできる，憲法第68条に規定された首相の権限は何か。

❸2001年に**中央省庁等改革**における内閣機能強化の一環として，総理府にかわり設置された機関を何というか。

❹内閣府に所属する複数の国務大臣を何というか。

❺2001年の中央省庁等改革の一環として創設され，各省において大臣を補佐し，政策および企画をつかさどり，大臣不在の際にはその職務を代行する役職は何か。また，同じく大臣を補佐して特定の政策および企画に参画し，政務を処理する役職は何か。

❻国務大臣を長として，それぞれの行政事務を担当する行政機関を何というか。また，それらの外局として設置され，その長を長官という行政機関を何というか。

❼**東日本大震災**を受けて新たに設置され，復興施策などを担当する組織を何というか。

❽2021年日本のデジタル社会実現の司令塔として発足した庁を何というか。

❾2023年，子ども政策の司令塔としての役割を担うために内閣府の外局として設置された機関は何か。

❿国務大臣の数は，内閣法第2条第2項で規定されている。国際博覧会推進本部と，復興庁が設置されている現在は何名か。

⓫憲法・法律の規定を実施するため，または法律の委任に基づいて内閣が制定・公布する**命令**を何というか。

⓬法律・政令の規定を実施するため，または法律・政令の委任に基づいて，各省大臣が担当する行政事務について制定・公布する命令を何というか。

⓭内閣の決定と天皇の認証によって，裁判所による刑の言い渡し効果の全部または一部を消滅させ，あるいは公訴権を消滅させることを何というか。

【行政機能の拡大と行政の民主化】……………………

❶多くの社会問題を解決するために，国が国民生活のあ

❷国務大臣の任免権

❸内閣府

❹特命担当大臣

❺副大臣，大臣政務官

❻省，庁

❼復興庁

❽デジタル庁

❾こども家庭庁

❿16名（特別に必要な場合は19名）

⓫政令

⓬省令

⓭恩赦

❶行政機能の拡大

らゆる分野に介入することで，専門的技術や情報をもつ
行政府の役割が大きくなることを何というか。

❷20世紀以降，国民福祉向上の要求を受けて，行政権
優位の確立した国家が登場した。これを何というか。

❷行政国家

❸18～19世紀のイギリスにみられ，立法権が明確に行
政権・司法権に優越し，**夜警国家**に適合した国家のこと
を何というか。

❸立法国家

❹行政機能の拡大・専門化により，国会は法律で大綱を
定め細目は行政府に任せる傾向が強い。この法律の委任
に基づいて立法府以外の機関が法規を制定することを何
というか。

❹委任立法

❺行政機関が特定の行政目的実現のために，直接の法的
強制力によらず，助言・勧告などの形で個人や団体に対
して任意の協力を求めて働きかけることを何というか。

❺行政指導

❻法案作成や政策決定に関して主導権を握り，立法府や
行政府に影響を与える専門的知識・技術をもつ官僚のこ
とを何というか。

❻テクノクラート
（専門的技術官
僚）

❼現代の行政機関は，その巨大化や事務の繁雑化に伴い，
形式主義・秘密主義・セクショナリズム・規則万能主義
などの行動・思考様式がみられるようになったことを何
というか。また，マックス＝ウェーバーが指摘した，合
理的・能率的な組織運営に適した階層的社会機構で，現
代社会の組織原理となっているしくみを何というか。

❼官僚主義，官僚
制（ビューロク
ラシー）

❽国民の代表ではない官僚が，退職後に政府関係機関の
幹部職に再就職（天下り）するなどして政治の実権を握
り，立法府や行政府が官僚の意思に左右される状態を何
というか。

❽官僚支配

❾業務内容の公共性が高く，特別の法律などに基づいて
設立された団体（旧日本道路公団,旧住宅金融公庫など）
を何というか。行財政改革の柱の一つとして，その見直
しや廃止，民営化などが行われた。

❾特殊法人

❿行政組織のスリム化をめざし，中央省庁の現業・試験
研究部門などを分離・独立させた法人組織を何というか。
イギリスの**エージェンシー制度**がモデルとなった。

❿独立行政法人

⓫国家公務員Ⅰ種試験に合格し，幹部候補の一般行政職

⓫キャリア

として中央省庁に採用される職員を一般に何というか。

⑫退職した公務員（キャリアが多い）が，勤務した官庁と関連の深い政府関係機関や民間企業へ，好条件で再就職することを何というか。また，そうした行為を繰り返すことを俗に何というか。

⑫天下り，わたり

⑬行政機能が拡大し，行政国家化が進むなかで，行政権の優位や官僚主義の弊害を打破し，国民主権の立場で行政に携わることが要請される。このことを何というか。

⑬行政の民主化

⑭公務員の採用・昇進などを，受験成績や勤務成績などに基づいて中立・公平に行う制度のことを何というか。

⑭メリット－システム（資格任用制）

⑮公務員の採用・昇進などを，選挙で政権を獲得した政党などの情実によって恣意的に行う政治慣習のことを何というか。

⑮スポイルズ－システム（猟官制）

⑯人事院・公正取引委員会など，公正・中立性が求められる職務遂行のため，一般行政機関からある程度独立して権限を行使する合議制の行政機関を何というか。

⑯行政委員会

⑰行政指導の根拠や手続きを明確化し，透明性の高い行政を実現するため1994年に施行された法律は何か。

⑰行政手続法

⑱国や地方の行政機関が命令制定などを行う際，原案を市民に公表して意見を求めるしくみを何というか。

⑱パブリック－コメント

⑲官（役所）と民（民間企業）が，公共サービスの担い手としてどちらがふさわしいかを入札で決める制度を何というか。イギリスなどで導入されてきたが，日本でも2006年に公共サービス改革法が制定された。

⑲市場化テスト

⑳2006年に制定された，国家・地方公務員の純減目標などを定めた法律を何というか。

⑳行政改革推進法

㉑公務員はその職務にあたり，国民の意思に基づき法律に従って行動する義務を負うが，このことを何というか。

㉑全体の奉仕者

㉒国家公務員法に基づき，1948（昭和23）年に設置され，一般職公務員の公正な人事行政に関する事務を担当する行政機関を何というか。

㉒人事院

㉓国家公務員の綱紀を正し，贈与・接待など行政と企業との癒着を防ぐ目的で定められた法律を何というか。

㉓国家公務員倫理法

㉔行政組織の拡大を抑制するために新しい行政機関を設置する場合，すでにある行政機関を廃止・統合して全体

㉔スクラップ－アンド－ビルド

としての肥大化を防止しようという考え方は何か。

㉕1981〜1983年に設置され,「増税なき財政再建」などをスローガンに,5度にわたる答申を出した,鈴木善幸・中曽根康弘首相の諮問機関は何か。

㉕第二次臨時行政調査会(第二臨調)

㉖第二臨調の答申を受け,1987(昭和62)年までに民営化された**三公社**は,それぞれ何か。

㉖日本国有鉄道,日本専売公社,日本電信電話公社

㉗国や地方自治体の行政を民主化し,行政機構を合理的・能率的に改善しようとする取り組みを何というか。

㉗行政改革

㉘肥大化した行政の機能をスリム化するため,財政規模を縮小し,民間活力の積極的な利用をめざした政府を何というか。

㉘小さな政府

㉙行政機関がもっている許可・認可・承認・免許・指定などの権限により,行政の効率的運営が損なわれたり,行政機関と特定の個人・業界との癒着を生み,政治腐敗の原因にもなるといわれる行政の実態を何というか。

㉙許認可行政

㉚行政機関の横のつながりが希薄で,相互の調整がないため,一つの課題に横断的に対処できない行政の状態を何というか。

㉚縦割り行政

㉛経済活動の活性化をはかるために,許可・認可などの各種の法規制を緩和しようとする動きを何というか。

㉛規制緩和(ディレギュレーション)

㉜2001年1月,中央省庁の数を**1府22省庁**から**1府12省庁**に半減させて行政機構のスリム化をはかった。これを何というか。

㉜中央省庁再編

㉝経済・財政政策の立案・実施における官僚支配を排する目的で,2001年に内閣府に設置された機関を何というか。「**骨太の方針**」の策定などにあたった。

㉝経済財政諮問会議

㉞民主党政権のもと,廃止された経済財政諮問会議にかわって設けられた組織を何というか。

㉞国家戦略会議

4　裁判所のしくみとはたらき
【司法権の独立】••

❶司法作用を行う裁判所の権能を何というか。

❶司法権

❷公正な裁判を行うために,裁判所だけに司法権が与え

❷司法権の独立

られ，立法・行政その他の権力から干渉されず，身分保障された裁判官が独立して職権を行使するという原則を何というか。

（裁判官の独立）

❸ 1891（明治24）年，来日中のロシア皇太子が警察官に襲われて負傷した事件は何か。この事件をめぐる政府の圧力に屈せず，大審院長**児島惟謙**は司法権の独立を守ったとされる。

❸大津事件

❹ 1949（昭和24）年，地方裁判所の下した判決に対して参議院法務委員会が，国政調査の一環として被告人を証人により，量刑が軽すぎると決議した。**国政調査権**と司法権の独立との関係が問われたこの事件は何か。

❹浦和事件

❺ 1973（昭和48）年，**長沼ナイキ基地訴訟**に際して，担当した裁判長に平賀健太札幌地方裁判所所長が，農林大臣の判断を尊重すべきという趣旨の書簡を送り，裁判官の独立と公正さが問われた事件を何というか。

❺平賀書簡問題

❻現行憲法下の裁判所と異なり，明治憲法下の皇室裁判所・軍法会議・行政裁判所などのように，特定の身分の人や事件について設置される裁判所を何というか。

❻特別裁判所

❼明治憲法下で設置されていた，軍人に対して刑事裁判を行った特別裁判所を何というか。

❼軍法会議

❽明治憲法下で行政上の法律関係について裁判するために，司法裁判所とは別に行政部に設置されていた裁判所を何というか。

❽行政裁判所

❾裁判官について，憲法第78条に定められたことがらを何というか。

❾裁判官の身分保障

❿裁判官の身分保障を定めた憲法第78条で，裁判官を罷免させる事由として，心身の故障のほかに何があるか。

❿公の弾劾

【裁判制度】……………………………………………………

❶司法権の最高機関で，長官と14名の裁判官で構成され，最終の審理を行う**終審裁判所**を何というか。

❶最高裁判所

❷最高裁判所の下位にある，**高等裁判所・地方裁判所・簡易裁判所・家庭裁判所**を総称して何というか。

❷下級裁判所

❸司法制度改革の一環として，2005年に東京高裁の特別の支部として設置された裁判所を何というか。知財高裁と略称される。

❸知的財産高等裁判所

❹私人間の生活の紛争にかかわる裁判を何というか。

❺民事裁判で，訴訟を提起した当事者を何というか。また，訴えられた側の当事者を何というか。

❻法律に定める犯罪があった場合，検察官が被疑者を裁判所に起訴し，裁判官が検察官・被告人・**弁護人**の申し立てを聞き，証拠調べをして判決を下す裁判は何か。

❼犯罪の疑いを受け，まだ起訴されていない者を何というか。また，検察官から起訴された者を何というか。

❽公訴を提起し，犯罪の捜査権，裁判の執行の監督権などを行使する公務員は何か。

❾検察官の訴追裁量に民意を反映させるために，アメリカの**陪審制**を参考につくられた組織を何というか。各地方裁判所の所在地に設けられ，一般市民11名の審査員（任期6か月）からなる。2度の起訴（相当）議決で，裁判所指定の弁護士が検察官にかわって**強制起訴**する。

❿民事裁判の一種で，国民が国・地方公共団体の行為を違法として取り消しを求める訴訟を何というか。

⓫国民の権利保障を慎重に行うために，同一訴訟事件を異なる階級の裁判所で3回裁判を受けることのできる制度は何か。

⓬刑事裁判で，第一審判決に対する上訴を何というか。第二審判決に対する上訴を何というか。また，裁判所の命令・決定に対する上訴を何というか。

⓭第一審の判決に対して，控訴審を省略して行う上告を何というか。

⓮公正な裁判を行うために，訴訟の主導権を当事者に委ね，裁判官は中立的な第三者の立場に立って，両者の主張の優劣を判断する方式を何というか。

⓯公正な裁判を行うために，憲法第82条に定められている，裁判官が全員一致で決めた場合を例外に，公開法廷で裁判を行う原則を何というか。

⓰下級裁判所裁判官の指名，裁判所の会計経理，職員の監督など，司法運営に必要な行政的な権限を何というか。

⓱最高裁判所がもつ，訴訟手続き，弁護士，裁判所内の内部規律などを定める権利を何というか。法と同じ効果

❹民事裁判

❺原告，被告

❻刑事裁判

❼被疑者，被告人

❽検察官

❾検察審査会

❿行政裁判

⓫三審制

⓬控訴，上告，抗告

⓭跳躍上告

⓮当事者主義

⓯裁判の公開

⓰司法行政権

⓱規則制定権

をもち，国会の立法権の例外となる。

【違憲法令審査権】••

❶基本的人権の保障の最後の砦〈とりで〉として，違憲法令審査権
をもつ終審裁判所である最高裁判所を何と呼ぶか。

❷1973年，自己または配偶者の直系尊属の殺害（尊属殺）
を重く処罰する規定が，憲法第14条の**法の下の平等**に
反するとして最高裁判所が違憲とした法律は何か。

❸1987年，最高裁判所が共有林の分割制限は憲法第29
条の**財産権**の保障に反し違憲とした法律は何か。

❹2002年，最高裁判所が郵便業務従事者の過失による
特別送達郵便の配達遅れに対する国の損害賠償免除規定
に，合理性・必要性はなく違憲とした法律は何か。

❺2005（平成17）年，在外国民の投票が衆参両院の比
例代表選挙に限られるという法律の規定について，最高
裁は選挙権を保障した憲法第15条などに違反すると判
決した。この法律は何か。

❻2008年，両親の結婚を国籍取得の条件としている法
律の規定について，最高裁は法の下の平等に反するとし
て違憲判決を下した。この法律は何か。

❼2013年，嫡出でない子の法定相続分を嫡出子の2分
の1とする法律の規定が，憲法第14条に違反するとし
て違憲判決が下された。この法律は何か。

❽2022年，在外国民に最高裁判所裁判官の国民審査権
の行使が認められていない状態は憲法第15条の公務員
選定罷免権と第79条の最高裁判所裁判官の国民審査の
規定に違反するとして違憲判決が出された。この法律は
何か。

❾通常の裁判所が具体的な事件を裁判する際，その必要
な範囲内で適用法令の違憲審査を行う方式を何というか。アメリカや日本などで採用されている。

❿特別に設置された憲法裁判所が，具体的事件と関係な
く違憲審査を行う方式を何というか。ドイツやイタリア
などで採用されている。

⓫具体的な訴訟を前提とせず，法律や命令の違憲性を抽
象的に審査する権限を与えられた裁判所を何というか。

❶憲法の番人

❷刑法

❸森林法

❹郵便法

❺公職選挙法

❻国籍法

❼民法

❽最高裁判所裁判
　官国民審査法

❾付随的審査制

❿抽象的審査制

⓫憲法裁判所

❿憲法第79条2項に定める，最高裁判所の裁判官を，任命後の最初の衆議院議員総選挙のときと，その後10年ごとの総選挙のときに，国民が直接審査するしくみを何というか。 ┃ ❿国民審査

【司法をめぐる新しい動き】‥‥‥‥‥‥‥‥‥‥‥‥‥‥‥‥‥

❶犯罪によって精神的・身体的な打撃を受けた被害者や遺族などに認められた権利を一般的に何というか。 ┃ ❶犯罪被害者の権利

❷一定の資格を満たす一般市民から選出された人が，裁判において事実認定や起訴の可否，有罪・無罪の評決などを行う制度を何というか。アメリカやイギリスなどで採用されている。 ┃ ❷陪審制

❸国民から選ばれた人が，職業裁判官とともに合議体を構成して裁判する制度を何というか。ドイツやイタリアなどで行われている。 ┃ ❸参審制

❹日本で2009（平成21）年から始まった，重大な刑事事件の第一審について，裁判官（3人）と有権者のなかから無作為に選ばれた一般市民の裁判員（6人）とが協力し，有罪・無罪の判断や量刑を決める制度を何というか。 ┃ ❹裁判員制度

❺法曹（裁判官・検察官・弁護士）養成と，法曹人口を大幅に増やすことをめざして開校されたのは何か。 ┃ ❺ロースクール（法科大学院）

❻60万円以下の金銭の支払いを求める民事裁判において，原則として1回の期日で審理を行い，その日のうちに判決を下す裁判制度を何というか。 ┃ ❻少額訴訟制度

❼1回の公判で判決まで言い渡す刑事裁判のしくみを何というか。2006年から導入され，比較的軽い罪で起訴された被告人が罪を認めたときに行われる。 ┃ ❼即決裁判

❽2006年に設置された日本司法支援センターの愛称を何というか。弁護士過疎地などにも事務所を置く。 ┃ ❽法テラス

❾犯罪の被害者や遺族らが，法廷で被告人に質問したり，量刑について意見を述べたりできる制度を何というか。 ┃ ❾被害者参加制度

❿従来，損害賠償請求は民事裁判で行われてきたが，一定の刑事裁判のなかでも被害者が被告人に損害賠償を請求できるようになった。この制度を何というか。 ┃ ❿損害賠償命令制度（附帯私訴制度）

⓫裁判員裁判の対象事件などについて，公判を継続的・計画的・迅速に行うための手続きを何というか。 ┃ ⓫公判前整理手続き

⓬犯罪行為が終わった時点から一定期間が経過すると，公訴の提起ができなくなる制度を何というか。2010年の法改正で，死刑にあたる罪の時効期間が廃止された。 ⓬公訴時効

⓭2004年の司法制度改革の一環として導入された，訴訟以外の方法で民事紛争を解決するための制度は何か。裁判に比べ，簡単な手続きで早期解決が可能である。 ⓭裁判外紛争解決手続き（ＡＤＲ）

⓮2018年から日本でも導入された制度で，刑事事件で被疑者や被告人が，他人の犯罪事実を検察や警察に証言する見返りに自分の起訴を見送ったり，裁判での求刑を軽減してもらうことを何というか。 ⓮司法取引

5　地方自治
【自治と住民参加】••••••••••••••••••••••••••••••••••

❶都道府県や市町村などを区域として自治権を行使する団体を何というか。 ❶地方公共団体（地方自治体）

❷国からある程度独立した地方公共団体が，その団体の事務を国の指揮・監督を受けず自主的に，自らの機関により，その責任において処理することを何というか。 ❷団体自治

❸その地方の政治が，住民の参加と意思に基づいて行われることを何というか。 ❸住民自治

❹地方自治体の政治が中央政府に干渉されずに運営される団体自治と，そこでの政治が住民の意思に基づいて行われる住民自治とを，地方の政治の原則とすることを表す言葉は何か。憲法第92条に規定されている。 ❹地方自治の本旨

❺住民が直接地域の政治に参加する地方自治の営みが，民主主義の実現にとって最も重要であるという，地方自治の役割について述べたイギリスの政治学者ブライスやフランスの政治家トクヴィルの言葉は何か。 ❺「地方自治は民主主義の学校」

【地方公共団体の組織と権限】••••••••••••••••••••••••

❶地方公共団体の組織や運営に関する基本法は何か。1947年に施行された。 ❶地方自治法

❷都道府県・市区町村などの議事機関（**一院制**）で，条例の制定・改廃，予算の議決などを行うところはどこか。 ❷地方議会

❸地方公共団体の執行機関である都道府県と市町村の**長**（**首長**）をそれぞれ何というか。 ❸知事，市町村長

❹議会議員と長（首長）とを別個に直接選挙する，日本の地方自治で採用されているしくみを何というか。　❹二元代表制

❺都道府県と市町村の首長を補佐する役職をそれぞれ何というか。　❺副知事，副市町村長

❻地方自治体の一般行政機関から一定程度独立した合議機関を総称して何というか。選挙管理委員会・教育委員会・人事（公平）委員会などがある。　❻行政委員会

❼首長のもつ権限は，議会の議決に対する**拒否権**と，不信任議決に対する何か。　❼議会解散権

❽2000年からの新しい事務分類のうち，地方税の徴収，条例の執行，議案や予算の作成などの事務を何というか。　❽自治事務

❾2000年からの新しい事務分類のうち，国が本来果たすべき役割を法令に基づいて執行する事務を何というか。国政選挙，旅券の交付事務などがある。　❾法定受託事務

❿地方自治体の有権者50分の1以上の署名で，住民が地方自治体の首長に対して，条例の制定・改廃を請求できる権利を何というか。　❿イニシアティブ（条例の制定・改廃請求権）

⓫地方自治体の首長，議員その他の主要公務員を住民が不適格だと考えた場合，有権者の原則3分の1以上の署名で解職を求めることができる権利を何というか。　⓫リコール（解職請求権）

⓬特定の地方公共団体にのみ適用される**特別法**の制定など，政治の重要事項に関して住民が直接投票でその可否を決する権利を何というか。条例に基づく方式もある。　⓬レファレンダム（住民投票権）

⓭地方自治体の監査委員に対して住民が請求できる権利のうち，有権者50分の1以上の署名を必要とするものは何か。また，住民が1人でも請求できるものは何か。　⓭事務の監査請求，住民監査請求

⓮住民監査請求の結果に不服がある場合，住民が損害賠償などを求めて起こすことができる裁判は何か。　⓮住民訴訟

⓯国民や住民の立場から，不法な行政活動の監視・告発などを行うことを職務とする人を何というか。1809年，スウェーデンで設置され，日本ではいくつかの地方公共団体に設けられている。　⓯オンブズパーソン（オンブズマン）

【地方自治の課題】••

❶都道府県民税，固定資産税などのように，地方自治体が住民に賦課し，徴収する税を何というか。**自主財源の**　❶地方税

一つである。

❷地方自治体でかかる経費の一部として，国が使途を定めて支出する**特定財源**で，補助金とも呼ばれるものを何というか。

❷国庫支出金

❸使途の定めのない**一般財源**で，地方公共団体間の財源の格差をなくすため，国税の一定割合を合算して地方自治体に交付するものは何か。

❸地方交付税交付金

❹地方自治体の固有の事務量や自主財源の比率が30%程度にすぎなかった状態を，一般的に何と呼んだか。

❹三割自治

❺地方行政の国への依存度が高く，また国の**許認可事項**が多いため，中央官庁や政治家に対して多種多様の陳情が行われる。このような政治のあり方を何というか。

❺陳情政治

❻統治権力を地方に分散し，地方の自治を認めていくことを何というか。

❻地方分権

❼国から地方公共団体への権限移譲の一環として，2000（平成12）年に施行された法律は何か。また，これによって，批判が強かった事務も廃止された。それは何か。

❼地方分権一括法，機関委任事務

❽小さな政府と地方分権を目的に，国からの補助金と地方交付税を削減するかわりに，国から地方への税源の移譲をセットで行った政策を何というか。

❽三位一体の改革

❾地方公共団体が境界をこえて，複数の広域にわたる行政処理（**広域行政**）を行うために設立された特別の団体を何というか。

❾広域連合

❿住民一人ひとりが自治の主人公であるという自覚をもち，そこに根をおろして主体的・自発的に政治に参加していく民主主義のあり方を何というか。

❿草の根民主主義

⓫財源不足の深刻化や地方分権一括法の制定などにより促進された，複数の市町村が一つに合同することを何というか。新設合併と編入合併の2種類がある。

⓫市町村合併（平成の大合併）

⓬2003年から始まった政策で，地方自治体が計画を内閣総理大臣に申請し認定された場合，地域を限定して規制を緩和・撤廃するものは何か。

⓬構造改革特区（構造改革特別区域計画）

⓭市長などが直接出向き，施策などについて市民の生の声を聞いたり，意見交換することを何というか。

⓭タウンミーティング

⓮都道府県の枠組みを広げ，全国をブロック別に再編し

⓮道州制

ようとする試みを何というか。広域化による行政サービスの低下などを指摘する声もある。

⓯国と地方自治体間で法令の解釈などの争いが生じた際，公正・中立な立場で調整をはかる第三者機関は何か。

⓯国地方係争処理委員会

⓰赤字に陥って自力で財政再建が難しくなり，国の支援を受けて再建をめざす自治体は何といわれたか。2007年に夕張市が指定されたが，2009年からは悪化が軽度な**早期健全化団体**と，それが深刻な**財政再生団体**とに分けて財政再建が行われている。

⓰財政再建団体

⓱個々の地方公共団体が住民参加と協働などの理念をもりこんで定めた基本的な条例を何というか。

⓱自治基本条例

⓲2009（平成21）年に成立した民主党中心の政権が掲げる地方自治改革のスローガンを何というか。

⓲地域主権

⓳地方自治体の議会改革を行うため定めた条例は何か。

⓳議会基本条例

⓴地方自治法に基づき，政令で指定された人口50万以上の市を何というか。札幌・仙台など20市がある。

⓴政令指定都市

㉑地方自治体から指定を受けた団体が，公の施設の管理を行うことができるしくみを何というか。

㉑指定管理者制度

㉒"世界で一番ビジネスをしやすい環境"をつくることを目的に，地域や分野を特定することで，大胆な規制・制度の緩和や税制面の優遇をおこなう規制改革制度を何というか。2013年度に関連する法律が制定され，2014年に最初の区域が指定された。

㉒国家戦略特区

第4章　国民主権と政治機構

【正誤問題に TRY】……………………………………………………

【立法】

①内閣は国会に対して弾劾裁判所の設置を行う責任を持つ。(23 本改)

②内閣は国会に対して一般国務についての内閣総理大臣の報告を行う責任を持つ。(23 本改)

③両議院の議決が異なった場合に一定の条件を満たせば，衆議院の議決を国会の議決とすることが憲法上認められている。(23 本改)

④法律案の議決に関する限り，参議院は，衆議院の決定に対して，慎重な審議を求めるにとどまらず,抑制を加える議院として機能しうる。(23 本改)

⑤国会議員が予算を伴わない法律案を発議するには，衆議院では議員 20 人以上，参議院では議員 10 人以上の賛成を要する。(22 本)

⑥法律案が提出されると，原則として，関係する委員会に付託され委員会の審議を経てから本会議で審議されることになる。(22 本)

⑦参議院が衆議院の可決した法律案を受け取った後，60 日以内に議決をしないときは，衆議院の議決が国会の議決となる。(22 本)

⑧国会で可決された法律には，すべて主任の国務大臣が署名し，内閣総理大臣が連署することを必要とする。(22 本)

⑨衆参各議院は，それぞれの総議員の3分の2以上の賛成が得られた場合，単独で憲法改正を発議し,国民投票にかけることができる。(20 本)

① 　×国会が裁判所に対して持つ

② 　○

③ 　○

④ 　○

⑤ 　○　予算を伴う場合には衆議院 50 人以上，参議院 20 人以上

⑥ 　○

⑦ 　○

⑧ 　○　法律は主任の国務大臣が署名，内閣総理大臣が連署，天皇が公布する

⑨ 　×　国会議員（衆議院 100 名以上，参議院 50 名以上）の賛成に基づき憲法改正の原案が発議，衆参各議院でそれぞれ憲法審査会での審査を経て本会議へ。両院それぞれの本会議にて総議員の3分の2以上の賛成で可決した場合，国会が憲法改正の発議を行い，国民に提案したものとされる。

⑩国政調査権は，両議院のそれぞれに認められている。(20追)

⑪国政調査権に基づく証人喚問で虚偽の陳述をしたときは，罰せられることがある。(20追)

⑫国会議員は，法律の定める場合を除いて，国会の会期中逮捕されない。(21追)

【行政】

①日本国憲法第65条に「行政権は，内閣に属する」とあるが，行政委員会である公正取引委員会は，内閣から独立した機関であるといわれる。(23本改)

②独占禁止法の条文をみると，「独立してその職権を行う」とされているが，公正取引委員会の委員長及び委員の任命については，内閣総理大臣が単独で任意に行うことができる。(23本改)

③内閣の運営に関する特徴の一つは合議制の原則である。これは，内閣の意思決定は，内閣総理大臣（首相）と国務大臣の合議，すなわち閣議によらなければならないとするものである。閣議における決定は，多数決によることが慣行となっている。(21本改)

④首相指導の原則とは，国務大臣の任免権をもつ首相が，同輩中の首席として政治的リーダーシップを発揮するというものである。(21本改)

⑤人事院は，公職選挙法に基づいて選挙に関する事務を行う。(21追)

⑥行政手続法は，行政運営における公正の確保と透明性の向上を図ることを目的としている。(21追改)

⑦情報公開法は，行政機関の非開示決定に対する国民の不服申立てを審査するために，オンブズマン（行政監察官）制度を定めている。(21追改)

---

⑩　○

⑪　○

⑫　○

①　○

②　○　公正取引委員会は，内閣から独立した機関ではあるが，完全に独立しているわけではない。

③　×　閣議の決定は全会一致制が採用されている。

④　×　同輩中の首席ではなく内閣の首長として同輩中の首席としての役割は大日本帝国憲法下におけるもの。

⑤　×　選挙に関する事務を行うのは選挙管理委員会

⑥　○

⑦　×　オンブズマン制度は地方公共団体で独自に導入されているが，法整備がされているわけではない。

⑧特定秘密保護法は，行政機関による個人情報の適正な取扱いを通じた国民のプライバシーの保護を目的としている。(21 追改)

⑨原子力利用における安全の確保に関する事務を遂行する原子力規制委員会は，経済産業省に置かれている。(20 追)

⑩東日本大震災からの復興に関する行政事務の円滑かつ迅速な遂行を図る復興庁は，内閣に置かれている。(20 追)

⑪法制度に関する調査や内閣提出法案の審査を行う内閣法制局は，内閣府に置かれている。(20 追)

⑫内閣の重要事項に関して内閣総理大臣を補佐する内閣総理大臣補佐官は，総務省に置かれている。(20 追)

⑬各省庁の国家公務員が，国会審議において大臣に代わって答弁できる，政府委員制度が導入されている。(20 追)

⑭公務に対する国民の信頼を確保することを目的に，公務員の職務倫理の保持を図る国家公務員倫理法が制定されている。(20 追)

⑮中央省庁で障害者雇用数が不適切に計上されていた問題をうけて，障害者を対象とする統一的な国家公務員の採用試験が実施された。(21 本)

⑯日本国憲法の改正は，最終的に，内閣総理大臣によって国民の名で公布される。(20 本)

【司法】

①2021 年改正前の少年法では，少年（20 歳未満の者）の事件は，全件が家庭裁判所に送られ，家庭裁判所が処分を決定した。(23 本改)

②2021 年の少年法の改正によって，18 歳以上の少年は「特定少年」とされ，引き続き少年法が適用されることとなった。(23 本改)

⑧ × 国民のプライバシー保護を目的としているのは個人情報保護法。

⑨ × 原子力規制委員会は環境省の外局。

⑩ ○

⑪ × 内閣府ではなく内閣に設置。

⑫ × 総務省ではなく内閣官房の官職。

⑬ × 政府委員制度は1999 年国会審議活性化法により廃止。代わりに副大臣と大臣政務官が設置された。

⑭ ○

⑮ ○

⑯ × 天皇が国民の名において公布。

① ○

② ○

③2021年の少年法の改正によって，原則として逆送しなければならない事件に，特定少年のときに犯した死刑，無期または短期1年以上の懲役・禁錮に当たる罪の事件が追加された。（23本改）

③　○

④津地鎮祭訴訟の最高裁判決では，市が体育館の起工に際して神社神道固有の祭式にのっとり地鎮祭を行ったことは，憲法が禁止する宗教的活動にあたるとされた。（22本）

④　×　地鎮祭そのものは憲法の禁止する宗教的活動にあたらないと判断された。

⑤空知太神社訴訟の最高裁判決では，市が神社に市有地を無償で使用させていたことは，憲法が禁止する宗教団体への特権の付与にあたるとされた。（22本）

⑤　○

⑥裁判員制度は，一般市民が重大な刑事事件の第一審に参加する制度である。制度の趣旨として，裁判に国民の声を反映させることや，裁判に対する国民の理解と信頼を深めることなどがあげられる。（21本改）

⑥　○

⑦裁判員は，有権者の中から年度ごとに選任され，裁判官とともに評議し，量刑も含めた判断を行う。（21本改）

⑦　×　年度ごとではなく事件ごとに選任される。

⑧抑留・拘禁された後，無罪の裁判を受けたときは，国に金銭的な補償を請求することができる。（21追）

⑧　○

⑨最高裁判所は，薬局開設の許可基準として距離制限を設けることは，合理的な規制とは認められず，違憲であると判断した。（20本）

⑨　○

⑩最高裁判所は，児童扶養手当と公的年金の併給を禁止する児童扶養手当法の規定は，国会の立法裁量の範囲を超え，違憲であると判断した。（20本）

⑩　×　堀木訴訟では違憲ではないと判断。平成26年からは公的年金が児童扶養手当額より低い場合は差額分の児童扶養手当を受給できるようになった。

⑪検察官が不起訴の決定をした事件について，検察審査会が起訴相当の議決を二度行った場合は強制的に起訴される仕組みが導入された。（20本）

⑪　○

⑫死刑判決を受けた人が再審により無罪とされた例は，これまでにない。(20 本)

⑬違憲審査を行うことができるのは，最高裁判所のみである。(20 追)

⑭日本国憲法は，違憲審査の対象を法律に限定して規定している。(20 追)

⑮最高裁判所は，これまでに自衛隊について合憲か違憲かを判断したことはない。(20 追)

⑯最高裁判所は，これまでに在外国民の選挙権行使の制限を違憲と判断したことはない。(20追)

⑰裁判員裁判を行う合議体は，原則として裁判員3名と裁判官6名で構成される。(20 追)

⑱裁判員裁判において有罪の判断をする場合，裁判官全員の賛成意見が必要である。(20 追)

⑲地方裁判所や高等裁判所の裁判官の罷免の可否を問う国民審査の制度では，投票者の多数が罷免を可とするとき，その裁判官は罷免される。(23 追)

⑳法テラスでは，司法に関する情報提供や法律相談を受けることができる。(23 追改)

㉑被害者参加制度では，犯罪被害者やその家族が刑事裁判に裁判員として参加することができる。(23 追)

㉒一定の事件における被疑者の取調べでは，録音・録画による記録が義務づけられている。(23 追)

㉓知的財産高等裁判所では，特許権などの知的財産権（知的所有権）に関する訴訟が専門に扱われている。(23 追)

㉔最高裁判所は，訴訟に関する手続について，規則を制定することができる。(20 本改)

【地方自治】

①特定の地方公共団体のみに適用される特別法を制定するには，当該地方公共団体の住民投票で3分の2以上の多数による賛成が必要である。(23 追)

⑫　×　死刑判決を受けて再審無罪となった事件には免田事件，財田川事件，松山事件，島田事件がある。

⑬　×　すべての裁判所

⑭　×　憲法第81条に一切の法律，命令，規則または処分とある。

⑮　○

⑯　×　2005年，在外国民選挙権違憲訴訟。

⑰　×　裁判官3名と裁判員6名の合議体。

⑱　×　裁判官と裁判員の両方が含まれた上での多数決。

⑲　×　国民審査は最高裁判所の裁判官が対象。

⑳　○

㉑　×　事件関係者が裁判員として参加することはできない。

㉒　○

㉓　○

㉔　○

①　×　住民投票で過半数の同意が必要。

②地方自治法における直接請求権に関する手続で
　は，首長の解職の請求は有権者の3分の1以上
　の署名を集めて内閣に対し行うことになってい
　る。（23追）

②　✕　首長の解職請求は
　　選挙管理委員会へ請求。

③憲法第93条第2項にいう住民には日本に在留
　する外国人は含まれないが，地方公共団体と特
　段に緊密な関係にある永住者等であれば，国会
　は法律で外国人に対して地方公共団体における
　選挙権を与えることができる。（23追）

③　○

④住民自治は，地域社会の政治が住民の意思に基
　づいて行われなければならないとする民主主義
　的要請を意味するものである。（22本改）

④　○

⑤国から地方公共団体への権限や財源の移譲，そ
　して国の地方公共団体に対する関与を法律で限
　定することなどは，直接的には団体自治の強化
　を意味するものということができる。（22本改）

⑤　○

⑥1999年以降，地方分権改革が進む中で行財政
　の効率化などを図るために市町村合併が推進
　され，市町村の数が減少し，初めて1,700台
　になった。（22本改）

⑥　○

⑦地方自治の本旨に基づき地方自治体の組織や運
　営に関する事項を定めるために地方自治法が制
　定され，住民が知事を選挙で直接選出できるこ
　とが定められた。（22本改）

⑦　○

⑧2020年には大都市地域特別区設置法に基づい
　て，政令指定都市である大阪市を廃止して新
　たに特別区を設置することの賛否を問う住民
　投票が複数回実施された。（22本改）

⑧　○

⑨地方分権改革で，国と地方自治体との関係を対
　等・協力の関係にするため，機関委任事務制度
　の廃止が行われた。たとえば，都市計画の決定
　は，自治事務とされた。（22本改）

⑨　○

⑩地方自治法上の国の関与について不服があるとき，地方自治体は国地方係争処理委員会に審査の申出ができる。申出があったら国地方係争処理委員会が審査し，国の機関に勧告することもある。(22 本改)

⑪構造改革特区制度が導入されたことにより，この制度を利用して地域の活性化を行う地方公共団体が現れた。(22 追)

⑫複数の地方公共団体が事務の処理を共同で行う仕組みとして，広域連合制度が導入された。(22 追)

⑬ふるさと納税制度（地方公共団体に寄付した場合の税額控除制度）の運用について，国は地方公共団体が寄付者に対し提供している返礼品のあり方の見直しを求めた。(21 本)

⑭有権者は必要な署名数を集めた上で，当該地方公共団体の議会に対して，条例の制定を請求することができる。(21 追)

⑮国による情報公開法の制定より前に，地方公共団体が情報公開条例を制定した事例はない。(21 追)

⑯地方公共団体の首長は，議会が議決した予算や条例について，再議に付すことができる。(21 追)

⑰都道府県の監査委員は，公正取引委員会に所属している。(20 本改)

⑱地方公共団体の義務教育の経費に，国庫支出金が使われる。(20 本改)

⑲地方公共団体の自治事務は，憲法に具体的な事務名称の一覧をあげて規定されている。(20 追)

⑳都道府県は，地方債を発行するためには，原則として国の許可を得る必要がある。(20 追)

㉑地方公共団体が処理する事務については，自治事務か法定受託事務かを問わず国の関与が禁止されている。(20 追)

⑩　○

⑪　○

⑫　○

⑬　○

⑭　×　条例の制定請求は地方公共団体の長に。

⑮　×　情報公開法制定よりも 10 数年前にすでに山形県金山町や神奈川県，埼玉県などで情報公開に関する条例が定められている。

⑯　○

⑰　×　監査委員は公正取引委員会とは別組織。

⑱　○

⑲　×　憲法には具体的な規定なし。

⑳　×　かつては国または都道府県の許可が必要であったが，平成 17 年度以降，協議制度に変更。都道府県及び指定都市は総務大臣，市町村は都道府県知事と協議を行うことが必要。総務大臣は同意または許可をする時には財務大臣と協議が必要。

㉑　×　普通地方公共団体の自主性及び自立性に配慮しながら関与する。

第5章　現代日本の政治◇◇◇◇◇◇◇◇◇◇◇◇◇◇◇◇◇◇◇◇◇◇◇◇◇◇◇

1　日本の政党政治
【政党の役割と発達】••

❶国民的利益を実現するために，考えを同じくする者が政権獲得をめざして統合し，国民の意思を政治に反映しようとする役割を担う政治集団を何というか。

❶政党

❷「政党は社会と国家のかけ橋」と述べ，政党政治を擁護したイギリスの政治家・政治学者は誰か。**保守主義**の提唱者としても知られ，アメリカの独立運動を支持しつつ，フランス革命の急進性に反対した。

❷E. バーク（1729 〜 97）

❸選挙を通じて国民多数の支持を得た政党が議会の多数派となり，政権を担当するほか，議会運営も政党の主導権のもとに行われる政治を何というか。

❸政党政治

❹政党政治において，複数の政党が独自の政策を主張して選挙に臨み，その政策実現のために究極の目的とするものは何か。

❹政権獲得

❺近代の**制限選挙**のもとで，財産と教養のある地方有力者によって結成された，大衆と結びつきの薄い政党を何というか。

❺名望家政党（院内議員政党）

❻大衆化の進行とともに，議会外の大衆を基盤として形成され，**綱領**や**公約**を掲げて選挙に臨み，大衆の利益を反映している政党を何というか。

❻大衆政党（組織政党）

❼20 世紀半ばに台頭した新中間層など，広範な社会集団に支持を求める政党を何というか。1960 年代以降，先進国を中心に登場してきた政党の類型である。

❼包括政党

❽政党の決定に基づいて，党所属議員の議会内での投票行動（採決）を拘束することを何というか。

❽党議拘束

❾政党政治において，自らの政策実現に向け，実際に政権を担当している政党と，政権を担当していない政党をそれぞれ何というか。

❾与党，野党

❿その団体の利益のために議会外で多様な政治活動を展開する集団を何というか。政権獲得を目的とはしないが，政府・議会・行政官庁などに働きかけ，国政に大きな影

❿圧力団体（利益集団）

響力をもつ。日本の代表的な団体としては，**日本経済団体連合会・経済同友会・日本商工会議所**などがある。

❶社会の組織化や複雑化に伴って出現した多様な利益集団が，特定の要求を実力で勝ち取り，国民全体の利益に合致しない自己の利益を主張するようになった。このような利益のことを何というか。

❶特殊利益

❷アメリカでは，各種の利益団体が院外において，議会立法の促進や阻止にあたったり，それに役立つ影響力を行使している。これらの活動を行う者を何というか。

❷ロビイスト

【日本の政党政治の進展】……………………………………………

❶政権担当能力をもち，政策上，親近性のある相対立する二つの政党が，国民の支持のもとで交互に政権を担当するしくみを何というか。

❶二大政党制

❷多数の政党が分立して競合している状態では，国民の政策選択の幅は広がるが，強力な政策の実行が不可能となったり，政局が不安定であったりする。このようなしくみを何というか。

❷多党制（小党分立制）

❸一つの政党だけで組織される政権を何というか。

❸単独政権

❹複数の政党が政策協定などを結んで組織される政権を何というか。

❹連立政権

❺伝統を守り，現状を維持しようとする立場や考え方をとる政党を何というか。

❺保守政党

❻現存の体制や組織を変革しようとする立場や考え方をとる政党を何というか。

❻革新政党

❼1955（昭和30）年，**左右両派の社会党**が統一を実現したことに刺激を受けた**自由党**と**日本民主党**が大同団結を果たしたことを何というか。

❼保守合同

❽1955（昭和30）年，**自由民主党**の結成と**日本社会党**の誕生により，両党による二大政党制に近い政治状況が生まれた。1993（平成5）年まで続いたこの政治状況を何というか。

❽55年体制

❾1970年代の多党化傾向のなかでみられた，与党と野党の獲得議席に大差がつかない状況を何というか。

❾保革伯仲

❿55年体制の実態は二大政党制とはいえ，自由民主党の議席が日本社会党の約2倍あり，その後の選挙でもこ

❿1と2分の1政党制

の格差が拡大していった。このような状況は何と呼ばれたか。

⓫1960年代に民社党・公明党，1970年代に新自由クラブ・社会民主連合が結成され，政党の勢力に変化が起こった。多くの政党が分立するこの状況を何というか。

⓬1982年の**公職選挙法**改正で，参議院選挙に**比例代表制**が導入されたため，サラリーマン新党・進歩党などの小さな政党が結成された。この現象を何というか。

⓭55年体制以後，保守勢力が国会で長く多数派を占めていた。この政権を何というか。

⓮1989（平成元）年の参議院選挙で自民党が過半数割れし，1990年の衆議院選挙で自民党が安定多数を取った結果，衆参両院で与野党の議席が逆転する状態が生じた。このことを何というか。2007・2010年の参議院選挙後にも同様の事態が生まれたが，2013（平成25）年の参議院選挙後に解消された。

⓯二大政党による連立政権を一般に何というか。

⓰長期政権が続いたため，与党議員のなかには省庁の政策決定過程に大きな影響力をもち，この力を利用して財界や各種団体と結びついて資金や票を集める者が出てきた。このような議員を何というか。

⓱政界・財界・官界が癒着し，お互いの利益のために行動することで，多くの贈収賄事件が起こった。この政・財・官の結びつきのことを何というか。

⓲政党内に資金・人事・政策などをめぐって複数の有力グループが存在し，中核となる人物（領袖）を中心に力関係によって政治が左右される現象が生じた。このグループを何というか。

⓳自己の勢力拡大と党内の指導的地位を獲得するため，資金提供を受け，見返りとして特定企業や個人に便宜をはかるなどして進められる政治を何というか。

⓴1976（昭和51）年，アメリカの航空機会社が自社機売り込みのため，首相・高官などに賄賂を贈り，田中角栄前首相らが逮捕された戦後最大の汚職事件を何というか。

㉑1988（昭和63）年，自社の活動に便宜をはかっても

⓫多党化

⓬ミニ政党化

⓭保守長期政権

⓮ねじれ現象（ねじれ国会）

⓯大連立

⓰族議員

⓱鉄の三角形（鉄のトライアングル）

⓲派閥

⓳金権政治

⓴ロッキード事件

㉑リクルート事件

らうことを意図して，子会社の未公開株を政界首脳に売却した大規模な贈収賄事件は何か。

㉒ 1992（平成4）年，業界大手の佐川急便が，政界に多額の不正な政治献金を行っていたことが明らかになった。この事件を何というか。

㉒東京佐川急便事件

㉓ 1993（平成5）年当時，ハザマ・清水建設などの大手総合建設会社が公共事業の受注にからむ政界への不正献金を行い，さらに建設会社側が**談合**を行っていたことなどが明らかになった。この事件を何というか。

㉓ゼネコン汚職事件

㉔政治家と経済界と官僚とが結びつき，その結果もたらされる汚職を一般に何というか。

㉔構造汚職

【55年体制の終わりと政治改革】……………………………………

❶自民党一党優位の保守政権が長期に続いたことで，多くの構造汚職事件が発覚し，国民の政治不信が高まった。そこで政権交代の可能性のある政治環境をつくり，議会制民主主義が正しく機能するための改革が緊急課題となったが，この改革を何というか。

❶政治改革

❷ 1993（平成5）年，宮沢喜一内閣の不信任決議案可決を受けて行われた解散・総選挙で，自民党の議席が過半数を割り，新生党・新党さきがけ・日本新党・社会党・公明党・民社党・社会民主連合・民主改革連合が連立して政権を獲得，首相に細川護熙氏が就いて55年体制が終焉した。この政権を一般的に何と呼ぶか。

❷非自民8党派連立政権

❸ 1948（昭和23）年に制定され，政治活動や選挙の公正をはかり，政治腐敗や金権政治を防ぐために，政治資金の収支の公開・授受について定めた法律は何か。1994（平成6）年の改正により，**企業・団体献金**を政党と政治資金団体に限定した。

❸政治資金規正法

❹ 1994（平成6）年に制定され，国会に5名以上の議員を有するか，直近の国政選挙で2％以上の得票率があった政党に対して，国が**政党交付金**（人口に250円をかけた額）を交付することを定めた法律は何か。

❹政党助成法

❺支持政党をもたない有権者層を何というか。

❺無党派層

❻ 2009年の衆議院議員総選挙の結果，自民・公明の連立与党が大敗して「**政権交代**」がおこった。新しい連立

❻民主党，社民党，国民新党

与党はどこか。

2　選挙制度

【選挙】‥‥‥‥‥‥‥‥‥‥‥‥‥‥‥‥‥‥‥‥‥‥‥‥‥‥‥‥‥‥‥‥

❶集団や団体において，その構成員が代表者を投票に
よって選出する方法を何というか。

❷身分・財産・性別など，年齢以外の条件を選挙権・被
選挙権に課さない選挙を何というか。

❸有権者の票の価値をすべて平等に扱う選挙を何という
か。

❹有権者が直接に代表者を選ぶことができる選挙を何と
いうか。

❺無記名投票など，有権者が誰に投票したのかがわから
ないよう，投票の秘密が守られる選挙を何というか。

❻どの候補者にも投票でき，投票しなくても罰せられな
い選挙を何というか。

❼有権者が中間選挙人を選び，その中間選挙人が改めて
代表を選出する選挙を何というか。

❽1950（昭和25）年に制定され，国会議員，地方公共
団体の首長，地方議会の議員の選挙に関する諸事項が規
定された法律は何か。1994（平成6）年の改正によって，
連座制などが強化された。

❾選挙区選挙での議席配分を適切に行う方式として
2022年から適用され，都道府県の人口をある定数で割
り，得られた答え（商）の小数点以下を切り上げて都道
府県ごとの議席定数とする方式をなんというか。

❿選挙人の資格や，単記式・連記式などの投票の方法，
選挙区制や議員定数及び代表制などによって区別され
る。

⓫一般に公示・告示日から投票日の前日まで行われ，通
例では衆議院議員選挙が12日間，参議院議員選挙が17
日間であるものは何か。

❶選挙

❷普通選挙

❸平等選挙

❹直接選挙

❺秘密選挙

❻自由選挙

❼間接選挙

❽公職選挙法

❾アダムズ方式

❿選挙制度

⓫選挙運動

【日本の選挙制度と問題点】‥‥‥‥‥‥‥‥‥‥‥‥‥‥‥‥‥‥‥‥‥‥

❶一選挙区から1名の議員を選出する選挙区制を何とい
うか。

❶小選挙区制

❷一選挙区から2名以上の議員を選出する選挙区制を何というか。　❷大選挙区制

❸1947（昭和22）年から1994（平成6）年まで，衆議院選挙で採用されていたもので，一選挙区から3〜5名（1986年以降は2〜6名）の議員を選出する日本独特の選挙区制を何というか。　❸中選挙区制

❹各政党の得票数に応じて議席を配分する選挙制度を何というか。　❹比例代表制

❺1994年の公職選挙法改正によって導入された，衆議院議員を選出する選挙制度を何というか。　❺小選挙区比例代表並立制

❻1994年に導入された衆議院の選挙制度では，小選挙区に立候補した候補者が比例代表名簿にも名前を登載し，**復活当選**する道が開かれた。この制度を何というか。　❻重複立候補制

❼1994年に導入された衆議院の選挙制度で，同一順位の重複立候補者の当選決定については，小選挙区における当選者の得票数に対する割合の高い候補者が当選となる。この割合を何というか。　❼惜敗率

❽参議院議員を選出する比例代表区で，政党は当選順位を付さない名簿を提出し，有権者は候補者名または政党名のいずれかを記入する選挙方式を何というか。2000年の公職選挙法改正によって導入された。　❽非拘束名簿式比例代表制

❾衆議院の比例代表区の候補者名簿に用いられるしくみで，各党の当選者は名簿順位の上位者から決定される選挙方式を何というか。1994年の公職選挙法改正により導入された。　❾拘束名簿式比例代表制

❿日本の比例代表区の議席配分に用いられる計算方式を何というか。ベルギーの提唱者にちなんで名づけられた。　❿ドント式

⓫公職選挙法に定められている，衆議院小選挙区では有効投票総数の6分の1以上，地方自治体の首長選挙では同4分の1以上というように，当選に必要な最低限度の得票数のことを何というか。　⓫法定得票数

⓬選挙の際，投票を終えた有権者に投票所の外で誰に投票したかを問うマスコミの面接調査を何というか。　⓬出口調査

⓭特定の政党や候補者が有利になるように，恣意的に選挙区割りを行うことを何というか。小選挙区制のもとで　⓭ゲリマンダリング（ゲリマンダ

は，この危険性が高まるといわれる。

❹落選者が得た票のことで，民意が議会に反映されな　　❹死票
かったものを何というか。小選挙区制のもとでは，これ
が多くなる。

❺都市部への急激な人口移動にもかかわらず，各選挙区　　❺議員定数配分の
における議員定数が是正されてこなかったことによる問　　　不均衡（一票の
題を何というか。　　　　　　　　　　　　　　　　　　　格差）

❻最高裁判所は1976年と1985年に，衆議院議員定数の　　❻事情判決
格差が**法の下の平等**に反して拡大しており，その定数不
均衡は違憲であると判断したが，選挙自体は有効である
とした。このような判決を何というか。

❼金銭や物品による買収や飲食の提供によって，票を集　　❼金権選挙
めようとする選挙のあり方を何というか。

❽公職選挙法に規定されている，選挙運動の総括責任者　　❽連座制
や出納責任者，秘書などに違反行為があり，刑罰が確定
した場合，当選人の当選が無効となる制度は何か。

❾選挙運動期間中の選挙運動は十分に保障されなければ　　❾戸別訪問の禁止，
ならないが，日本の選挙制度には憲法の表現の自由に逆　　　立会演説会の廃
行するとの指摘も多い。それらに該当する選挙運動の制　　　止，文書配布の
限・禁止事項を三つあげよ。　　　　　　　　　　　　　　制限

❿民主政治の根幹であり，公正かつ適正に行われるべき　　❿公務員の地位利
選挙で，公務員の公的立場上，選挙を私物化しないため　　　用
に禁止されていることは何か。

⓫政党・団体などが掲げる理念・目標・方針などを要約　　⓫綱領
して列挙し，有権者に支持を訴える文書を何というか。

⓬イタリア語で「宣言・宣言書」を意味する言葉で，期　　⓬マニフェスト
限や数値目標，政策実現のための財源の出所などを盛り
込んだ**政権公約**のことを何というか。

⓭2003年から施行された，選挙期日の公示日または告　　⓭期日前投票
示日の翌日から選挙期日の前日までの間，有権者本人が
投票用紙を直接投票箱へ投票できる制度を何というか。

⓮不在・病気などで投票日に投票できない有権者が，そ　　⓮不在者投票
れ以前に投票所以外で行う投票を何というか。

⓯2002年に施行された地方自治体電子投票特例法に基　　⓯電磁的記録式投
づき，地方公共団体の議会の議員および長の選挙におい　　　票（電子投票）

て，コンピュータを用いた新しい投票方法が導入された。この投票方法を何というか。

㉖公職選挙法が在外国民の国政選挙での投票を認めていなかったこと，改正後も衆参両院の比例代表選出議員以外では投票が認められていなかったことに関する訴訟。最高裁は，いずれについても違憲であるとした（2005年）。

㉖在外国民選挙権訴訟

㉗細川護熙を首班とする8党派による非自民非共産連立政権が発足し，翌94年に公職選挙法・政治資金規正法・政党助成法・衆議院議員選挙区画定審議会設置法が成立した。この法律を総称して何と呼ぶか。

㉗政治改革関連4法案

3　世論・マスコミ・政治参加
【世論とマスコミ】………………………………………………………

❶何らかの争点を含む政治的・社会的問題について，多くの人々に支持された意見を何というか。

❶世論（輿論）

❷身分や財産の差別なしに国民の政治参加が制度的に保障され，必ず国民の意思や感情を考慮せざるを得ない民主主義のあり方を何というか。

❷マス‐デモクラシー（大衆民主主義）

❸大衆伝達の意味で，**マス‐メディア**を通じて，不特定多数の人々に同時に同じ内容の情報を伝達することを何というか。

❸マス‐コミュニケーション（マスコミ）

❹三権（立法・行政・司法）をチェックするという，マスコミがもつ本来の役割に着目した呼び名は何か。

❹第四の権力

❺為政者が，マス‐メディアを使って自らに都合のよいように，**情報の操作・誘導**をするなど，意図的に国民の意見を操作することを何というか。

❺世論操作

❻戦前のナチス‐ドイツの情報宣伝活動のように，社会的・政治的運動において，大衆の行動や考え方などを支配することを何というか。

❻プロパガンダ

❼広く政治的・経済的・社会的な分野に関する問題点について，国民の意見や要望を調べることを何というか。

❼世論調査

❽権力者がマスコミを支配し，意図的に権力者の好む情報のみを流し，情報伝達に制約を加えることを何というか。

❽情報統制

❾情報伝達の媒体であるマス‐メディアに対して，政府がその許認可権を行使して，影響力を及ぼすことを何というか。

❾マス‐メディアの支配・統制

❿マス‐メディアが，国民の**知る権利**の実現のために，人権や生命の安全に配慮しつつ，権力の規制を受けないで公正かつ事実に即した情報を伝達する自由を何というか。

❿報道の自由

⓫メディアの報道によって，投票行動や株式売買など，人々の行動に変化をもたらすことを何というか。

⓫アナウンスメント効果

⓬モノやエネルギー以上に情報が重要な価値を占め，その生産・売買が中心となる社会を何というか。**インターネット**の普及に伴い，地球的規模で情報が移動するようになった。

⓬情報化社会

⓭情報化社会の進展に伴い起きている特有の問題に対し，情報機器を扱うすべての人に対して求められている姿勢のことを何というか。

⓭情報モラル

⓮情報化社会の進展に伴い，特有の問題も起きている。これに対し，情報機器を扱うすべての人に求められている姿勢のことを何というか。

⓮ソーシャル‐メディア

⓯多様なメディアを批判的に使いこなし，それに適応できる能力を身につけることを何というか。

⓯メディア‐リテラシー

⓰世論の形成に大きな影響を与える評論家やジャーナリストを何というか。

⓰オピニオン‐リーダー

⓱政府や捜査当局の情報源に依存することなく，報道機関が独自の調査活動を通じて報道する手法は何か。

⓱調査報道

⓲情報の伝達を操作・誘導することができる立場にある新聞社や放送局などが，大きな権力をもっていることを示すことばは何か。

⓲「世論による政治」

【政治的無関心と政治参加】……………………………………………

❶人々の政治的行動の背景にある政治一般や特定の政治現象など，広く政治に対してもつ考え方や態度を何というか。

❶政治意識

❷**大衆社会**の状況下で，自己中心的な生活態度から生じる現実政治への失望・疎外感など，消極的・受動的・非政治的な態度を一般に何というか。

❷政治的無関心（アパシー）

❸近代社会以前においては，人々が政治から隔離され，主体的な政治意識をもたず，政治的には無知であった。このような無知に由来する無関心を何というか。アメリカの社会学者リースマンの分類による。

❸伝統型無関心

❹現代社会における消費・レジャー志向が強まるなかで，参政権をもちながらも，政治への失望感や疎外感などから，政治の主体であるという情熱の衰えのために生じる無関心を何というか。アメリカの社会学者リースマンの分類による。

❹現代型無関心

❺政治的無関心を，**脱政治的・反政治的・無政治的**の三つのタイプに分類したアメリカの政治学者は誰か。

❺ラスウェル
　（1902〜78）

❻強い組織的基盤をもたず，一般市民一人ひとりの創意と自発性に基づき，身近な問題を対象に取り組む運動を何というか。

❻市民運動

❼日常の生活に関する要求から自治体への政治的要求まで，ある地域にだけ共通な問題を対象に，そこの住民で組織される運動を何というか。

❼住民運動

❽市民が自由な個人の自発性と創造性を発揮して，直接自治体およびその政治との関係を結び，さまざまな問題に対処していこうとする連携を何というか。

❽市民ネットワーク

❾1998（平成10）年，**特定非営利活動促進法**が制定され，営利を目的としない活動を行う民間の組織にも法人格が与えられた。こうした組織を何というか。

❾ＮＰＯ（非営利組織）

❿情報通信技術（ＩＣＴ）の発達によってもたらされた政治や民主主義の新たな形態を何というか。

❿Ｅデモクラシー

⓫既成政党に対する不信から「支持政党なし」と答える層を何というか。今日その割合が大きく，選挙結果に影響を与えうる勢力となっている。

⓫無党派層

第5章　現代日本の政治

【正誤問題に TRY】••

①政党を結成するためには，国の許可が必要である。(21 追)

②利益集団（圧力団体）は，みずから政権獲得をめざす。(21 追)

③人事院は，公職選挙法に基づいて選挙に関する事務を行う。(21 追)

④国外に居住する有権者は，国政選挙において選挙権を行使できる。(21 追)

⑤公職選挙法の改正（2018 年）により，参議院議員の選挙制度について定数を増やすとともに比例区に特定枠制度を導入した。(21 本)

⑥一票の格差是正のため，二つの都道府県を一つにした選挙区が，衆議院の小選挙区と参議院の選挙区との両方に設けられ，2016 年から実施されている。(18 試行改)

⑦小選挙区制は，死票が少なくなりやすい制度といわれる。(20 本)

⑧小選挙区制は，多党制になりやすい制度といわれている。(20 本)

⑨比例代表制は，政党中心ではなく候補者中心の選挙となりやすい制度といわれる。(20 本)

⑩比例代表制は，有権者の中の少数派の意見も反映されやすい制度といわれる。(20 本)

⑪日本国憲法の施行に先立って，衆議院議員選挙法が改正され，日本国籍をもつ 20 歳以上の男女に選挙権が認められた。(20 追)

⑫日本国憲法は，「公務員を選定し，及びこれを罷免することは，国民固有の権利である」と定めている。(20 追)

① ×　許可の必要はない。国民の一部の利益ではなく，国民全体の利益を増進することを目的とする。

② ×　政党とは異なり，直接に政権の獲得を目的としない。

③ ×　人事院ではなく，選挙管理委員会。

④ ○

⑤ ○

⑥ ×　二つの都道府県を一つにした選挙区は「合区」と呼ばれ，参議院の選挙区だけである。現在「島根・鳥取」「徳島・高知」が合区として設定されている。

⑦ ×　小選挙区制は，死票が多い。

⑧ ×　小選挙区制は多党制になりづらい。

⑨ ×　比例代表制は政党本位の選挙になりやすい。

⑩ ○

⑪ ○

⑫ ○

⑬2015年の公職選挙法の改正をうけて, 参議院議員の被選挙権が20歳以上に引き下げられた。(20追)

⑭衆議院議員選挙では, 複数の小選挙区に立候補する重複立候補が認められている。(19本)

⑮仕事や旅行などを理由として, 投票日に選挙人名簿登録地以外の市町村に滞在する予定の有権者には, 投票を行うことは制度上認められていない。(22追改)

⑯国が政党に対して, 政党交付金による助成を行う仕組みがある。(19本)

⑰政治か個人に対する企業団体献金は, 禁じられている。(19本)

⑱利益集団（圧力団体）とは, 国民の中に存在する特定の利益を実現するために, 政治や行政に対してはたらきかける集団のことである。(19本)

⑲政治指導者が大衆的な政策を掲げて世論を動員しようとすることを, 直接民主制と呼ぶ。(19追)

⑳国民は, 報道機関を通じて提供された政治に関する情報を批判的な視点をもって活用する「第四の権力」と呼ばれている。(19追)

㉑インターネットを利用した選挙運動の解禁をうけて, 電子メールで友人に自分の支持する候補者への投票を依頼することは認められていない。(19追改)

㉒秘密選挙とは, 有権者の自由な意思表明を守るため, 投票の内容を他人に知られないことを保障する選挙の原則を意味する。(17本)

㉓普通選挙とは, 納税額や財産にかかわりなく, 一定の年齢に達した者に選挙権を与える選挙の原則を意味する。(17本)

㉔比例代表は, 小選挙区制と比べた場合, 多党制が生じやすい選挙制度とされる。(17本)

⑬ × 2015年には公職選挙法の改正で, 選挙権の年齢が18歳以上に引き下げられ, 2016年の参議院議員選挙から実施。

⑭ × 衆議院小選挙区の政党公認の候補者のうち, 比例代表名簿にも名前が登載されているものをさす。小選挙区で落選しても, 比例区で復活当選できる場合もある。

⑮ × 制度上, 期日前投票や不在者投票が認められている。

⑯ ○

⑰ ○

⑱ ○

⑲ × 世論の動向は, 行政官庁やマスコミなどの各種世論調査で知ることができ, その内容が政治的決定に反映される。

⑳ × マスコミの役割は報道の自由を確保し, 公正で正確な情報を提供して世論の形成に寄与することにある。三権をチェックする役割を担うという意味で「第四の権力」とも呼ばれる。

㉑ ○

㉒ ○

㉓ ○

㉔ ○

㉕小選挙区制は，大選挙区制と比べた場合，各党の得票率と議席占有率との間に差が生じにくい選挙制度とされる。

㉖日本においては，利益集団の代理人であるロビイストは国会に登録され活動が公認されている。(17本)

㉗日本においては，利益集団のニーズに応じて利益誘導政治を行うことが推奨されている。(17本)

㉘選挙運動において，有権者が友人や知人に対して候補者への投票や応援を直接依頼することは禁止されている。(22追)

㉙期日前投票をはじめとして選挙権を行使しやすくするための制度があるが，政治参加を活発にするためには，無投票選挙や秘密投票に伴う問題などに対処していくことが必要である。(22本改)

㉕　×　小選挙区制は死票が多いため差が大きくなる。

㉖　×　ロビイストとは，議会や政府のロビーなどで圧力活動をする人のこと。アメリカでは登録されて活動しているが日本ではない。

㉗　×　利益誘導政治を行うことで，汚職を招きやすいと考えられている。

㉘　×　有権者みずからが支持する候補者への投票を友人や知人に依頼することは，正当な選挙運動であり禁止されてない。

㉙　×　政治参加を活発にするために対処すべき課題は，秘密投票ではなく政治的無関心である。

基礎　　**第2編　現代日本の経済**

第1章　経済社会の変容 ◇◇◇◇◇◇◇◇◇◇◇◇◇◇◇◇◇◇◇◇◇◇◇◇◇◇

1　世界経済の変容

【資本主義経済の確立と特徴】‥‥‥‥‥‥‥‥‥‥‥‥‥‥‥‥‥‥‥‥‥‥

❶絶対主義のイギリスにおいて，国王の保護のもとで特定商人による資本（富）の蓄積がはかられた経済政策を何というか。

❶重商主義

❷18世紀後半のフランスで**ケネー**や**テュルゴー**らが唱えた，重商主義を排斥した経済政策を何というか。また，ケネーの主著名は何か。

❷重農主義，『経済表』

❸資本主義的生産の前提条件を創出する過程において，農民や手工業者たちなどが生産手段から切り離されて，賃金労働者になることを何というか。また，**剰余価値**が蓄積されることを何というか。

❸労働力の形成，資本の蓄積

❹資本主義の成立期に富裕な農民によって私有地の拡大が行われ，賃金労働者の創出の契機となったのは何か。

❹エンクロージャー（囲い込み）

❺問屋（商人）が手工業者に原料や道具を貸し付けて製品をつくらせ，それを販売する経営形態を何というか。マニュファクチュアが成立する前段階の形態である。

❺問屋制家内工業

❻資本主義初期の企業形態で，手工業的技術に基づく道具を使用して，**協業**と**分業**によって商品生産を行うことを何というか。

❻マニュファクチュア（工場制手工業）

❼機械と動力装置を設置し，労働者を工場に集めて大規模に生産を行う方法を何というか。産業革命によって成立した。

❼機械制大工業

❽18世紀後半，イギリスにおいてみられた動力装置の発明・改良などに基づく生産技術向上の変革で，資本主義確立の基礎となった発展の過程を何というか。

❽産業革命

❾18～19世紀における私有財産と自由競争とを基本と

❾自由放任主義

して，国家の干渉を排除して，企業の経済活動を自由に任せるという経済思想を何というか。	（レッセ-フェール）
❿生産手段をもつ資本家が，生産手段をもたない労働者の労働力を買い入れ，利潤を求めて商品生産を行う経済体制を何というか。	❿資本主義経済
⓫**イギリス古典学派**の創始者で，資本主義経済における自由放任主義を主張し，「**見えざる手**」による経済の調和的発展を説いた人物は誰か。また，国富の増進は労働の生産性の向上に基づくことを主張している彼の主著は何か。	⓫アダム=スミス（1723〜90），『国富論』（『諸国民の富』）
⓬アダム=スミスやリカードを継ぐイギリスの古典派経済学者で，ベンサムの功利主義を発展させた哲学者としても知られる人物は誰か。	⓬ J. S. ミル（1806〜73）
⓭資本主義社会の基本原則の一つで，すべての財産を原則として個人の所有に帰属させ，この個人の財産権を絶対不可侵とする制度を何というか。	⓭私有財産制度
⓮資本主義経済において，機械や設備などの生産手段の所有者を何というか。また，生産手段を所有せず雇用されて働く人を何というか。	⓮資本家，労働者
⓯資本主義社会において，生産手段をもたない労働者の労働力が，商品として扱われる現象を何というか。	⓯労働力の商品化
⓰資本主義経済の基本的特徴の一つで，資本家が商品生産する目的（動機）は何か。	⓰利潤の追求

【独占資本主義と帝国主義】…………………………………

❶**資本の集積・集中**が進み，少数の巨大企業や金融資本が一国の経済に支配的な力をもつ資本主義の段階を何というか。	❶独占資本主義
❷19世紀末から20世紀初めにかけて，資本主義国間において資源や**植民地獲得競争**のために，武力を背景に開発の遅れた国に進出する政策を何というか。レーニンは『帝国主義論』のなかで，資本主義発達の最高段階と規定した。	❷帝国主義

【混合経済と修正資本主義】…………………………………

❶自由放任主義にかわり，国家が経済に積極的に介入し，貨幣による裏づけのある需要を創出して完全雇用をめざ	❶ケインズ（1883〜1946），『雇用・

す政策を説いたイギリスの経済学者は誰か。また，その主著は何か。｜利子及び貨幣の一般理論』

❷単なる欲求ではなく，実際に支払い能力を伴った需要のことを，ケインズは何と呼んだか。｜❷有効需要

❸ケインズが主張した，有効需要政策によって実現されるとした失業者が存在しない状態を何というか。｜❸完全雇用

❹1933年，アメリカの大統領が1929年の**世界恐慌**を克服するため，**ＴＶＡ**（テネシー川流域開発公社）の設立など，政府が国民経済に介入して経済再建をはかろうとした一連の政策を何というか。また，この政策を推進した大統領は誰か。｜❹ニューディール，Ｆ．ローズヴェルト（1882〜1945）

❺ニューディールの基本政策として1933年に制定された法律で，業種間の生産調整を進め，産業統制を行う権限を大統領に認めたものを何というか。｜❺全国産業復興法（ＮＩＲＡ，ニラ

❻ニューディールの一環として制定された法律で，深刻な農業不況への対策とされたものを何というか。｜❻農業調整法（ＡＡＡ）

❼第二次世界大戦以降の資本主義国家では，**管理通貨制度**のもとで市場に積極的に介入するようになった。このような現代の経済を何と呼ぶか。｜❼修正資本主義（混合経済）

❽ケインズの有効需要政策を批判し，市場に供給される通貨量のコントロールを重視する経済学の立場を何というか。アメリカのレーガン・ブッシュ（父子）政権，イギリスのサッチャー政権などで取り入れられた。｜❽マネタリズム

❾マネタリズムの立場をとったアメリカの経済学者は誰か。｜❾フリードマン（1912〜2006）

【社会主義経済】

❶資本主義経済が抱える恐慌などの諸問題を克服し，貧富の格差のない社会をめざした経済体制を何というか。｜❶社会主義経済

❷社会主義経済のもつ基本的な特徴を二つあげよ。｜❷生産手段の社会的所有，計画経済

❸資本主義経済の矛盾を分析し，社会主義経済への移行の必然性を主張したドイツの経済学者で哲学者は誰か。また，その主著は何か。｜❸マルクス（1818〜83），『資本論』

❹第一次世界大戦中の1917年3月にロシア帝政を打倒，｜❹ロシア革命，レ

同じ年の11月に社会主義政権を樹立し，プロレタリア独裁を実現した革命を何というか。また，この革命を指導した人物は誰か。

❺旧ソ連における計画経済の中心機関で，国民経済発展の諸計画を作成し，その遂行を指導して，国民経済を規制する国家計画委員会を何というか。

❻旧ソ連など社会主義諸国が，西欧諸国の**マーシャル－プラン**に対抗する意図で，1949年に組織した経済協力機構を何というか。

❼労働者自身が企業を管理・経営することを何というか。旧ユーゴスラビアでは，1952年以降，国営企業に労働者評議会を設け，企業運営の意思決定を行うようになった。

❽社会主義諸国は勤労意欲の向上，生産性の効率化をはかり計画目標を達成させるために，部分的に利潤方式や生産責任制の導入などで経済改革を行ってきた。これらの考え方を一般的に何というか。

❾旧ソ連経済の重工業中心の工業化は，1960年代に入り，経済の停滞や国民生活の立ち遅れをもたらした。この克服のために1965年から**リーベルマン**の提案によって経済改革に取り組むことになったが，この中心となった方法を何というか。

❿旧ソ連，旧チェコスロバキアで，国家・国営企業法により企業活動の独自性を認め，自己金融，自主管理の原則を認めた一連の政策を何というか。

⓫1911年の辛亥(しんがい)革命から1949年の中華人民共和国の成立に至るまでの，中国の政治・経済・社会の大改革を何というか。また，中国共産党の創立当初より活躍した革命の最高指導者は誰か。

⓬中国の社会主義建設の一路線で，外国からの援助に頼らず国内に潜在する力を最大限に発揮して，中国の経済的独立の達成をめざすことを何というか。

⓭1958年以降の中国で，政治・経済・軍事などを統括する共産主義的生産組織と行政組織が合体した地区組織の基礎単位を何というか。1982年の新憲法以降は経済

ーニン（1870～1924）

❺ゴスプラン

❻ＣＯＭＥＣＯＮ（経済相互援助会議，コメコン）

❼労働者の自主管理

❽市場原理の導入

❾利潤方式の導入

❿企業の独立採算制

⓫中国革命，毛沢(マオツォー)東(トン)（1893～1976）

⓬自力更生

⓭人民公社

中心の単位となったが，現在では改革・開放政策により解体された。

⓮ 1958 年，中国共産党第 8 回大会で，工業と農業の同時発展の社会主義建設の総路線（方針）が決定・実施された。この政策を何というか。

⓮大躍進政策

⓯ 1975 年に中国の**周恩来**が掲げた国家目標で，**農業・工業・国防・科学技術**の近代化をめざした政策を何というか。

⓯四つの現代化

⓰ 1978 年から現在まで進められてきた，市場経済や外国資本・技術の導入などを柱とする中国の経済政策を何というか。

⓰改革・開放政策

⓱改革・開放政策を提唱して人民公社の解体，農業生産責任制，企業自主権の拡大などを行い，中国経済を発展させる役割を果たした人物は誰か。

⓱鄧小平
（1904 ～ 97）

⓲ 1970 年代末以降，外国の資本や技術を導入するために，中国各地に設けられた地域を何というか。深圳・珠海・汕頭・厦門・海南島の 5 か所がある。

⓲経済特別区（経済特区）

⓳人民公社が解体された 1980 年代後半以降，中国の農村などにつくられた個人や集団経営の中小企業は何か。

⓳郷鎮企業

⓴中国では 1980 年，生産共同体から独立し，農家が家族単位で農業に従事することを認めたが，この請負耕作制を何というか。

⓴生産責任制

㉑ 1993 年，中国の全国人民代表大会で改正された憲法に盛り込まれ，社会主義を基礎として，一部市場経済の導入を謳った経済体制を何というか。

㉑社会主義市場経済

㉒中国の習近平国家主席が提唱する，陸と海のシルクロード経済圏構想を何というか。中国はこの構想を支えるため国家ファンドを創設し，**アジアインフラ投資銀行**の設立を主導した。

㉒一帯一路

【技術進歩と経済発展】……………………………………

❶国際経済の民主化が進み，国際金融の拡大や情報化が進展している状況で，世界各国の経済が密接な相互依存関係で結ばれ，一つの世界市場への統合が進んでいる現象を何というか。

❶経済のグローバル化

❷特定の国や地域，企業などだけで適用される規準では

❷グローバルスタ

なく，世界共通で適用される規準や規格，ルールを何というか。 ── ンダード

❸財や商品の生産について，各国が生産する商品や分野を分担し，貿易を通じて商品を交換しあう体制を何というか。 ── ❸国際分業

❹工業技術の著しい発展や生産技術の改良を何というか。シュンペーターはこれによって古い均衡が壊され，新たな経済発展が生まれる（創造的破壊）と考えた。 ── ❹イノベーション（技術革新，新機軸）

❺イノベーションこそが経済発展の原動力であると説いたオーストリア生まれの経済学者は誰か。 ── ❺シュンペーター（1883〜1950）

❻依存効果やテクノストラクチュアなどの概念を用い，管理化した現代資本主義について構造的に分析したアメリカの経済学者は誰か。 ── ❻ガルブレイス（1908〜2006）

❼ケインズ理論と新古典派経済学との総合を試みたアメリカの経済学者は誰か。 ── ❼サミュエルソン（1915〜2009）

❽アメリカで発達し，人間はたびたび非合理的な判断を下すという点を加味し，人々の経済行動や経済現象をリアルに分析した，心理学と経済学を融合した経済学を何というか。 ── ❽行動経済学

❾コンピュータや航空機，数値制御，高度医療，情報提供サービスなど，知識・知的労働が要求される産業を，**労働集約産業**に対して何というか。 ── ❾知識集約産業

❿各国の産業の比重が，経済の発展につれて，第一次産業から第二次産業へ，さらには第三次産業へと移行することを何というか。 ── ❿産業構造の高度化（ペティ-クラークの法則）

⓫コンピュータによる記憶だけでなく，推論・判断・学習など人間の知的な機能を代行するシステムのことを何というか。囲碁・将棋，車の自動運転など幅広い分野で研究・開発が進められている。 ── ⓫人工知能（AI）

⓬インターネット（IoT）や**ビッグデータ**（大量で，さまざまな種類や形式が含まれるデータベース，データ群），AIなどが活用され，人の働き方や生活のスタイルに大きな影響を与え，これまでの産業革命につづく技術革新のことを何というか。 ── ⓬第四次産業革命

⓭finance（金融）とtechnology（技術）を組み合わせ ── ⓭フィンテック

た造語で，伝統的な金融のしくみがIT/AIによって刷新される現象を指すものを何というか。

❹日本政府がめざす，「狩猟社会」「農耕社会」「工業社会」「情報社会」に続く，5番目の新しい社会で，サイバー空間（仮想空間）とフィジカル空間（現実空間）を高度に融合させた社会を何というか。　❹ Society5.0

⓯遺伝・生殖・成長など生命活動のしくみを解明し，それを活用する技術を何というか。　⓯バイオテクノロジー（生命工学）

⓰バイオテクノロジーなど生命科学の発達に伴い，人間の倫理的問題を探究する学問を何というか。　⓰バイオエシックス（生命倫理）

⓱ナノメートル（10億分の1メートル）という超微細な精度を扱う先端技術を総称して何というか。　⓱ナノテクノロジー

第1章　経済社会の変容

【正誤問題に TRY】••

①重商主義の時代には，国の富は輸出入の差額により増減すると考えられ，輸入品に対する制限や関税が設けられた。（07 追）

②アダム・スミスは，『国富論（諸国民の富）』を著し，市場の調整機能を重視した。（20 本）

③アダム・スミスは，国防や司法などに活動を限定している国家を「夜警国家」と呼び，自由主義国家を批判した。（15 追）

④リカードは，比較生産費説に基づいて保護貿易を主張した。（17 追）

⑤マルクスは『資本論』のなかで，剰余価値率は，資本による労働力の，あるいは，資本家による労働者の，搾取度の正確な表現であると説いた。（11 本）

⑥戦後の日本は，GATT や WTO の自由貿易，無差別待遇，多角主義の原則を尊重して自由貿易をすすめてきた。（08 現社本改題）

⑦東欧諸国の社会主義体制は，市場経済の下で生産効率が上がらず，経済成長が進まなかった。（98 本改）

⑧1970 年代には，インフレーションと景気の停滞が並存するというスタグフレーションが，先進諸国において広くみられた。（04 追）

⑨鄧小平により 1978 年からドイモイ政策が実施されたことにより中国経済が発展した。（改題）

⑩1990 年代の東欧諸国は，コメコン（経済相互援助会議）のもとで地域的経済協力を進めながら市場経済化を推進した。（03 追）

⑪中国は，経済特区を設けるなどして工業化を進め「世界の工場」といわれるほど発展し，アメリカに次ぐ経済規模の国になった。（23 本改）

① ○

② ○

③ ×　19世紀ドイツの国家社会主義者ラッサールが，自由放任経済を批判して表現したもの。

④ ×　保護貿易ではなく国際分業に基づく自由貿易を主張した。保護貿易はリストの理論である。

⑤ ○

⑥ ○

⑦ ×　社会主義体制の東欧諸国は，市場経済ではなく計画経済。

⑧ ○　スタグフレーションはスタグネーションとインフレーションの合成語。

⑨ ×　「ドイモイ政策」は，ベトナムにおける市場経済導入による経済政策。鄧小平は，「改革開放政策」を掲げ，市場経済を導入した社会主義市場経済を推進した。

⑩ ×　コメコンは 1991 年に解体している。

⑪ ○

⑫ケインズは，工業化におくれた国が経済発展を実現するためには，政府による保護貿易政策が必要であると主張した。(09 本)

⑬ケインズは『雇用・利子および貨幣の一般理論』で，社会経済の顕著な欠陥は，完全雇用を提供できないこと，富および所得の恣意（しい）にして不公平な分配と説いた。(11 本改)

⑭シュンペーターは，経済発展の原動力として，新技術の開発や新たな生産方式の導入といったイノベーションの重要性を強調した。(19 本)

⑮経済が発展するにつれ，産業構造は，第一次産業から第二次産業へ，そして第三次産業へと重心を移していく傾向を持つ。(09 現社本)

⑯ガルブレイスは，大企業体制を批判し，社会が豊かになるにつれて，欲望は生産に依存するようになるという「依存効果」を主張した。(07 追)

⑰フリードマンは，物価の安定を重視し，政策当局は通貨量を一定の率で供給すべきと主張した。(22 公・政経試)

⑱WTO は，地域経済（貿易）圏の創設をめざして，加盟国が二国間交渉を行うために設立された国際機関である。(11 本)

⑲中国は，いまだに WTO に加盟しておらず，そのために保護貿易を行っても特に国際的な非難を受けていない。(改題)

⑳20 世紀に入ると，政府が過度に介入すると資源分配の効率性を損なうという批判が生じ，ケインズは，個人の自由な選択を重視し，政府による裁量的な政策をできる限り少なくすることを主張した。(17 本改)

⑫ ×　保護貿易を主張したのはドイツの経済学者のリスト。

⑬ ○

⑭ ○

⑮ ○

⑯ ○

⑰ ○

⑱ ×　「二国間交渉を行うために」が誤り。GATT から引き継いだ貿易の原則は，「自由・無差別・多角」であり，多角的交渉の原則に反する。

⑲ ×　2001 年に加盟済み

⑳ ×　ケインズではなくフリードマン。

第2章　現代経済のしくみ ◇◇◇◇◇◇◇◇◇◇◇◇◇◇◇◇◇◇◇◇◇◇◇◇

1　経済主体と経済活動

【経済主体】……………………………………………………

❶人間生活に必要な財やサービスの**生産・分配・消費**など，社会を維持するための基本的活動を何というか。　❶経済

❷人々の意思決定や行動を変化させるような要因，報酬のことを何というか。　❷インセンティブ

❸人間の経済的欲望は相対的に無限であるのに，それを満たすための経済資源には限りがあるということを何というか。限られた資源をいかに有効に配分するかが経済の問題となる。　❸希少性

❹ある選択をしたことで得られた利益と，その選択をしたことで獲得できなくなった最善の利益との差額を指す言葉は何か。　❹トレードオフ

❺人間が欲望を満たすために生産する有形なものと，それ以外の無形の生産物（用役・用務）をそれぞれ何というか。　❺財（貨），サービス

❻財（貨）・サービスを生産するときに使われる資源の総称を何というか。　❻生産要素

❼生産活動に必要な三つの要素とはそれぞれ何か。　❼土地,労働,資本

❽経済社会において，中心となって経済活動を行うものを何というか。　❽経済主体

❾代表的な経済主体を三つあげよ。　❾家計,企業,政府

❿財（貨）・サービスが経済主体間で生産→分配→消費と流れ，それが再び生産に戻る一連の流れを何というか。　❿経済循環

⓫賃金など労働に対して支払われる報酬を何というか。　⓫勤労所得

⓬利子・配当・地代など，資本や土地の提供者に支払われる報酬を何というか。　⓬財産所得

⓭農業・商業・医師・弁護士など，自家営業によって得られる所得を何というか。　⓭事業所得

⓮個人所得のうち，所得税などの公的支出を差し引いた，個人が自由に支出できる部分を何というか。　⓮可処分所得

⓯家計のなかで，**可処分所得**に対して貯蓄が占める割合　⓯貯蓄性向

を何というか。

❶消費者が得た所得のなかから，どれだけ消費に向けるかという心理的傾向，または可処分所得のうち消費にあてられる割合を何というか。　**⓰消費性向**

⓱家計での総消費支出に占める飲食費の割合のことを何というか。所得が多く，総消費支出が大きい家計ほどこの割合が低くなり，生活水準が高いとされる。　**⓱エンゲル係数**

⓲所得や資産などの不平等度を測る指標の一つで，０〜１の数値をとり，１に近いほど不平等であることを示した係数を何というか。　**⓲ジニ係数**

⓳アメリカの統計学者が考えた，所得分布の不平等度を示した曲線（グラフ）を何というか。　**⓳ローレンツ曲線**

⓴防衛・警察・消防，および一般道路・堤防・橋・公園などの政府が提供する財・サービスのことを何というか。多くの人が同時に消費できる非競合性と，対価を支払わない人を排除できない非排除性とを有する。　**⓴公共財**

【現代の企業】

❶企業のもつ総資本のうち，株式や内部留保，減価償却費（固定資本減耗分），積立金など，企業内部で調達される資金を何というか。　**❶自己資本**

❷社債や借入金など，返済の必要のある資金を何というか。　**❷他人資本**

❸負債・資本と資産を対照させることにより，ある時点の企業の財務状態を見ることができる表を何というか。　**❸バランス－シート（貸借対照表）**

❹一定期間内における，現金や現金同等物（流動性預金，短期の定期性預金など）の流れのことを何というか。　**❹キャッシュ－フロー**

❺企業自身が調達する内部留保，減価償却費（固定資本減耗分），積立金などの資金を総称して何というか。　**❺内部金融（自己金融）**

❻株式の発行，社債や借入金など，外部から調達する資金を何というか。　**❻外部金融**

❼資本は資本家によって購入・生産・販売の各部門で姿を変えて循環するが，貨幣状態にある資本を何というか。　**❼貨幣資本**

❽生産活動に必要な機械・建物・原料・労働力などを買い入れるための貨幣資本を何というか。　**❽生産資本**

❾生産資本のうち，原材料のように一度の生産過程です　**❾流動資本**

べての価値が製品に移転するものは何か。

❿生産資本のうち，工場や機械のように生産のたびに少しずつ価値が製品に移転していくものは何か。　❿固定資本

⓫生産財と労働力の結合によって生じた生産物で，商品の形態となっている資本を何というか。　⓫商品資本

⓬土地や建物などの有形なものから，特許権や商標権などの無形のものまで，流通を目的とせず長期間にわたって所有する財産のことを何というか。　⓬固定資産

⓭利益を目的として，事業に資金を投下することを何というか。　⓭投資

⓮機械や工場などの生産設備の規模を増大させるために運用されるものを何というか。また，一定期間に原材料，製品などの在庫量を増大させるものを何というか。　⓮設備投資，在庫投資

⓯総投資額から工場設備・機械などの固定資本減耗に相当する分の投資を差し引いたものを何というか。　⓯純投資

⓰企業の純利益から税金・配当金・役員賞与など外部に流出する額を差し引いた残りで，会社に蓄積されるものを何というか。　⓰内部留保

⓱国や地方公共団体の出資による**公企業**や，民間の出資により設立される**私企業**とは別に，国や地方公共団体と民間が共同で出資して設立される企業を何というか。　⓱公私合同企業（第三セクター）

⓲事業に伴う損失や賠償の経済的責任をすべて負う出資者（社員）のことを何というか。　⓲無限責任社員

⓳出資した額の範囲内でのみ経済的責任を負う出資者のことを何というか。　⓳有限責任社員

⓴会社企業の形態で，無限責任社員からなる会社，無限責任社員と有限責任社員とによって構成される会社，全員が有限責任社員からなる会社，出資単位が小口で譲渡も自由な会社をそれぞれ何というか。　⓴合名会社，合資会社，合同会社，株式会社

㉑2005年に成立した，会社に関するしくみを総合的に定めた法律を何というか。　㉑会社法

㉒物質的な財（貨）を生産・分配・消費することが不断に繰り返されていく過程を何というか。　㉒再生産

㉓貯蓄を伴わない同一規模での再生産，前回よりも拡大された規模で行われる再生産，前回よりも縮小された規　㉓単純再生産，拡大再生産，縮小

模で行われる再生産の過程を，それぞれ何というか。｜ 再生産

㉔土地・資本・技術・労働力などの結合によってつくら｜㉔生産関係
れる社会的関係のことで，**生産力**の発展に対応して変化
するものを何というか。

㉕財（貨）を生産するのに必要な労働力や土地・工場・｜㉕生産手段
機械・原材料などを総称して何というか。

㉖企業が学生の実習を受け入れ，職場体験させる制度の｜㉖インターンシッ
ことを何というか。｜プ

㉗企業による文化活動の擁護，芸術活動への支援のこと｜㉗メセナ
を何というか。

㉘「博愛」「慈愛」を意味し，企業の社会貢献や慈善事｜㉘フィランソロ
業をさす言葉を何というか。｜ピー

㉙「**企業の社会的責任**」という意味を表す欧文の略称を｜㉙ＣＳＲ
何というか。

㉚企業の社会的責任が重視されることに伴い注目される｜㉚コンプライアンス
ようになった，**法令遵守**を意味する言葉を何というか。｜ス

㉛企業にとって，経営を維持する上で欠かすことのでき｜㉛ステークホル
ない関係を有する存在のことを何というか。狭義では，｜ダー（利害関係
株主，従業員，債権者，取引先，顧客などが挙げられ，｜者）
広義では，従業員の家族，地域社会，社会全体が挙げら
れる。

【株式会社のしくみ】……………………………………………

❶企業の株式を所有することで，その企業に対して権利｜❶株主
と義務を有するようになった出資者を何というか。

❷企業の株式を所有する者が参加し，役員の選出や経営｜❷株主総会
方針の決定などを行う，株式会社の最高意思決定機関の
ことを何というか。

❸株式会社の株主の持ち分を表す単位，またはその地位｜❸株式
を象徴する有価証券を何というか。2009年からペーパー
レス・電子化がなされた。

❹株式会社が発行する債券を何というか。他人資本であ｜❹社債
る点，企業の業績とは無関係に確定の利子をつけて返済
しなくてはならない点など，株式とは根本的に異なる。

❺証券取引所で売買を認められた株式を何というか。｜❺上場株

❻株式会社で，決算期ごとに定時株主総会の議決により｜❻配当

持ち株数に応じて支払われる，株主への利益分配を何という か。

❼株主が株式を自由に売買することによって得た利益のことを何というか。

❽経営者や従業員に自社株を一定の価格で購入する権利を与えることを何というか。

❾株主総会で選出された**取締役**によって構成される，株式会社の最高経営管理機関を何というか。2005年の会社法により，この機関を設置しないことも可能となった。

❿**個人株主**に対して，親会社，関係会社（銀行・保険会社ほか）などの株主を何というか。

⓫株式会社の株主総会における業務執行にかかわる決定権を特に何というか。

⓬**最高経営責任者**を意味する欧文略語で，日本における社長職・会長職に該当する，経営上の意思決定の責任者となる役職を何というか。

⓭CEOに次ぐ企業の実力者をさし，**最高執行責任者**を意味する欧文略語は何か。

⓮**執行役員**を意味する欧文略語で，会社の経営方針を執行する権限を委譲された役職を何というか。

⓯企業の意思決定と監督の実質的な権限を，企業関係者の誰がもっているかを意味し，取締役会が株主に利益をもたらすよう経営を監視していくことを何というか。

⓰株式会社の経営は，株主総会によって選出された役員による取締役会に任されており，株式の所有者（株主）と会社の運営を担当する経営者とは事実上別になっていることを何というか。

⓱株式会社は所有と経営の分離が生じ，企業においては経営全体を，所有者である資本家ではなく，それとは独立の目的をもった巨大企業の経営者が支配するようになった。このような資本主義の状態を何というか。

⓲株主らが，会社に損害を与えた役員の経営責任を追及し，損害賠償を求める訴訟制度を何というか。

⓳アメリカで1950年代後半より登場した，異種産業・業種の企業を，合併・買収して巨大化した企業を何とい

❼キャピタル－ゲイン

❽ストック－オプション

❾取締役会

❿法人株主

⓫経営決定権

⓬CEO

⓭COO

⓮CO

⓯コーポレート－ガバナンス（企業統治）

⓰所有（資本）と経営の分離

⓱法人資本主義（経営者資本主義）

⓲株主代表訴訟

⓳コングロマリット（複合企業）

うか。

⑳企業の合併・買収によって他企業を支配することを何と呼ぶか。 ⑳M＆A

㉑企業の株式を大量に取得したい場合に，新聞広告などで買い取る意思を表明し，一挙に取得する方法を何というか。**敵対的買収**の手段ともされる。 ㉑TOB（株式公開買い付け）

㉒経営者や従業員が，企業やその事業部門を買収して独立するM＆Aの一形態を何というか。外部からの影響を少なくでき，敵対的買収への防衛策ともなる。 ㉒MBO（マネジメント‐バイアウト）

㉓銀行などを中心に大企業によって構成される企業グループを何というか。**六大企業集団**などと総称されたが，現在ではグループの垣根をこえて再編された。 ㉓企業集団

㉔会社どうしが相互に株式を持ち合うことを何というか。企業の系列化や企業集団の形成を促進する役割を果たしたが，1990年代以降，銀行を中心にこれを解消する動きが広がった。近年では買収防衛の観点からこれを推進する企業も出てきた。 ㉔株式の持ち合い

㉕大量生産・大量消費に裏づけされた大企業による近代的な商業経営方法の普及を何というか。 ㉕流通革命

㉖企業内の不正などを防止するために，管理・点検など社内監視体制を整備するしくみを何というか。 ㉖内部統制システム

㉗企業における研究開発のことを何というか。とくに新製品の基礎・応用研究をさすことが多い。 ㉗R＆D

㉘貧困などの社会的課題の解決を目的としたビジネス，またはそれを行う企業や組織を何というか。バングラデシュのグラミン銀行によるマイクロファイナンスの例などが知られる。 ㉘ソーシャルビジネス

2 市場機構とそのはたらき
【市場機構】

❶ある財（貨）・サービスを欲し，お金で買おうとすることを何というか。また，売り手（供給者）が市場で貨幣と引き換えに商品を提供することを何というか。 ❶需要，供給

❷市場の働きによって自動的に需要と供給が調節される経済システムを何というか。 ❷市場経済

❸価格や金利により需要・供給が柔軟に調整されるしくみを何というか。

❸市場機構（市場メカニズム）

❹ある財（貨）について，供給者と需要者が多数存在し，個々の参加者の市場全体に対する影響力が少ないため，それぞれが市場価格に従って行動し，市場参入が自由に行われる市場を何というか。

❹完全競争市場

❺売り手または買い手が少数で，価格の操作など，価格決定のしくみに影響がみられる市場を何というか。

❺不完全競争市場

❻財（貨）に対する需要と供給の関係で，需要が大きい場合は価格が上昇し，供給が大きい場合は価格が下落するという法則を何というか。

❻需要と供給の法則

❼財・サービスが市場において取引きされるときの価格を何というか。

❼市場価格

❽完全競争市場において，需要と供給が一致したときに成立する価格を何というか。

❽均衡価格

❾自由競争の行われている市場では，価格の変動によって商品の需要・供給が調整される。この機能を何というか。

❾価格の自動調節機能(価格機構)

❿**自由競争市場**では，需給関係で価格が変動する。同時にその価格が需給の過不足を調節して均衡させる働きをもっている。この価格の自動調節機能を**アダム＝スミス**は何と呼んだか。

❿見えざる手

[現代の市場]…………………………………………………

❶市場が少数の大企業に占有される状態を何というか。

❶寡占

❷寡占（独占）的大企業によって設定され，寡占（独占）利潤の獲得をめざす価格を何というか。

❷寡占(独占)価格

❸独占の形態のうち，同一産業で各企業が市場における競争を排除するために協定を結ぶもの，同一産業で数社の企業が合同して独占体を形成するもの，持ち株会社が株式保有などの方法によって企業を支配するものを，それぞれ何というか。

❸カルテル，トラスト，コンツェルン

❹1890年以降にアメリカで成立した，独占の弊害を防いで公正な自由競争を促すことを目的とする一連の法律を何というか。

❹反トラスト法

❺反トラスト法のうち，1890年に制定された独占禁止

❺シャーマン法

に関する根本法を何というか。

❻シャーマン法を補うために，1914年に制定された法律を何というか。日本の独占禁止法のモデルとなった。　❻クレイトン法

❼カルテル・トラストなどの独占を排し，自由・公正な競争販売を促進し，国民経済の健全な発達をはかる目的で，1947（昭和22）年に日本で制定された法律を一般に何というか。　❼独占禁止法

❽1947年，独占禁止法の実施・運用を任務として設置された行政機関（現在は内閣府の外局）を何というか。　❽公正取引委員会

❾市場経済において，企業が新技術の導入，経営の合理化，大量生産・販売による生産費の引き下げなどをはかることを何というか。　❾規模の経済（スケール－メリット）

❿独占禁止法の適用除外として，1999年まで公正取引委員会に認められていたカルテルの二つの種類は何か。　❿合理化カルテル，不況カルテル

⓫他の会社の株式を単に投資のためではなく，事業活動を支配するために所有する会社を何というか。1997年に独占禁止法改正により，原則として自由化された。　⓫持ち株会社

⓬ある製品市場全体の売上高のうちで，その製品を販売する企業の売上高が占める割合を何というか。　⓬市場占有率（マーケット－シェア）

⓭少数の大企業によって市場が支配される状態（寡占市場）で，有力メーカーが決定した価格に他が追従する特殊な価格形成の傾向および行動様式を何というか。　⓭プライス－リーダー制（価格先導制）

⓮市場が寡占状態であり，需給関係を無視して一定の高利潤を確保できるように，有力企業がプライス－リーダーとなって，他企業がそれにならう価格を何というか。　⓮管理価格

⓯供給の増加やコストの低下によって本来下がるべき価格が，寡占的企業の動きや管理価格によって下がらない現象を何というか。　⓯価格の下方硬直性

⓰寡占市場は一般的には価格の下方硬直性をもたらすとされるが，現実の市場では少数の企業によっても競争が活発になることがある。こうした現象を何というか。　⓰競争的寡占

⓱製品技術が同質化する寡占市場において，品質・デザイン・商標・パッケージなどの**製品の差別化**によって，　⓱非価格競争

価格以外の面で行われる企業間競争を何というか。

⓲新聞・書籍・ＣＤなど，消費者に販売する価格をメーカーが定価として指定し守らせる制度を何というか。　⓲再販売価格維持制度

⓳ある経済主体の経済行動が市場を経由せずに，他に利益や損失をもたらすことを何というか。外部経済と外部不（負）経済を総称したものである。　⓳外部効果

⓴他の経済主体の経済活動が，市場における取引きを通さず直接によい影響を与えることを何というか。　⓴外部経済

㉑企業の出す公害が社会全体に不利益をもたらすように，他の経済主体の経済活動が，市場における取引きを通さず直接に悪い影響を与えることを何というか。　㉑外部不（負）経済

㉒資本主義の発達につれて，公害のように不利益をもたらす外部不（負）経済の問題が発生した。このように，市場が効率的に作用せず市場機構の調整作用が及ばないことを何というか。　㉒市場の失敗

㉓取引きにおいて売り手と買い手の間で，商品や契約内容の知識（情報）量の隔たりがあることに起因する問題を何というか。消費者が品質の劣った商品を選ぶ**逆選択**などが生じやすい。　㉓情報の非対称性

[物価]……………………………………………………

❶一定範囲での複数の商品の価格を，ある基準で総合化したものを何というか。　❶物価

❷一定期間における物価水準の変動を測定するためにつくられた総合指数を何というか。　❷物価指数

❸生産財の物価水準を表すためにつくられた，企業相互で取引きされる物価の指標を何というか。　❸企業物価

❹消費財の物価水準を表すためにつくられた，小売店と消費者との間で売買される物価の指標を何というか。　❹消費者物価

❺**管理通貨制**がとられている現在の資本主義経済で，通貨の流通量の増大によって貨幣価値が下落し，一定期間物価水準が上昇する現象を何というか。　❺インフレーション

❻資本設備がすべて利用され，完全雇用が達成されている経済において，投資・政府支出・消費などの総需要が総供給を超過するとき，この差額を何というか。　❻インフレーギャップ

❼物価上昇がじわじわと緩やかに進む，**忍びよるインフ**　❼クリーピング‐

レーションを何というか。

❽**駆け足のインフレーション**とも呼ばれる，第一次石油危機後の日本での**狂乱物価**のような，急激に物価が上昇する現象を何というか。

❾1923年のドイツでのマルク価値暴落にみられるような，物価の上昇と通貨価値の下落が，急激かつ極度に起こる現象を何というか。

❿経済の状態が超過需要になくても，生産費用の上昇を企業が価格に転嫁することによって生ずる物価上昇，すなわち費用が物価を押し上げる現象を何というか。

⓫国民経済全体において，総需要が総供給を超過している状況のために発生するインフレを何というか。

⓬市中に流通する通貨量が少ないため，商品の供給に対して需要が低下し，物価の下落，生産活動の縮小など不況の様相を示す状況を何というか。

⓭インフレの弊害（経済取引上の不公平）を除去し，インフレが実経済に与える影響を中和させるため，賃金や年金保険などを一定の方式に従って，物価にスライド（連動）させる政策を何というか。

⓮物価水準を安定させるために，賃金など所得の伸び率に規制を加える政策を何というか。

⓯1973年の第一次石油危機後，世界的に現れた現象で，不況期でも物価が上昇を続け，景気停滞と物価上昇が併存する状況を何というか。

⓰日本銀行が，デフレーションの状態から脱出するために資金量を増加させ，物価を高めに安定させようとする政策を何というか。本来は，イギリスなどで実施された物価（インフレ）を抑制するための政策である。

⓱同一・同種の商品価格に，国内と国外とで格差があることを何というか。日本では1970年代から1990年代に問題とされたが，現在ではこの格差は縮小傾向にある。

⓲物価上昇率と失業率との負の相関関係（トレードオフ）をあらわした曲線を何というか。物価上昇率と失業率とは，前者が高いときは後者は低く，前者が低くなると後者は高くなる，という関係を示す。

インフレ
❽ギャロッピング－インフレ
❾ハイパー－インフレ
❿コスト－プッシュ－インフレ
⓫ディマンド－プル－インフレ
⓬デフレーション
⓭物価スライド制（インデクセーション）
⓮所得政策
⓯スタグフレーション
⓰インフレ－ターゲッティング
⓱内外価格差
⓲フィリップス曲線

3　資金の循環と金融のはたらき

[資金の循環と金融]・・

❶通貨には，商品の価値を表す機能，商品交換を媒介する機能，代金を支払う機能，価値を将来に向けて保存しておく機能の四つの機能がある。それぞれ何というか。

❶価値尺度，交換（流通）手段，支払い手段，価値蓄蔵手段

❷経済主体を通じた経済活動（生産・流通・消費）を支える貨幣の社会的な循環を何というか。

❷資金の循環

❸資金融通の対価として支払われる一定の貨幣量のことを何というか。一般的には，元本にこれを加えて返済することになる。

❸利子

❹資金の需要者と供給者との間の，資金の貸し借りを何というか。また，その資金の授受を扱うところを何というか。

❹金融，金融市場

❺ある特定の人（債権者）が別の特定の人（債務者）に対して，物の引き渡し，金銭の支払いなどの一定の行為（給付）を請求する権利を何というか。

❺債権

❻特定の人（債務者）が別の特定の人（債権者）に対して，物の引き渡し，金銭の支払いなどの一定の行為（給付）などをなすべき義務を何というか。契約や法律などにもとづいて生じる。

❻債務

❼企業が金融機関を通さず，**証券市場**を通して株式や有価証券を発行して，資金を調達することを何というか。

❼直接金融

❽企業が金融機関を通じて，預貯金の貸付けを受けるかたちで資金を調達することを何というか。

❽間接金融

❾銀行・証券会社・保険会社・ノンバンク・ゆうちょ銀行など，資金の融通を行う機関を総称して何というか。

❾金融機関

❿日本の金融機関の中心的存在で，日本銀行以外の銀行を総称して何というか。

❿市中銀行

⓫**有価証券**（公債・社債・株式）が取引きされるところを何というか。東京・大阪など，全国に五つある。

⓫証券取引所

[銀行と信用創造]・・

❶銀行が貸付操作によって，はじめに受け入れた預金の何倍もの預金通貨をつくり出すことを何というか。

❶信用創造（預金創造）

❷中央銀行が発行する銀行券と政府の発行する硬貨を何

❷現金通貨，預金

というか。また，現在の資本主義国で，実際の取引きの
支払手段となる当座預金や普通預金などを何というか。

❸民間の保有する現金と，民間の金融機関が日銀に預け
ている当座預金の合計を何というか。日銀が供給する通
貨の総額で，信用創造の基礎となる。

❹国内で流通する通貨量で，現金通貨や預金通貨などを
合わせた額は何と呼ばれるか。

❺マネーサプライの現在の呼び名を何というか。

❻現金・預金通貨に，準通貨と譲渡性預金を加えたもの
を何というか。マネーストックの指標の一つである。

【中央銀行の役割】・・

❶国の金融の中枢機関で，一国の通貨制度の中心として
通貨の発行のほか，金融政策による資金量の調節や信用
調節を行う銀行を何というか。

❷中央銀行は，銀行券を発行する業務，市中金融機関へ
の資金貸付業務，国庫金の保管・出納などの業務を行っ
て社会で流通する資金量を適切に保っているが，これら
をそれぞれ何というか。

❸近年重視される日本銀行が果たすべき機能で，金融シ
ステムの安定化をはかる役割を何というか。

❹世界恐慌以前の通貨制度で，金との兌換が保証され，
通貨発行量が金準備に制約されるものを何というか。

❺金の保有量とは無関係に，政府と中央銀行によって通
貨の発行量が決定される通貨制度を何というか。

【金融政策】・・・

❶中央銀行の資金需要誘導による通貨価値の安定，雇用
の安定など，経済成長の維持をはかるために行う政策を
何というか。

❷総裁など9人で構成される日本銀行の最高意思決定機
関を何というか。また，そこで行われる会議の名称を何
と呼ぶか。

❸日本銀行が有価証券（手形・債券など）を金融市場で
売買して，直接的に資金量の調節をはかる金融政策を何
というか。現在では，日銀の金融政策の中心的手段となっ
ている。

通貨

❸マネタリーベース

❹マネーサプライ
（通貨供給量）

❺マネーストック

❻M3(エムスリー)

❶中央銀行

❷発券銀行，銀行
の銀行，政府の
銀行

❸「最後の貸し手」
機能

❹金本位制度

❺管理通貨制度

❶金融政策

❷日銀政策委員
会，金融政策決
定会合

❸公開市場操作
（オープン-マー
ケット-オペレー
ション）

124　基礎第2編　現代日本の経済

❹上場株式などと同様に市場で売買される，証券取引所に上場された投資信託を何というか。日経平均株価や東証株価指数（TOPIX）などとの連動を図る指数連動型が代表的な存在。

❺公開市場操作で，資金量の縮小をはかるために行うものを何と呼ぶか。

❻公開市場操作で，資金量の拡大をはかるために行うものを何と呼ぶか。

❼銀行などの金融機関が，受け入れた預金の引出しに備えて準備している資金を何というか。

❽中央銀行が，市中銀行のもつ預金の一定割合を法律によって強制的に預け入れさせる制度を何というか。

❾中央銀行が市中銀行に対して，預金準備率を上下させることで資金量の調節をはかる金融政策を何というか。現在では，金融政策としては用いられていない。

❿日本銀行が市中銀行に対し，貸出利率を上下することで金融市場の資金需要に影響を与え，資金量の調節をはかる金融政策を何というか。現在では，金融政策としては用いられていない。

⓫中央銀行が市中銀行に資金を貸し出すときに用いられる利子率を何というか。かつては公定歩合と呼ばれた。

⓬中央銀行が金融政策判断に基づいて決定する金利を何というか。

⓭金融機関同士が，1日ないし数日という短期間の資金を融通しあう金融市場を何というか。

⓮市中銀行同士が短期の貸し借りを行うときに用いられる利子率を何というか。

⓯コールレートのうち，日本銀行が**政策金利**として誘導目標にしているものを何というか。

⓰1999年からコールレートを実質0％に誘導する**ゼロ金利政策**がとられたが，さらなるデフレ対策として2001年から導入され，2006年に解除された政策を何というか。

⓱中央銀行が政策金利を0％より低くする政策のことを何というか。日本銀行は2016年に導入し，日銀と市中

❹ＥＴＦ

❺資金吸収（売り）オペレーション

❻資金供給（買い）オペレーション

❼支払い準備金

❽準備預金制度

❾預金準備率（支払準備率）操作

❿公定歩合政策（金利政策）

⓫基準割引率および基準貸付利率

⓬政策金利

⓭コール市場

⓮コールレート

⓯無担保コールレート翌日物

⓰量的緩和政策

⓱マイナス金利政策

銀行間の口座に適用された。

⓲日銀が安倍晋三政権とともに実施した新たな金融政策は何か。マネタリーベースを大幅に増やすことと日銀が金融機関などから買い入れる国債の種類を大幅に広げることをその内容とする。異次元緩和とも呼ばれる。

⓲量的・質的緩和政策

⓳日本銀行が景気の動向や金融市場をみて，市中銀行の貸出しが適正な規模になるように資金繰りを助言・指導してきたものは何か。1991（平成3）年に廃止された。

⓳窓口規制（窓口指導）

⓴戦後，日本の金融業界は規制に守られ，預金金利も一律の金利設定が行われてきた。この方式を何というか。

⓴護送船団方式

【金融の新しい動向】……………………………………

❶日本でも1980年代に進んだ「三つの金融規制」などの規制緩和や廃止による，金融市場への競争原理の導入を何というか。

❶金融の自由化

❷全国的・金融機関別の統一的な預金金利の規制，為替管理，銀行と証券の間と保険業（生命・損害）内の業務分野の規制をまとめて何といったか。

❷三つの金融規制

❸現金の預入れ機能や振替え機能，送金機能をもつ「現金自動預け払い機」の略称は何か。

❸ＡＴＭ

❹銀行以外で預金業務以外の銀行と類似した業務を行う民間企業で，事業者向け金融業者，消費者向け信用販売会社やサラリーマン金融など，消費者金融会社の総称を何というか。

❹ノンバンク

❺バブル経済崩壊後の大蔵省（現財務省）改革の一つで，民間金融機関に対する検査・監督業務，業務停止処分決定や破綻処理にあたるために，1998年に新設された機関を何というか。2000（平成12）年に改組された。

❺金融監督庁

❻銀行などの金融機関の検査や監督，金融制度の事務を取り扱う官庁として2000年に発足したのは何か。

❻金融庁

❼1996年，当時の橋本龍太郎首相が発表した「わが国金融システムの改革」で，日本の金融ルールを国際標準に合わせようとした政策を何と呼ぶか。

❼日本版金融ビッグバン

❽日本版金融ビッグバンの三つのスローガンは何か。

❽フリー・フェア・グローバル

❾バブル時代に発生した不良債権の清算と日本版金融

❾金融再編

ビッグバンによる国際的な金融機関の競争を背景に，金融技術の開発・導入が必要となった金融業界で，金融機関の連携や合併が行われたことを何というか。

❿金融再編の結果誕生した巨大銀行を何というか。みずほ・三井住友・三菱東京ＵＦＪの三銀行をさす。

⓫「企業の経営内容などの情報開示」のことで，幅広い情報を公開することによって企業の透明性を高め，消費者からの信頼の維持・向上をめざすことを何というか。

⓬バブル経済崩壊後，多額の不良債権を抱えることになった，個人向け住宅ローンを専門にするノンバンクを何というか。

⓭1993年，162の金融機関の共同出資によって設立された企業（株式会社）で，不動産担保付き債権を買い取り，金融機関の不良債権を引き受ける機構を何というか。

⓮預金を預かる金融機関が破綻した場合，その預金者を保護するため，預金の払い戻しを肩代わりし保証する機関を何というか。

⓯金融機関が破綻した場合，金融機関が預金保険機構に積み立てている保険金で，預金者に一定額の払い戻しを行う制度を何というか。

⓰各国の中央銀行で構成される国際金融機関を何というか。本部はスイスのバーゼルにある。

⓱国際決済銀行が定めた統一基準では，国際業務を行う銀行の**自己資本比率**（自己資本÷総資産×100）を8％以上としているが，これを何と呼ぶか。

⓲犯罪などの不正な手段で得たヤミ資金を，銀行などに預金することによってその出所をわからなくすることを何というか。

⓳長期間，金銭出し入れのない口座の預金のことを何というか。2016年に，10年以上放置されているものをNPOなどの公益活動に活用するための法律が施行され，2019年1月から発生したこの預金は，子ども若者支援，生活困難者支援，地域活性化等支援のための活動資金として分配されることとなった。

⓴銀行，証券会社，保険会社など金融機関が提供・仲介

❿メガバンク

⓫ディスクロージャー

⓬住宅金融専門会社（住専）

⓭共同債権買取機構

⓮預金保険機構

⓯ペイオフ（預金の払い戻し）

⓰国際決済銀行（ＢＩＳ，ビス）

⓱ＢＩＳ規制

⓲マネー－ロンダリング（資金洗浄）

⓳休眠預金

⓴金融商品

する各種の預金，投資信託，株式，社債，公債，保険などのことを何というか。手持ちの資産を効率的に増やす資産運用の手段となる。

㉑金融商品を評価する三つの基準となる，「元本が減らないかどうか」「どのくらい収益が期待できるか」「お金を引き出しやすいかどうか」を表す言葉をそれぞれ何というか。なお，この三つの基準すべてを完全に満たす金融商品はない。

㉑安全性・収益性・流動性

㉒投資金額に対する一定期間の運用収益の割合を何というか。債券（社債や国債）の価格は需要と供給によって変化し，債券価格が下落すると利回りは上昇し，債券価格が上昇すると利回りは低くなる。

㉒利回り

㉓環境（environment），社会（social），企業統治（governance）の三つを合わせて判断材料として投資家が企業に投資することを何というか。環境に配慮した企業か，社会に付加価値を与える企業か，適正なガバナンスが図られている企業か，といった財務諸表に現れない企業の公共性を重視した投資スタイルである。

㉓ESG 投資

㉔物理的貨幣（紙幣・硬貨）を使わずに行う決済を何というか。クレジットカードや電子マネーが主な決済手段である。

㉔キャッシュレス決済

㉕政府や中央銀行の統制を受けておらず，法定通貨の地位にない種類のデジタル通貨を何というか。仮想通貨ともいう。

㉕暗号資産

㉖キャッシュレス決済の普遍化，暗号通貨および**ブロックチェーン技術**を用いた送金システム，人工知能によるローン審査，人工知能による投資助言，**クラウドファンディング**による資金調達，金銭の借り手と貸し手をオンライン上で仲介するソーシャルレンディングなど，伝統的な金融の仕組みがIT/AIによって刷新される現象を何というか。finance（金融）と technology（技術）を組み合わせた造語である。

㉖フィンテック

4　財政のしくみとはたらき

【財政のしくみ】………………………………………………………………………………

❶国の財政を処理する権限は，国民の代表機関である国会におかれ，その処理は国会の議決に基づいて行われるという考え方を何というか。

❷政府の行う経済活動のうち，中央政府が行う経済活動を何というか。また，地方公共団体が行う経済活動を何というか。

❸一会計年度における財政上の一切の収入および支出のことをそれぞれ何というか。

❹国の予算は三つに分けられる。一般行政に伴うものと，特定の事業や目的を実現するためのもの，政府が全額出資している法人のものである。それぞれ何というか。

❺「第二の予算」とも呼ばれ，財投機関債や政府による財投債の発行などを通じて，住宅や環境整備，中小企業の育成などに投資・融資を行う金融活動を何というか。

❻財政投融資の資金を調達するために発行される政府保証のついた債券を何というか。また，同様の目的で財投機関が自ら発行する債券を何というか。

❼郵便貯金，国民年金・厚生年金の掛け金，政府の特別会計の余裕金などを原資とし，公共の利益の増進のために運用された資金を何というか。2001年に廃止された。

❽予算など，財政の基本に関して規定した法律は何か。

❾当初予算を修正するために編成される予算を何というか。予算の成立後，社会情勢の著しい変化により予算の過不足が生じたり，予算内容の変更が必要になる場合に編成される。

❿内閣が両院の同意を得て任命した3名の検査官が，国の収入や支出の決算の検査を内閣から独立して行う国家機関を何というか。

⓫財政の歳入と歳出がつりあい，財政赤字のない状態を何というか。

⓬時代に対応した行政組織・制度や行政運営のあり方に

❶財政民主主義

❷国の財政，地方財政

❸歳入，歳出

❹一般会計予算，特別会計予算，政府関係機関予算

❺財政投融資

❻財投債（財政投融資特別会計国債），財投機関債

❼資金運用部資金

❽財政法

❾補正予算

❿会計検査院

⓫均衡財政（健全財政）

⓬行財政改革

ついて見直しを行い，財政運営の適正化・効率化などを
はかる改革を何というか。

【租税】‥‥‥‥‥‥‥‥‥‥‥‥‥‥‥‥‥‥‥‥‥‥‥‥‥‥‥‥‥‥‥‥‥‥‥‥‥‥

❶政府が歳入の調達を目的として，強制的に他の経済主
体から徴収する金銭を何というか。

❷納税義務者と税を負担する者が同一の租税を何という
か。また，それが異なる租税を何というか。

❸税収に占める直接税と間接税の割合を何というか。

❹地方道路税や入湯税のように，特定の使用目的を定め
た税を何というか。また，住民税や固定資産税のように，
使用目的に特別の制限がない税を何というか。

❺租税のうち，納付先が政府である税を何というか。ま
た，納付先が地方公共団体である税を何というか。

❻国税の一つで，個人の所得に対して課される税を何と
いうか。

❼国税の一つで，株式会社や協同組合など，法人の所得
にかかる租税を何というか。

❽国税の一つで，原則としてすべての物品・サービスに
課される税を何というか。1989 年に税率 3％で導入され，
1997 年に 5 ％，2014 年に 8 ％，2019 年に 10％となった。

❾消費税の計算・納付申告の方式で，請求書等に適用税
率・税額の記載を義務づける方式を何というか。日本で
は 2023（令和 5）年からこの方式に変更された。

❿地方税の一つで，都道府県民税と市町村民税を総称し
たものを何というか。

⓫地方税の一つで，土地や家屋，工場の機械設備などの
所有者に課せられる税を何というか。

⓬故郷や支援したい地方公共団体に寄付をすると，その
分が所得税や住民税が軽減されるしくみを何というか。

⓭所得税で高額所得者ほど租税負担率を高くし，**所得の
再分配**の役割を果たす制度を何というか。

⓮課税標準が高くなるにつれて税率が低くなる課税方法
を何というか。負担公平の原則から日本では採用されて
いないが，生活必需品に課税する消費税は，低所得者に
は重く，高所得者には軽いため，性質的には似ている。

❶租税（税金）

❷直接税，間接税

❸直間比率

❹目的税，普通税

❺国税，地方税

❻所得税

❼法人税

❽消費税

❾インボイス（伝
票）方式

❿住民税

⓫固定資産税

⓬ふるさと納税

⓭累進課税

⓮逆進課税

❶国民所得に対する国税・地方税を合わせた租税負担の比率を何というか。

❶租税負担率

❶国民所得に対する租税負担率と社会保障負担率との合計額の比率を何というか。

❶国民負担率

❶アダム＝スミスの四原則やアドルフ＝ワグナーの九原則にも含まれる課税の原則で、さまざまな状況にある人々が、それぞれの負担能力（担税力）に応じて負担を分かち合うべきとする原則を何というか。

❶公平の原則

❶所得税などの累進課税のように、高額所得者で納税能力の大きな人に、より大きな割合の税の負担を求める公平の原則を何というか。

❶垂直的公平

❶租税の公平原則の基本となるもので、勤労所得・事業所得・農業所得など、所得が同等の場合は同額の税を支払うべきという原則を何というか。

❶水平的公平

❷所得税の納税方法のうち、納税者自身が税務署に申告納付する方法を何というか。

❷確定申告

❷雇用者が個人の給与から税金を天引きして納付する方法を何というか。

❷源泉徴収

❷みなし計算で源泉徴収される税金について、その年の実際の給与に対する納税額とを比較し、過不足額を精算する制度を何というか。

❷年末調整

❷租税を社会経済政策の一つとして利用し、その軽減または非課税や免税によって、政策の効果をはかることを何というか。

❷租税特別措置

❷課税所得の捕捉（ほそく）割合が納税者（サラリーマン・個人事業者・農家など）によって異なり、その不公平感を表すとされる言葉を二つあげよ。

❷クロヨン、トーゴーサンピン

❷直間比率や不公平税制の是正をめざして1988（昭和63）年に行われた、消費税の導入や所得税の減税を柱とした大幅な改革を何というか。

❷税制改革

❷揮発油税や自動車重量税（一部）など、その使途がはじめから定められている税源を何というか。2009年度から、その「一般財源化」が行われた。

❷道路特定財源

❷企業の所得ではなく、事業規模や資本金などを基準に課税する方式を何というか。赤字企業も課税対象となる。

❷外形標準課税

❷❽税率と税収の関係を示すグラフを何というか。税収は税率が上がるにつれて上昇するが，税率がある点を越えると逆に税収は低下することを示す。

❷❽ラッファー曲線

【財政の役割と財政政策】………………………………………

❶租税・国債などの財源をもとに行われ，資源の適正配分・完全雇用・景気の調整・所得の再分配・経済の安定などの実現をはかる政府による経済政策を何というか。

❶財政政策

❷道路・港湾・上下水道などの国や地方公共団体が行う公共事業のように，公的な社会施設を拡充するための財政資金による投資を何というか。不況期には有効需要創出効果があり，重要な景気対策ともなる。

❷公共投資

❸アメリカの財政学者**マスグレイヴ**が分類した財政機能の一つで，財政収支によって好況・不況時の景気を調整することを何というか。

❸景気安定機能

❹人々の生活や産業活動に必要であっても，私企業によっては供給されない道路・港湾施設・下水道などは，財政活動によって供給する。この財政機能を何というか。

❹資源の適正配分機能

❺累進課税制度によって税率を高額所得者に重くしたり，社会保険制度によって低所得者に給付を行ったりすることで，所得の平等化を達成しようとする財政機能を何というか。

❺所得の再分配機能

❻累進課税制度と社会保障制度が一般化することによって，財政そのものに景気変動を緩和する動きが組み込まれた。この財政のしくみを何というか。

❻ビルト－イン－スタビライザー（自動安定装置）

❼不況期には減税や公共事業によって景気を刺激し，好況期には増税などによって景気の過熱を抑制する景気調整政策を何というか。ケインズによって裏づけされ，ハンセンが命名した政策である。

❼フィスカル－ポリシー（補整的財政政策）

❽経済の成長・安定など重複する目標を同時に達成するため，財政政策・金融政策・為替政策など各種の経済政策手段を組み合わせて運用することを何というか。サミュエルソンが最初に定式化したとされる。

❽ポリシー－ミックス

【国債の累積と財政改革】………………………………………

❶国の一般会計の歳入に占める国債の割合を何というか。

❶国債依存度

❷財政法によって公共事業費の財源に限定されている国債を何というか（1966年度から発行）。

❷建設国債

❸インフレ防止のために原則として禁じられているが，毎年特例法を制定して，歳入不足を補うために発行される国債を何というか。

❸特例国債（赤字国債）

❹国の一般会計の歳出のうち，国債の償還および利払いにあてる費用のことを何というか。

❹国債費

❺1997年に成立した法律で，悪化しつつある財政状況を改善するため，歳出の改革と縮減の具体的方向を明示したものを何というか。1998年に施行が凍結された。

❺財政構造改革法

❻国債発行が民間の資金を吸収し，金融市場に影響を与え，民間の資金調達を困難にさせることを何というか。

❻クラウディング－アウト

❼財政法で，国債の日本銀行引受けを禁止している原則を何というか。公開市場での国債の売買は可能である。

❼市中消化の原則

❽財政の国債依存が続き，国債残高が巨額になると，国債費が増大して一般会計予算を圧迫する。このため，政府の政策選択の幅は狭まり，財政機能を失わせる。このことを何というか。

❽財政の硬直化

❾財政の国債依存体質が続いて国債残高の累積が巨額になると，国債費が増大して一般会計予算の政策的経費を圧迫し，財政本来の機能を失わせる。そこで，こうした危機の克服が不可欠となるが，このことを何というか。

❾財政再建

❿国債発行を除く税収などの歳入と，国債の元利払いを除いた政策的経費などである歳出との比較をさし，財政の健全性を示す指標のことを何というか。

❿プライマリー－バランス（基礎的財政収支）

⓫政治的・経済的な情勢の悪化を警戒して，投資資金が国外へ流出することを何というか。

⓫キャピタル－フライト

【地方財政】

❶地方公共団体が，自ら徴収する収入を何というか。地方税，使用料・手数料などがある。

❶自主財源

❷地方公共団体が，国などから受け入れる収入を何というか。地方交付税・地方贈与税などがある。

❷依存財源

❸使途が限定されない財源として，国が国税三税（所得税・法人税・酒税）と消費税，たばこ税の一部を，地方自治体間の格差を是正するため，その財源不足の程度に

❸地方交付税交付金

応じて交付するものを何というか。

❹国税として徴収された税のうち，地方公共団体に譲与されるもので，地方公共団体が直接賦課・徴収しないものを何というか。　　　　　　　　　　　　　　❹地方譲与税

❺特定の事業のために，国が地方公共団体に支出するものを何というか。　　　　　　　　　　　　　　　　❺国庫支出金

❻地方公共団体が，公営企業への出資や公共施設の建設など，特定事業の資金のために発行する公債を何というか。　　　　　　　　　　　　　　　　　　　　　❻地方債

5　国民所得と国富
【経済活動と国民所得】……………………………………………………

❶家計や企業などの経済活動を，国民経済全体としてとらえるうえで，重要な手がかりとなる統計を何というか。　❶国民所得統計

❷一定期間内（通常は1年間）に日本人か外国人かを問わず，国内で生み出された付加価値の合計で，国内でつくられたすべての財・サービスの総額から中間投入を差し引いて求められるものを何というか。　❷国内総生産（GDP）

❸一国内における経済活動によって生み出された付加価値を支出項目の合計としてとらえたものを何というか。国内総生産を支出面からみたものであり，最終消費支出と総固定資本形成，純輸出を合計したものでもある。　❸国内総支出（GDE）

❹生産物を生産する過程で，新たに生み出された正味の価値のことを何というか。　　　　　　　　　　　　❹付加価値

❺生産の過程で，他の財貨を生産するために投入された原材料などを何というか。　　　　　　　　　❺中間投入（中間生産物，中間財）

❻機械や工場などの固定資本は時間とともに価値が減耗し，耐用年数を過ぎると更新する必要がある。そのために企業が積み立てる一定額を何というか。　　　❻固定資本減耗（減価償却費）

❼日本か外国かを問わず日本人・日本企業が生み出した所得で，国内産出額から中間生産物を差し引き，海外からの所得の純受取りを加えたもので，ほぼ国民総生産に等しいものを何というか。近年の統計では，国民総生産にかわって多く用いられるようになった。　　　❼国民総所得（GNI）

❽一国における一定期間内（通常は1年間）に，日本人・　❽国民総生産

日本企業が生産し，市場売買された総産出額から中間生産物を差し引いたものを何というか。外国で生産活動をしている日本人や日本企業が，日本に送金した所得は含まれ，日本国内で生産活動をしている外国企業が，海外に送金した所得は含まれない。

❾ 総生産額から固定資本減耗を差し引いた表示方法を何というか。また，純生産額から純間接税を差し引いた表示方法を何というか。

❿ 国内総生産から固定資本減耗を差し引いたもので，市場価格で表示したものを何というか。

⓫ 国民総生産から固定資本減耗を差し引いたものを何というか。国民総生産よりも純粋な生産額がわかる。

⓬ 国内総生産から固定資本減耗を差し引き，さらに純間接税（生産・輸入品に課された税−補助金）を控除したものを何というか。

⓭ 国民総所得から固定資本減耗を差し引き，さらに純間接税（生産・輸入に課された税−補助金）を控除したもので，各生産要素が生み出した付加価値の合計で表示したものを何というか。

⓮ 生産面の国民所得を，部門別の産業構造とその推移でとらえたものを何というか。

⓯ 雇用主や事業主などの社会構成の変化を示し，各経済主体が受け取った所得・賃金・地代・利子・利潤の総額を表す国民所得を何というか。

⓰ 個人消費や国内総資本形成，政府最終消費支出別の状態や動向を表し，支出の側面から国民所得をみたものを何というか。

⓱ 国民所得を生産・分配・支出の三つの面でとらえるとき，それぞれの総額が等しいことを何というか。

⓲ 一国の経済状況について，フロー面とストック面を体系的に記録することを狙いとし，その国の会計原則として用いられる国連提案の国際基準を何というか。GNIを中心とする国民所得勘定を母体に，産業連関表・資金循環表・国民貸借対照表・国際収支表の五つの経済勘定からなる。現在は2016（平成28）年からの新しい体系

（GNP）

❾ 市場価格表示，要素費用表示

❿ 国内純生産（NDP）

⓫ 国民純生産（NNP）

⓬ 国内所得（要素費用表示の国内純生産）

⓭ 国民所得（NI）

⓮ 生産国民所得

⓯ 分配国民所得

⓰ 支出国民所得

⓱ 三面等価の原則

⓲ 国民経済計算体系（SNA）

に対応している。

【国富】……………………………………………………………………

❶一国の経済活動をとらえるための指標の一つで，消費
や所得について一定期間（3か月や1年など）の財貨・
サービスの経済量・流れを示す概念を何というか。

❷一国の経済活動をとらえるための指標の一つで，ある
時点での資本や資産などの経済的な蓄積をとらえようと
する概念を何というか。

❸ストックの視点からみた指標で，非金融資産（実物資
産）と金融資産を合わせたものを何というか。

❹ストックの概念の一つで，国民資産（非金融資産＋金
融資産）から負債を差し引き，対外純資産を加えたもの
を何というか。

❺社会の共通財産として，社会的な基準に従って管理・
維持されるものを何というか。森林などの**自然環境**，道
路などの**社会的インフラ**，教育などの**制度資本**からなる。

❶フロー

❷ストック

❸国民資産

❹国富（正味資産）

❺社会的共通資本
（社会資本）

【GDP指標の限界とNNW】……………………………………………

❶GDPに主婦の家事労働やレジャーなどの余暇時間を
プラス要因として，また，公害や自然環境の悪化などを
マイナス要因として加味したものを何というか。

❷GDPから固定資本減耗と環境破壊による経済的損失
分とを差し引いた指標を何というか。**環境調整済み国内
純生産（EDP）**ともいう。

❸正式な経済用語ではないが，GDPなどにかわる「豊
かさ」を問い直す指標で，ブータンの憲法に規定された
ものは何か。生態系の豊かさ，伝統文化や精神文化の維
持，経済的な公正さ，よい政治の四つが基準となる。

❶国民純福祉（N
NW，国民福祉
指標）

❷グリーンGDP

❸GNH（国民総
幸福）

6　経済成長と景気変動

【経済成長】……………………………………………………………………

❶GDPなど，国民経済の規模が増大することを何とい
うか。

❷GDPの対前年（度）増加率を何というか。

❸名目経済成長率に物価が変動した分を加味して，実態
を正確につかもうとしたGDPの対前年（度）増加率を

❶経済成長

❷名目経済成長率

❸実質経済成長率

何というか。

❹物価変動を修正するために用いられる物価指数の一種 ❹ＧＤＰデフレー
を何というか。　　　　　　　　　　　　　　　　　　　　ター

【景気循環】‥‥‥‥‥‥‥‥‥‥‥‥‥‥‥‥‥‥‥‥‥‥‥‥‥‥‥‥‥‥‥‥

❶資本主義経済の自由な経済活動，すなわち商品の需要 ❶景気変動（景気
と供給の不均衡によって引き起こされ，好況・後退・不　　循環）
況・回復の四局面を周期的に繰り返す社会全体の経済状
況の移り変わりを何というか。

❷景気循環の四局面の一つで，商品価格の上昇，利潤の ❷好況
増大，生産活動の活発化と雇用拡大など，循環の**谷（ボ
トム）**から**山（ピーク）**への局面を何というか。

❸景気循環の四局面の一つで，生産活動や雇用，物価が ❸後退
下り坂に向かう状態を何というか。

❹景気の後退が極めて短期間に，全産業にわたって急激 ❹恐慌(パニック)
に現れることを何というか。

❺景気循環の四局面の一つで，生産活動が落ち込み，企 ❺不況
業の倒産や失業者の増大などが続く状態を何というか。

❻景気循環の四局面の一つで，不況から立ち直り，生産 ❻回復
活動や雇用などが再び上り坂に向かう状態を何という
か。

❼主に企業の**設備投資**の盛衰に起因し，**10年前後**の周 ❼ジュグラーの波
期で現れる景気の波動を何というか。景気の**主循環**でも　（中期波動）
ある。

❽画期的な**技術革新**や大規模な資源開発によって起きる ❽コンドラチェフ
約50年を周期とする景気の波動を何というか。　　　　　の波(長期波動)

❾年々の生産の増加による**在庫**に関連して，**約4年**を周 ❾キチンの波（短
期とする景気の波動を何というか。　　　　　　　　　　期波動）

❿**住宅建築**などに起因して，**20年前後**の周期で現れる ❿クズネッツの波
景気の波動を何というか。

⓫景気の好況・不況を総合的に判断するため，さまざま ⓫景気動向指数
な経済指標を総合して指数化したものを何というか。内
閣府が毎月公表しており，景気変動を量的にとらえた**コ
ンポジット－インデックス（ＣＩ）**と景気変動の方向性
でとらえた**ディフュージョン－インデックス（ＤＩ）**と
がある。

第2章　現代経済のしくみ

【正誤問題に TRY】……………………………………………………………………

【経済主体と経済活動】

①家計は，保有する株や土地などの価格が上がると消費を増やす傾向があり，これは資産効果といわれる。(19本)

②企業は，他の条件が一定である場合，銀行の貸出金利が低下すると設備投資を減少させる傾向にある。(16本)

③ジニ係数が上昇した場合，所得格差が拡大したといえる。(23追)

④金融機関からの借入れが増えると，企業の自己資本額は増大する。(16追)

⑤利潤のうち株主への分配が増えると，企業の内部留保は増大する。(16追)

⑥会社設立時の出資者が有限責任社員と無限責任社員である会社は，合同会社という。(19本)

⑦絶株式会社の場合，利潤から株主に支払われる分配金は出資金と呼ばれる。(16本)

⑧企業による芸術や文化への支援活動を，メセナという。(17本)

⑨企業の経営者による株主の監視を，コーポレート・ガバナンスという。(17本)

⑩経営者に代わり株主が経営を行うようになることを，所有と経営の分離という。(16追)

⑪他企業の株式を買って経営権を取得したりその企業と合併したりすることを，M＆Aという。(18追)

⑫経営者や従業員に自社の株式を一定の価格で購入する権利を与えることを，R＆Dという。(18追)

① ○

② ×　銀行の貸出金利が低下すると利息返済の負担が小さくなるので，企業は設備投資を増加させる傾向にある。

③ ○

④ ×　自己資本ではなく他人資本。

⑤ ×　内部留保とは株主への配当や税金などを引いた残りで企業内に蓄積された資金のことだから，この場合は減少する。

⑥ ×　これは合資会社の説明。合同会社は全員が有限責任社員である。

⑦ ×　出資金ではなく配当。

⑧ ○

⑨ ×　株主による企業の経営者の監視。

⑩ ×　所有と経営の分離は株主と経営者が分離し，会社の所有者である株主ではなく経営の専門家が経営を担う。

⑪ ○

⑫ ×　R＆Dではなくストックオプション。R＆Dは，企業における研究開発のこと。

⑬ SRI とは，国際標準化機構が定めた環境マネジメントシステム標準化のための国際規格のことである。(18追)

⑬ ×　これは ISO の説明。SRI は社会的責任投資のこと。

⑭企業の組織再編の加速を目的に設立が解禁された，株式の所有を通じて他の企業を支配することを主たる業務とする会社のことを，持株会社という。(22公・政経試)

⑭ ○

【市場のはたらき】

①同種産業部門の複数の企業が，競争を排除して市場の支配力を高めるために，合併や吸収によって一つの企業体になる独占の形態は，コンツェルンである。(20追改)

① ×　コンツェルンではなくトラスト。

②公正取引委員会は，独占禁止法に違反する行為の差止めを命じることができる。(19追)

② ○

③価格の下方硬直性とは，生産技術の向上などで生産コストが低下しても，価格が下方に変化しにくくなることである。(15本)

③ ○

④非価格競争とは，デザイン，広告・宣伝といった手段を用いて，価格以外の競争が行われることである。(15本)

④ ○

⑤寡占市場で価格先導者が一定の利潤を確保できるような価格を設定し，他の企業もそれに追随するような価格を，管理価格という。(20本)

⑤ ○

⑥公共財は，非競合性と非排除性を有しているが，他の人々の消費を減らすことなく複数の人々が同時に消費できるのは，非競合性を有しているからである。(16本改)

⑥ ○

⑦インフレーションの下では，貨幣の価値は上昇する。(16追)

⑦ ×　貨幣価値は下落する。

⑧ディマンド・プル・インフレーションは，供給が需要を上回ることにより生じる。(17本)

⑧ ×　需要が供給を上回ることにより生じる。

⑨デフレーションの下では，債務を抱える企業や家計にとって債務負担の負担は重くなる。(16追)

⑨ ○

⑩スタグフレーションとは，不況とデフレーションとが同時に進行する現象のことである。(17本)

【資金循環と金融のはたらき】

①貨幣には，取引の仲立ちを行う価値貯蔵手段としての機能がある。(17本)

②預金通貨は，財・サービスの対価の支払い手段として用いられることはない。(17本)

③日本では，家計の金融資産のうち現金・預金の占める割合が最も大きい。(17本)

④日本の短期金融市場には，金融機関がごく短期間の貸借で資金の過不足を調整するコール市場がある。(19本)

⑤ノンバンクとは，預金業務と貸出業務を行う金融機関である。(17本)

⑥日本銀行は「政府の銀行」として，政府が行う業務を代行して，国庫金の出納や国債に関する事務を行う。(20追)

⑦日本銀行は金融政策決定会合を開催して金融政策の基本方針を決める。(20追)

⑧日本銀行は「最後の貸し手」として，信用秩序の維持のために，資金繰りが困難な金融機関に資金供給を行う。(20追)

⑨マネーストックとは，中央政府が保有する貨幣残高のことである。(17本)

⑩金融政策の代表的な手段には，公開市場操作や預金準備率操作，そして金利政策があげられるが，現在はその中でも預金準備率操作が中心的な手段とされている。(18追改)

⑪中央銀行は，デフレーション対策として，国債の売りオペレーションを行う。(16本改)

⑫日本銀行の量的緩和政策は，金融政策の主たる誘導目標を政策金利として金融緩和を進めようとするものである。(19本)

⑩ ×　「デフレーション」ではなく「インフレーション」。

① ×　「価値貯蔵手段」ではなく「交換手段」。

② ×　預金は，小切手を用いて決済の手段として利用されたり，一定の条件下で現金通貨に交換できるため，現金通貨と同様に扱われることがある。

③ ○

④ ○

⑤ ×　ノンバンクは貸出業務のみを行う。

⑥ ○

⑦ ○

⑧ ○

⑨ ×　マネーストックは国内の個人や法人などが持っている通貨（貨幣）を合計したもので，実体経済を流通しているお金の規模を示す。

⑩ ×　公開市場操作が中心的な手段。預金準備率操作は現在では行われていない。

⑪ ×　資金量を増加させる必要があるため，買いオペレーションを行う。

⑫ ×　量的緩和政策における金融政策の誘導目標は日銀当座預金。

⑬日本では，銀行が破綻した場合に，日本銀行が預金者に一定額の払戻しを行う制度がある。（18追）

⑬　×　日本銀行ではなく預金保険機構。

【財政のしくみとはたらき】

①特別会計の予算は，特定の事業を行う場合や特定の資金を管理・運用する場合に，一般会計の予算とは区別して作成される。（15本）

①　○

②財政投融資の原資として郵便貯金の国への預託が義務づけられている。（19追）

②　×　郵政民営化以降，財政投融資の原資としては財投債，財投機関債が利用されている。

③負担能力に応じて租税を負担することが望ましいとする考えを，垂直的公平という。（20本改）

③　○

④税負担の逆進性とは，所得が低くなるに従って所得に占める税の負担率が低くなることである。（17本）

④　×　所得が低くなるに従って所得に占める税の負担率が「高く」なる。

⑤基本的に，税は納税者と税負担者が同一の直接税と，両者が異なる間接税に分類されるが，消費税は間接税に区分される。（19追改）

⑤　○

⑥消費税の税率は，社会保障関係費の財源確保の目的で，2014年に引き上げられた。（20追）

⑥　○

⑦出身地でなくても，任意の地方公共団体に寄付をすると，その額に応じて所得税や消費税が軽減されるふるさと納税という仕組みがある。（23本）

⑦　所得税や住民税が軽減（控除）されるが，消費税は軽減されない。

⑧日本の税務当局による所得捕捉率は，農業者は高く自営業者は中程度で給与所得者は低いといわれていることから，クロヨンと呼ばれている。（17本）

⑧　×　所得捕捉率は，農業者は低く給与所得者は高いといわれている。

⑨財政の機能の一つに，市場では適切に供給されない公共財を供給する資源配分の調整がある。（17追改）

⑨　○

⑩公的扶助には，所得再分配機能がある。（23追）

⑩　○

⑪公共投資は公共財の供給に加え，ビルト・イン・スタビライザーとして景気の安定化を図ることができる。（17追改）

⑪　×　ビルト・イン・スタビライザーではなくフィスカル・ポリシー。

⑫政府が財政政策の手段として税の増減と公共支出の増減とをあわせて用いることを，ポリシー・ミックスという。(16追)

⑬国債費の膨張が社会保障や教育などに充てる経費を圧迫することを，財政の硬直化という。(18追)

⑭国債費を除いた歳出が国債発行収入を除いた税収などの歳入を上回ると，基礎的財政収支は黒字となる。(18追)

⑮所得税や法人税などの国税の一定割合が地方公共団体に配分される地方交付税は，使途を限定されずに交付される。(23本)

【国民所得と国富】

①一国の経済規模を測るGDPは，ストックの量である。(17追)

②物価変動の影響を除いたGDPは，実質GDPと呼ばれる。(17追)

③GDPとは，国内で一定期間内に生産された財やサービスの総生産額から，中間生産物の価額を差し引いたものである。(16追)

④国民総生産から中間生産物の額を控除すると，国民純生産（NNP）が得られる。(19本改)

⑤国民総所得（GNI）は，国民総生産（GNP）を分配面からとらえたものであり，両者は等価である。(15本)

⑥GDPに家事労働や余暇などの価値を加えたものは，グリーンGDPと呼ばれる。(17追)

⑦好況期には，生産が拡大し，雇用者数が増加する。(18追)

⑧景気回復期には，在庫が減少し，投資が縮小する。(18追)

⑨ジュグラーの波は，設備投資の変動を主な要因として起こるとされる景気循環である。(20本)

⑩コンドラチェフの波は，在庫投資の変動を主な要因として起こるとされる景気循環である。(20本)

⑫　×　これはフィスカル・ポリシーの説明。

⑬　○

⑭　この場合，基礎的財政収支は赤字となる。

⑮　○

①　×　GDPはストックではなくフローの概念。

②　○

③　○

④　×　中間生産物ではなく固定資本減耗。

⑤　○

⑥　×　グリーンGDPは，環境を悪化させないために追加的に必要な経費の推計額をGDPから差し引いたもの。

⑦　○

⑧　×　投資は増加する。

⑨　○

⑩　×　在庫投資の変動ではなく技術革新。

第3章　日本経済のあゆみと現状 ◇◇◇◇◇◇◇◇◇◇◇◇◇◇◇◇◇◇◇◇

1　日本経済の変化

【戦前の日本経済】●●●●●●●●●●●●●●●●●●●●●●●●●●●●●●●●●●●

❶西欧資本主義国に1世紀以上遅れて近代化を開始した明治政府の**富国強兵**を目標とした，政府主導の産業の近代化政策を何というか。

❶殖産興業

❷明治期の**地租改正**により，農民が没落し，自らは農業を行わない不在地主が小作人に土地を貸し付け，小作料を搾取する制度を何というか。

❷寄生地主制度

❸同族を中心とする財閥本社を持ち株会社にして，多数の企業を傘下においた日本特有のコンツェルンを何というか。三井・三菱・住友・安田などが有名である。

❸財閥

【戦後の復興と高度経済成長】●●●●●●●●●●●●●●●●●●●●●●●●●●●●●

❶ＧＨＱ（連合国軍最高司令官総司令部）が軍国主義的衝動を生み出す経済構造の廃絶をめざして行った，三つの経済民主化政策をそれぞれ何というか。

❶財閥解体，農地改革，労働改革

❷財閥解体を進め，資本の集中を排除する目的で1947年に制定された法律は何か。

❷過度経済力集中排除法

❸独占・寡占に伴う弊害が国民生活に及ぶことを除くため，また市場の独占や不公平な取引きを禁止するため，1947（昭和22）年に制定された法律は何か。

❸独占禁止法

❹第二次世界大戦後，政府が産業復興のために，復興金融金庫の資金融資のもとに石炭・鉄鋼・肥料・電力などの基幹産業へ資材や資金を集中的に投入した政策を何というか。経済学者の有沢広巳らが提唱した。

❹傾斜生産方式

❺傾斜生産方式の実施に際し，重点企業の資金需要をまかなうため，政府が1947年に設置した金融機関を何というか。1952年，日本開発銀行に吸収された。

❺復興金融金庫

❻1948年，日本経済安定のためＧＨＱから日本政府に発せられた均衡予算・徴税強化など九項目の指令は何か。

❻経済安定九原則

❼ＧＨＱは，経済安定九原則の実施を日本政府に指示したが，この九原則を具体化するため来日したドッジ公使により指導・実施された政策を何というか。超均衡予算

❼ドッジ－ライン

によるインフレ抑制策と，単一為替レートの設定による
貿易振興策を柱とした。

❽インフレの収束期に通貨の安定に伴って起こる経済現
象を何というか。通貨量減少による購買力の急激な低下
で，企業の倒産と失業が大規模に起こる可能性が高い。

❾1949年と50年，アメリカの財政学者らによる日本税
制調査団が，2度にわたって**連合国軍最高司令官**に示し
た報告書を何というか。直接税を中心とした制度を勧告
するなど，戦後日本の税制の基礎となった。

❿インフレ抑制策によって起こった安定恐慌のさなかに
朝鮮戦争が勃発したが，その際にアメリカ軍の軍需物資
とサービスの調達により発生した特別な需要を何という
か。また，それを要因とした好景気を何というか。

⓫日本において1955年頃から1973年の第一次石油危機
の頃まで，年平均実質10%の経済成長が継続した期間
を何というか。

⓬1956年の経済白書が「**もはや『戦後』ではない**」と
宣言したが，この高度経済成長初期の民間の設備投資を
中心とした好況を何と呼ぶか。

⓭神武景気で過剰投資が行われた後に現れた不況を何か。

⓮1960年の経済白書が「**投資が投資をよぶ**」と表現し
たほどの投資ブームに沸いた好況を何と呼ぶか。

⓯1960年に池田勇人内閣が策定した計画で，国民所得
を10年間で2倍にする成長率を想定した経済政策を何
というか。

⓰岩戸景気の好況で輸入が増え，支払い準備のための外
貨が不足したため，景気引き締め策を取らざるをえな
かった。この経済成長の障害を何というか。

⓱「国際収支の天井」からの回復による輸出の好調と，
東京オリンピックの準備のための建設投資ブームを柱と
する好景気を何というか。

⓲オリンピック景気の後に現れた不況を何というか。政
府は**歳入補塡公債**を発行して対応した。

⓳1968年に日本の国民総生産（GNP）が旧西ドイツ
を抜いて資本主義国第2位になった。この年を含む

❽安定恐慌

❾シャウプ勧告

❿朝鮮特需，特需
　景気

⓫高度経済成長

⓬神武景気

⓭なべ底不況

⓮岩戸景気

⓯国民所得倍増計
　画

⓰国際収支の天井

⓱オリンピック景
　気

⓲昭和40年不況
　（証券不況）

⓳いざなぎ景気

1965年から1970年にかけての約5年間に及ぶ，神武景気や岩戸景気を上回る好況を何というか。

⓴アメリカ政府の予算から占領地域の経済自立や復興にあてられた資金を何というか。主として綿花・羊毛など工業原料品の輸入にあてられた。

㉑アメリカ政府の予算から占領地域の救済にあてられた資金を何というか。主として食料・医薬品など生活必需品の輸入にあてられた。

⓴エロア

㉑ガリオア

【通貨危機と石油危機】‥‥‥‥‥‥‥‥‥‥‥‥‥‥‥‥

❶1971（昭和46）年，アメリカ大統領はドル防衛のため，ドルと金との交換停止や10％の輸入課徴金の実施などを決定した。これを何というか。

❷1973年の**第四次中東戦争**の勃発により，産油国は原油の生産制限，輸出の禁止，価格の大幅値上げを行った。これを何というか。

❸田中角栄内閣が1972年に打ち出した開発構想を何というか。公共投資を軸に地域格差の是正を狙ったが，一方で狂乱物価を引き起こす一因ともなった。

❹第一次石油危機による原油価格の高騰に伴い，消費者物価が急上昇した。このときの物価上昇を何というか。

❺1970年代の世界的な不況を乗り切るために，労働力・賃金・資産などで余剰なものを削減し，効率的な経営をめざしたことを何というか。

❻1974年のマイナス成長以降，高度経済成長が望めず，経済の成長率が低く推移したことを何というか。

❼1979年，**イラン革命**の影響で原油価格が再び高騰した。これを何というか。

❶ニクソン－ショック（ドル－ショック）

❷第一次石油危機（オイル－ショック）

❸日本列島改造論

❹狂乱物価

❺減量経営

❻低成長

❼第二次石油危機

【プラザ合意と平成景気】‥‥‥‥‥‥‥‥‥‥‥‥‥‥‥‥

❶1985年に開かれたG5において，それまで続いていたドル高を是正するために，各国がドル売りの協調介入をすることで合意した。この合意を何というか。

❷1985年に行われたプラザ合意後に現れた不況は何か。

❸円高不況に対してとられた，公定歩合の引き下げや通貨供給の増大，内需拡大政策などによる，1986年末から1991年はじめまでの約5年間の好況を何というか。

❶プラザ合意

❷円高不況

❸平成景気

❹平成景気の間，円高差益の流入や低金利政策により生じた余剰資金が引き金となって，地価や株価の急激な上昇を引き起こした。これを何というか。　❹バブル経済

【平成不況と「失われた10年」】……………………………

❶バブル経済の崩壊後に現れた不況を何というか。　❶平成不況

❷バブル崩壊後の不況で，デフレ－スパイラルにも見舞われた1990年代の日本経済を一般に何と呼ぶか。　❷「失われた10年」

❸バブル経済の崩壊により回収が不能・困難になった，金融機関が融資した貸出金のことを何というか。　❸不良債権

❹日本では，第一次石油危機後の1974年やバブル経済崩壊後の1998年などに陥り，経済成長率が0％を下回ることを何というか。　❹マイナス成長

❺1990年代前半の日本経済は，設備過剰や地価・株価の下落，消費の低迷などにより活動が停滞した。こうした状況を打開するために各企業は，事業規模の縮小，人員削減などを行った。これらの活動を何というか。　❺リストラクチュアリング（リストラ，事業の再構築）

❻物価が下落すると企業の売上高が減少して，企業の業績が悪化するので，人件費が抑制されたり解雇者が増加する。このため消費需要が低迷し，物価がさらに低下し，不況が深刻化する。このような現象を何というか。　❻デフレ－スパイラル

❼小泉純一郎内閣が行った，市場経済を重視して規制緩和などを進める改革は何か。大企業を中心に景気回復がなされたが，国民の間に所得格差などが広がった。　❼構造改革

❽日本郵政公社の民営化のことを何というか。小泉純一郎内閣は2005年に，衆議院を解散して総選挙で自民党が大勝し，2007年に，それまで一体で運営されていた郵便・郵便貯金・簡易保険の3事業は，持株会社の日本郵政グループのもと，郵便局会社・郵便事業会社・ゆうちょ銀行・かんぽ生命保険の4社に切り分けられた。　❽郵政民営化

❾構造改革を推進するため，**経済財政諮問会議**が2001年から策定した経済運営の枠組みを何というか。　❾骨太の方針

❿自動車や電機などの輸出産業が主導した，2002年から2007年にかけての好景気を何というか。期間こそ，いざなぎ景気をこえたが，**実感なき好況**ともいわれた。　❿かげろう景気（いざなみ景気）

⓫2012年末に発足した第2次安倍内閣が掲げた，「大胆　⓫アベノミクス

な金融政策」「機動的な財政政策」「民間投資を喚起する
成長戦略」の「三本の矢」を中心とした経済政策の通称
を何というか。

【経済のソフト化とＩＴ革命】……………………………………

❶一般に**産業構造の高度化**により，一国の産業構造の比
重が，第一次産業から第二次産業，さらに第三次産業へ
と移行していく傾向を何というか。

❷第三次産業だけでなく，農業や製造業においても知識
や情報，研究開発などの**ソフト部門**が，経済的に大きな
ウェイトを占めるようになることを何というか。

❸第三次産業のなかでも，人材派遣業や宅配便，各種レ
ンタル業など新しい産業が増え，**サービス業の比重が増**
すことを何というか。

❹日本の割高な労働コストや円高を背景に，製造業が海
外へ生産拠点を移すことにより，日本の産業構造に空洞
ができることを何というか。

❺スーパーやコンビニエンス－ストアで行われている
バーコードによる販売管理で，コンピュータによって消
費動向を即座に把握できるシステムを何というか。

❻1970年代以降に登場したニュー－メディア，1990年
代以降急速に普及した**インターネット**などによる情報通
信技術の変革に伴う動きを何というか。

❼現金を使わず，電子的に処理された**ICカード**などを
利用して支払い・決済を行うものを何というか。

❽インターネットなどを利用した商取引を何というか。

❾日常生活にコンピュータがあり，知りたい情報にいつ
でもアクセスできる環境にある社会を何というか。

❿2001（平成13）年に政府がまとめたＩＴ国家をめざ
す計画は何か。また，2004年に総務省が提案したユビ
キタスネットワーク社会の実現をめざした構想は何か。

❶ペティ・クラー
クの法則

❷経済のソフト化
（ソフト経済化）

❸サービス経済化
（経済のサービ
ス化）

❹産業の空洞化

❺ＰＯＳシステム
（販売時点情報
管理システム）

❻ＩＴ革命（ＩＣ
Ｔ革命）

❼電子マネー

❽eコマース

❾ユビキタスネッ
トワーク社会

❿e-Japan戦
略，u-Japan
政策

2　日本経済をめぐる諸問題

【都市問題】……………………………………………………………

❶東京・大阪・名古屋などの大都市圏に，過度に産業と
人口が集中して，社会生活上のさまざまな問題が起きる

❶過密問題

ことを一般に何というか。

❷農山村人口が都市へ流出して人口が急激に減少することに伴う諸問題を一般に何というか。　❷過疎問題

❸65歳以上の高齢者がその地域の過半数を占め，共同体としての機能維持が困難になった地域を何というか。　❸限界集落

❹**阪神・淡路大震災**のような災害発生時，生命や社会生活の維持に直結する上下水道・電力・ガス供給施設などの確保が必要となる。これらの施設を何というか。　❹ライフライン

❺都市の急激な地域的拡大に伴う，周辺部の無秩序な住宅化，虫食い的な拡大を何というか。　❺スプロール現象

❻生活環境悪化や地価高騰で，都市中心部の人口が減って空洞化し，周辺部の人口が増大することを何というか。　❻ドーナツ化現象

❼道路・港湾などの**産業関連社会資本**と異なり，市民生活にとって重要な住宅・病院・学校・上下水道・道路網などの社会資本を何というか。　❼生活関連社会資本（生活基盤社会資本）

❽社会資本の整備などの公共サービスを民間資金を導入して行うことを何というか。イギリスを先例とする。　❽ＰＦＩ

❾政府は，人口や産業の分散による国土の均等な発展をめざして，五次にわたる計画を進めた。都市と農村の発展の不均衡解消をめざしてきたこの計画を何というか。　❾全国総合開発計画

❿従来の開発中心の全国総合開発計画にかわって策定された新たな国土計画を何というか。　❿国土形成計画

⓫商店・公共施設・住宅などが街の中心部に集中し，歩いて日常生活をすごせるような街づくりを何というか。　⓫コンパクトシティ

【中小企業問題】

❶資本金や従業員数，生産額が中位以下の企業を何というか。中小企業基本法で業種別に定義されている。　❶中小企業

❷1963（昭和38）年に，中小企業の経営を安定させ，大企業との格差を是正する目的で制定された法律を何というか。1999年に，技術開発など企業の自助努力を促し，創業を支援する方針も加えて改正された。　❷中小企業基本法

❸一国経済のなかに，近代的な大企業と前近代的な中小企業などが併存している状態を何というか。　❸二重構造

❹株式の持ち合いや資金貸付などを通じて，大企業と下請けの中小企業の間で結ばれる日本特有の企業関係を表　❹系列化

す言葉は何か。現在では変化も現れている。

❺大企業などの**親会社**が，製造工程の一部を中小企業に請け負わせるしくみを何というか。

❻系列化や下請け化された中小企業が，景気変動による生産増減のしわ寄せを強いられることを何というか。

❼中小企業が，地域の歴史・文化・気候風土などの特性を生かした事業を行う産業を何というか。

❽2003年の**中小企業挑戦支援法**の施行により可能となった起業形態（2008年までの特例措置）で，設立5年以内に最低資本金を用意することを条件に，資本金が1円でも起業できることを何というか。

❾高度先端技術領域を中心にした独自の技術を軸に，新分野で展開する企業を何というか。

❿ベンチャー–ビジネスを対象として，株式所有などによって供給された資金，それを行う企業を何というか。

⓫ベンチャー企業に資金や経営方法などを提供する個人投資家を何というか。

⓬初期段階の中小企業に対して，経営面などで国や地方公共団体などが支援・育成を行うことを何というか。

⓭企業が業務の一部を専門会社などに委託することを何というか。**外注化**ともいう。

⓮生産活動に不可欠な資材や部品などの供給連鎖，または供給網のことを何というか。

⓯他企業が進出していないくぼみ（すきま）分野で活動する産業を何というか。

❺下請け

❻景気の調節弁

❼地場産業

❽1円起業

❾ベンチャー–ビジネス（ベンチャー企業）

❿ベンチャー–キャピタル

⓫エンジェル

⓬インキュベーション

⓭アウトソーシング

⓮サプライ–チェーン

⓯ニッチ産業

【消費者問題】 ....

❶「安全を求める」，「知らされる」，「選ぶ」，「意見を聞いてもらう」という四つからなる，アメリカの**ケネディ**大統領が1962年に提唱した権利を何というか。

❷1960年に設立された消費者団体の国際的組織を何というか。日本からは，全国消費者団体連絡会などが正会員として参加している。

❸市場経済の下では，究極的には消費者の選択や意思が生産のありようを決定するという考え方を何というか。

❶消費者の四つの権利

❷国際消費者機構（CI）

❸消費者主権

❹消費活動に関して起こるさまざまな問題に，消費者自身が団結して行う取り組みを何というか。

❹消費者運動

❺1968年に制定された，国・自治体・事業者による消費者保護の責任を明らかにした**消費者保護基本法**を，2004（平成16）年に改正・追加・改称した法律は何か。

❺消費者基本法

❻契約締結後の一定期間（原則8日）内であれば，消費者が無条件で契約を解除できる制度を何というか。

❻クーリング－オフ

❼エイズウイルスで汚染された輸入血液製剤によって血友病などの患者が多数感染し，大きな社会問題となった。この問題を何というか。

❼薬害エイズ問題

❽血液製剤「フィブリノゲン」などを投与された人たちがC型肝炎ウイルスに感染した問題を何というか。

❽薬害肝炎問題

❾欠陥商品により生命・身体・財産に被害が生じた場合，消費者が製造業者の過失を立証しなくても，製品に欠陥があったことを証明できれば損害賠償が受けられるようにした法律は何か。1994年に制定された。

❾製造物責任法（PL法）

❿街頭で商品を買わせる**キャッチセールス**や，電話や手紙などにより消費者の自尊心をくすぐる，**アポイントメント商法**などの商法を総称して何というか。

❿悪質（悪徳）商法

⓫**連鎖販売取引**ともいうが，商品販売のかたちをとりながら，ネズミ講と同様に高額の入会金をとって会員を募集し，入会金を上層部が吸い上げる商法を何というか。

⓫マルチ商法

⓬ローンやクレジットなどに代表される**販売信用**と，質屋やサラ金などの**消費者金融**を総称して何というか。

⓬消費者信用

⓭主に債務者が自ら申請し，裁判所の破産宣告を受け，免責決定がなされると，生活必需品以外の財産は返済にあてられ，残った債務が免除されるしくみを何というか。

⓭自己破産

⓮消費者行政の拡充の一環として，1970（昭和45）年に既存の「国民生活研究所」を改組して設立された国民生活に関する情報の提供や調査研究を行う特殊法人を何というか。現在は**独立行政法人**である。

⓮国民生活センター

⓯各都道府県などに設けられ，消費生活に関する相談・苦情処理，商品に関する各種テストなどの業務を行い，中央の国民生活センターとも連携体制を確立している組織を何というか。

⓯消費生活センター（消費者センター）

⓰二人以上の当事者の申し込みと承諾によって成立する法律行為を何というか。　⓰契約

⓱一定の契約行為を自分がしたいようにすることができるという原則を何というか。　⓱契約自由の原則

⓲未成年者が何らかの契約を交わす場合，原則として親権者などの同意を必要とする。同意なく契約が交わされた場合，未成年者があとで契約そのものを取り消すことができる権利を何というか。　⓲未成年者取消権

⓳消費者と事業者の契約に際して，契約締結の過程や契約条項において，消費者が不利益をこうむらないことを目的として，2001年から施行された法律は何か。　⓳消費者契約法

⓴訪問販売や通信販売,電話勧誘販売,連鎖販売取引（マルチ商法）などを規制するために制定された法律を何というか。クーリング‐オフ制度などを定めている。　⓴特定商取引法

㉑消費者行政を統一的に進めるため，2009（平成21）年に設置された省庁を何というか。　㉑消費者庁

【公害・環境問題】

❶大気汚染・水質汚濁・土壌汚染・騒音・振動・地盤沈下・悪臭など，人間の活動に伴って広範囲に，人間の健康や生活環境に関わる被害が生ずることを何というか。　❶公害（典型七公害）

❷明治20年代に代議士田中正造が反対運動をおこした，日本の公害問題の原点となった事件を何というか。　❷足尾銅山鉱毒事件

❸公害病の疾患の内容とその発生地域を指定し，救済の対象とすることを定めた法律を何というか。　❸公害健康被害補償法

❹公害行政を一元化して推進するために，総理府の外局として1971（昭和46）年に設置された機関，および現在の名称は何か。　❹環境庁，環境省

❺公害などのように，発生した損害について，故意・過失がなくてもその賠償責任を負うことを何というか。　❺無過失責任

❻1970（昭和45）年にOECD（経済協力開発機構）の環境委員会で提起された考え方で，公害の補償・救済は汚染源の企業が費用負担すべきとする原則は何か。　❻汚染者負担の原則（PPP）

❼環境保全の運動として，住民が景勝地などの自然や文化財を買い取り，環境破壊から自然を守ろうとする取り組みを何というか。日本では北海道の知床半島や和歌山　❼ナショナル‐トラスト

県田辺市の天神崎での運動が有名である。

❽事業活動に伴って発生する，燃え殻・汚泥などの廃棄物を何というか。また，その他の廃棄物を何というか。

❽産業廃棄物，一般廃棄物

❾先端技術産業，特にＩＣ製造工場から有機塩素系溶剤が排出されて地下水を汚染している。これを何というか。

❾ハイテク汚染

❿繊維状の鉱物で，建築材などに多用され，飛散物を吸い込むと肺がんや悪性中皮腫を引き起こす物質は何か。

❿アスベスト（石綿）

⓫アスベストなど，人間の身体などに蓄積した有害物質が長期間にわたり被害をもたらす公害を何というか。

⓫ストック公害

⓬環境を配慮した企業を選んで行う投資信託を何というか。**社会的責任投資（ＳＲＩ）**の考え方に基づく。

⓬エコ－ファンド

⓭人間が生活する環境などに関わる快適性の水準を表す言葉を何というか。

⓭アメニティ

⓮生産者が製品の生産だけでなく，廃棄やリサイクルまで責任を負うべきだとする考え方を何というか。

⓮拡大生産者責任（ＥＰＲ）

⓯人が都市で日常生活を送ることによって発生する公害を何というか。

⓯都市公害（生活公害）

⓰企業の生産活動にともない，広範囲に発生する公害を何というか。

⓰産業公害

【農業・食料問題】••

❶食料消費量のうち，国内で生産・自給されている割合を何というか。

❶食料自給率

❷経営耕地面積が30アール以上，または年間農産物販売金額が50万円以上の農家を何というか。

❷販売農家

❸経営耕地面積30アール未満，かつ年間農産物販売金額が50万円未満の農家を何というか。

❸自給的農家

❹世帯員のうちに兼業従事者が一人もいない農家を何というか。

❹専業農家

❺世帯員のうちに兼業従事者が一人以上いる農家を何というか。農業収入が兼業収入より多い場合を**第一種兼業農家**，逆の場合を**第二種兼業農家**という。

❺兼業農家

❻1961（昭和36）年に制定された法律で，農業政策の基本方針を示し，他産業との所得均衡の実現，自立経営農家の育成，畜産・果樹・野菜など成長作物への選択的拡大を掲げた法律は何か。1999年に改廃された。

❻農業基本法

❼1970年代以降，米の生産過剰で政府が米の作付けを削減する政策をとっている。これを何というか。

❽**ウルグアイ－ラウンド**では，米については輸入自由化はされなかったが，そのかわり国内消費量の一定割合の輸入が義務づけられた。この輸入量のことを何というか。米は1999年から関税化された。

❾それまでの**食糧管理制度**では不正流通とされていたヤミ米（自由米）が，計画外流通米として公認されるなどの規制緩和によって，輸入の自由化に対応できる農家の育成をめざして1995年に施行された法律を何というか。

❿米などの主要穀物や肉類などの自給率を高めることが，国家の安全保障を確保するために必要であるとする考え方を何というか。

⓫農業基本法にかわり，1999（平成11）年に制定された法律を何というか。市場原理の活用とともに，食料の安定供給，**農業の多面的機能**の発揮，農業の持続的発展，農村の振興の四点を基本理念とする。

⓬収穫後に散布する農薬のことで，輸送中の船などでカビや虫による被害を抑えるために散布され，栽培中にまかれる農薬よりも食品に残留しやすいものを何というか。

⓭イギリスで発見された牛の病気で，感染牛の特定部位を食べることによって人体への影響が心配されているものは何か。

⓮遺伝子操作によって病気に強い品種や量産できる品種など，新しい性質が付与され，その安全性が心配されている農産物を何というか。

⓯農薬や化学肥料を使わず，堆肥などによって土づくりを行った農地で作物を育てる農業を何というか。

⓰1947（昭和22）年に発足した農業者の団体を何というか。

⓱食生活・食習慣・栄養など，食に関する理解や自主管理能力を深める取り組みを何というか。これを推進するため，2005年に**食育基本法**が制定された。

⓲ある地域で穫れた農産物をその地域内で消費しようとする考え方や取り組みを何というか。

❼減反政策

❽ミニマム－アクセス

❾食糧法（新食糧法）

❿食料安全保障

⓫食料・農業・農村基本法（新農業基本法）

⓬ポスト－ハーベスト

⓭ＢＳＥ（牛海綿状脳症，狂牛病）

⓮遺伝子組み換え農産物

⓯有機農業

⓰農業協同組合（ＪＡ）

⓱食育

⓲地産地消

⓱ＢＳＥや食品偽装表示，残留農薬などの問題発生を受けて，2003年に制定された法律を何というか。この法律に基づき，**食品安全委員会**が内閣府に設置された。

⓲米などの重点作物の販売価格が生産費を下回った場合，その差額について補償する制度を何というか。2010年度から順次実施されている。

⓳外食やコンビニに象徴される**ファストフード**に対し，食における自然で質の高いものを守ろうとする考え方や運動を何というか。

⓴食生活の環境への負荷の度合いを数値化した指標を何というか。食料輸送量に輸送距離を掛けて算出される。

㉓食の安全を確保するため，食品などがいつ，どのような経路で生産・流通されたのか，全履歴(りれき)を明らかにするしくみを何というか。

㉔牛・羊・豚などの家畜がかかるウイルス性疾患で，家畜法定伝染病の一つに指定された病気を何というか。

㉕鳥類の間でウイルスにより感染する高病原性のインフルエンザを何というか。発生すると大量の鶏を殺処分する被害が出た。

㉖都市の住民が農山村に出かけ，自然や文化にふれながら，現地の人たちと交流する滞在型の余暇活動は何か。

㉗山の斜面につくられた階段状の水田を何というか。

㉘人の住む地域の近くにあり，そこでの暮らしと密接に結びついた自然環境を何というか。

㉙戦後，農地改革により創出された自作農保護を目的として，1952（昭和27）年に制定された法律を何というか。

㉚1942（昭和17）年制定の食糧管理法に基づき，コメ・ムギなど主要食糧の流通・消費の国家管理によって，需要と価格の安定化・調整を達成するための制度を何というか。

㉛第一次産業（生産）である農林水産業が，第二次産業（加工）や第三次産業（流通・販売）を手がける業態（1×2×3＝6次）に脱皮することで，農林水産業そのものの再生をはかろうとする取り組みを何というか。

⓱食品安全基本法

⓲戸別所得補償制度

⓳スローフード

⓴フード－マイレージ

㉓トレーサビリティ

㉔口蹄疫(こうていえき)

㉕鳥インフルエンザ

㉖グリーン－ツーリズム

㉗棚田(たなだ)

㉘里山

㉙農地法

㉚食糧管理制度

㉛六次産業化

第3章　日本経済のあゆみと現状

【正誤問題に TRY】‥‥‥‥‥‥‥‥‥‥‥‥‥‥‥‥‥‥‥‥‥‥

①ドッジ・ラインの実施からニクソン・ショックまで，国債が発行されずに予算が編成された。（14本）

②高度経済成長期に入ると，第二次産業と第三次産業の発展に伴って，都市部への労働力不足が起こり，農村部から都市部への人口移動が進んだ。（18現社本）

③1960年代前半までは,好景気により経常収支が赤字となると景気を引き締めざるをえないという「国際収支の天井」が問題となった。（20追）

④第一次石油危機では,イラン革命を契機に，OPECは原油価格を大幅に引き上げた。（18年本）

⑤1980年代に日本では，三公社（電電公社，専売公社,国鉄）の民営化が進められた。（17追）

⑥狂乱物価とは，第一次石油危機（オイルショック）後に発生した深刻なデフレーションを指す。（20現社本）

⑦社会資本には，生産に関連するものと，生活に関連するものとがある。（14本）

⑧就業人口の比重が，経済発展に伴って，第一次産業から第二産業へ，第二次産業から第三次産業へと移行することを六次産業化という。（17追）

⑨中小企業基本法は，中小企業を資本装備率によって定義した。（17追）

⑩大企業と中小企業との間に存在する労働条件や生産性の格差を，経済の二重構造と呼ぶ。（17追）

⑪日本の従業者を全体でみると，中小企業で働く人数よりも大企業で働く人数の方が多い。（16本）

①　×　ニクソン・ショック前に赤字国債を発行している。

②　○

③　○

④　×　イラン革命ではなく第四次中東戦争。

⑤　○

⑥　×　デフレーションではなく，インフレーション。

⑦　×　道路などの生産関連社会資本と，公園などの生活関連社会資本がある。

⑧　×　ペティ゠クラークの法則の説明文。

⑨　×　資本装備率ではなく，資本金の額や従業員数で定義している。

⑩　○

⑪　×　中小企業で働く人数は大企業の2倍くらい。

⑫新たな技術を開発して未開拓の分野を切り開こ
うとするベンチャー・ビジネスを手がける中小
企業がある。(15 追)

⑬ケネディ大統領が示した消費者の四つの権利と
は，安全を求める権利，正確な情報を知る権利，
商品を選ぶ権利，消費者教育を受ける権利であ
る。(19 追)

⑭消費者基本法が，消費者の権利尊重と自立支援
を目的とした消費者保護基本法へと改正され
た。(21 追)

⑮特定商取引法では，消費者が一定期間内であれ
ば契約を解除できるクーリングオフ制度が定め
られている。(17 本)

⑯製造物責任法の無過失責任制度により，製造者
に対して損害賠償の請求をする際に，製品の欠
陥を証明する必要がなくなった。(16 追)

⑰改正民法（2022 年 4 月施行）では，18 歳以
上の者は親の同意なく自分一人で契約すること
ができる。(21 本)

⑱消費者庁の廃止により，消費者行政は製品や事
業ごとに各省庁が所管することになった。(20
本)

⑲汚染者負担の原則とは，公害の発生源である企
業が被害の補償費用や汚染の防止費用を負担す
るという考え方である。(16 本)

⑳アスベスト（石綿）による被害をうけて，石綿
健康被害救済法（アスベスト新法）が制定され
た。(16 本)

㉑公害健康被害補償法は，1987 年の改正におい
て，大気汚染による公害病患者の新規認定対象
を拡大した。(19 追)

㉒農業基本法は，兼業化の促進による農業従事者
の所得の増大をめざした。(20 本)

⑫　○

⑬　×　消費者教育を受け
る権利ではなく，意見を
聞いてもらう権利。

⑭　×　消費者保護基本法
から消費者基本法へ改正
された。

⑮　○

⑯　×　製品の欠陥を証明
することが必要。

⑰　○

⑱　×　廃止されていな
い。

⑲　○

⑳　○

㉑　○

㉒　×　兼業化の促進はし
ていない。

㉓高度経済成長期の後，地域の伝統的な食文化を見直し守っていくために，新食糧法が施行された。(20本)

㉔新農業基本法（食料・農業・農村基本法）では，農作物の選択的拡大を規定した。(15追)

㉕環境保全や景観形成といった農業の機能を，ミニマム・アクセスという (17追)

㉖地域の農産物をその地域内で消費する動きは，地産地消と呼ばれる。(17追)

㉗食品の偽装表示などの事件をうけて，食の安全を確保するために，食品安全基本法が制定された。(20本)

㉓　×　新食糧法の内容ではない。

㉔　×　農業基本法。選択的拡大とは，コメのみに頼らず，畜産や果実などにも力を入れること。

㉕　×　ミニマム・アクセスではなく，農業の多面的機能。

㉖　○

㉗　○

第4章 労働と社会保障 ◇◇◇◇◇◇◇◇◇◇◇◇◇◇◇◇◇◇◇◇◇◇◇◇◇◇

1 労働基本権の保障

❶憲法で労働者に保障された**団結権・団体交渉権・団体行動権（争議権）**を合わせて何というか。

❶労働三権

❷労働基準法・労働組合法・労働関係調整法の三つをさし，労働者の不利益を排除し，労働者の権利を守るために保障された**労働基本権**を具体的に法制化した法律を何というか。

❷労働三法

❸労働者の団結権・団体交渉権を保障し，労使間の集団交渉を認めた法律は何か。1945年に制定された。

❸労働組合法

❹労使の自主的な解決が困難な場合に備え，**労働争議**の調整と予防を目的とする法律は何か。1946年に制定された。

❹労働関係調整法

❺1947（昭和22）年に制定された，労働条件の最低基準を示して，労働者を保護するための法律を何というか。

❺労働基準法

❻2007（平成19）年に制定された，労働条件の決定など**労働契約**の基本的事項を定めた法律を何というか。

❻労働契約法

❼企業での就労や自らの事業によって得られる給与所得や事業所得を何というか。

❼労働所得

❽労働者を保護するために，労働者に支払われる賃金の最低額を定めた法律を何というか。

❽最低賃金法

❾資本主義社会において，使用者にくらべ不利な立場に立つ労働者が直面する労働上の諸問題を何というか。

❾労働問題

❿労働者が主体となって，自主的に労働条件の維持改善や，経済的地位の向上を図ることを主たる目的として組織された団体は何か。

❿労働組合

⓫企業に雇用されたものは，必ず労働組合に加入することを条件とする労働協約を定めた制度を何というか。日本では組合員の資格を失っても解雇されない場合が多く，尻抜けユニオンなどといわれている。

⓫ユニオン－ショップ

⓬労働組合への加入が労働者の自由意思に任された制度を何というか。

⓬オープン－ショップ

⓭労働組合への加入が企業の採用条件となる制度を何と

⓭クローズド-シ

いうか。

❹労働関係の当事者がその主張を貫徹するために行う行為で，業務の正常な運営を阻害するものを何というか。労働者が行う**ストライキ**や**サボタージュ**，使用者が行う**ロックアウト**（作業所閉鎖）がある。

❹争議行為

❺労働組合の指示で労働者が集団的に労務提供を拒否する行為とは何か。

❺ストライキ（同盟罷業）

❻労働組合の正当な争議行為によって，業務妨害など形式的には刑法に違反する場合でも刑法を適用されないことを何というか。

❻刑事免責

❼正当な争議行為で使用者に与えた経済的損害について，賠償責任を負わないことを何というか。

❼民事免責

❽労働者が使用者に対し，賃金や給料などの対価をもらって労働の提供を約束する契約を何というか。

❽労働契約

❾労働条件の具体的な細目と，労働者が守るべき職場規則を定めたものは何か。

❾就業規則

⓴個々の労働者と使用者の間に結ばれた労働契約よりも優先して適用され，労働組合と使用者の団体交渉で労働条件の基準などについて合意し，締結された協約を何というか。

⓴労働協約

㉑労働組合活動を理由に解雇や不利益な扱いをしたり，労働組合に加入しないことを条件とする雇用契約（**黄犬契約**）を結んだりするなど，労働者の権利を侵害する使用者の行為を何というか。

㉑不当労働行為

㉒労働基準法違反防止のために，各都道府県管内におかれた監督組織を何というか。

㉒労働基準監督署

㉓労働者委員，使用者委員，公益委員の三者で構成され，**斡旋・調停・仲裁**の三つの方法により，労働争議の収拾にあたる機関を何というか。

㉓労働委員会

㉔2024年度から義務化される，1週間に必ず2日の休日を設ける制度とは何か。

㉔完全週休2日制

㉕労働委員会会長が指名した斡旋員が，労使双方の主張を確かめて自己解決を促すことを何というか。

㉕斡旋

㉖労働委員会が労使双方に調停案を勧告することを何というか。

㉖調停

❷❼労使双方からの申請により，公益委員のみで構成された委員会がつくった裁定に従い，紛争を終了させるもので，労働協約と同じ効力をもつものを何というか。

❷❼仲裁

❷❽電気・ガスなどの公益事業の労働争議に際して，内閣総理大臣が行う調整を何というか。

❷❽緊急調整

❷❾労働基準法制定時，労働時間は週 48 時間だったが，1987 年に労働基準法の改正で週何時間労働制となったか。その後の政令によって段階的な労働時間削減が行われ，1993 年の改正で正式に確定した。

❷❾ 40 時間労働制

❸⓿使用者が労働者に**時間外労働・休日労働**をさせるために結ばれる協定を一般に何というか。

❸⓿三六協定

❸❶労働者が労働から解放され，有給で保障される年間の休暇を何というか。

❸❶年次有給休暇

❸❷ 1947 年に制定された，業務上の事由による負傷・疾病・廃疾・死亡などの際に給付を行う保険制度のもとになる法律とは何か。

❸❷労働者災害補償保険法

❸❸ 2006 年より開始され，労使の個々の民事紛争について，労働審判官と労働審判員が共同で審理し，3 回以内に調停・審判などの結論を出す制度は何か。

❸❸労働審判制度

❸❹ 1948 年にＧＨＱの指令で公布され，「公共の福祉」を理由として争議行為を禁止した，公務員と国営企業の職員に対して労働三権の制限を定めた政令を何というか。

❸❹政令 201 号

❸❺公務員などについては，**政令 201 号**によって労働三権に大きな制限が加えられているが，その代替措置として給与などの労働条件について改善の勧告を行う機関は何か。

❸❺人事院（人事委員会）

2　世界と日本における労働運動の進展

❶ 1811 年～ 17 年に，産業革命期のイギリスで，機械の導入によって職場を奪われた熟練労働者たちが，自分たちの悲惨な状況は機械によるものだとして行った運動を何というか。

❶ラッダイト運動（機械打ち壊し運動）

❷ 1833 年，イギリスで成立した，18 歳未満の深夜労働の禁止や，13 歳未満の 9 時間労働制を謳った労働者保護のための法律を何というか。

❷工場法

❸ 19世紀半ばのイギリスで，参政権の拡大と経済上の権利を要求して展開された，労働者階級の大衆的政治・経済改革運動を何というか。	❸チャーティスト運動
❹第二次世界大戦後，国際連合の専門機関として国際的に労働条件の改善のために活動している機関を何というか（1919年，ベルサイユ条約に基づいて設立）。	❹国際労働機関（ＩＬＯ）
❺ 1868年にイギリスで結成された職業別労働組合の全国組織を何というか。	❺労働組合会議（ＴＵＣ）
❻ 1935年，ニューディール政策の一環として，米上院労働委員会委員長が起草，労働運動の強化と労働条件の維持・改善によって国内市場を拡大し，不況脱出をはかろうとした法律を何というか。	❻ワグナー法（全国労働関係法）
❼ 1947年，米上院のタフト，下院のハートレー両労働委員長の提案でワグナー法を修正し，クローズド－ショップを違法とし，公務員のスト禁止など，従来の労働者の権利を大幅に制限した法律は何か。	❼タフト・ハートレー法（労働関係法）
❽ 1886年にゴンパーズにより結成された，アメリカの労働組合の全国組織を何というか。	❽アメリカ労働総同盟（ＡＦＬ）
❾ 1938年にＡＦＬから分離し，産業別組織による組合の結成を主張して創設された労働組合を何というか。1955年にＡＦＬと合同して，ＡＦＬ－ＣＩＯとなった。	❾産業別労働組合（ＣＩＯ）
❿国際自由労連（ＩＣＦＴＵ）と国際労連（ＷＣＬ）とが合併して，2006年に結成された世界最大の国際労働組織を何というか。	❿国際労働組合総連合（ＩＴＵＣ，グローバル－ユニオン）
⓫ 1897（明治30）年，片山潜や高野房太郎らが組織した労働運動団体を何というか。労働組合の結成などを呼びかけたが，**治安警察法**によって弾圧された。	⓫労働組合期成会
⓬鈴木文治らがキリスト教的人道主義の立場から1912（大正元）年に結成した労働組合を何というか。1921年に**日本労働総同盟**と改称した。	⓬友愛会
⓭ 1938年の国家総動員法制定を機に労働組合を解消して結成され，1940年に全国組織となった，戦前の労使協調・戦争協力の官製労働者組織を何というか。	⓭産業報国会
⓮日本で戦後に労働者の権利保障のために労働三法が制	⓮労働民主化

定され，労働三権が確立した動きを何というか。	（労働の民主化）
⓯ **企業別労働組合**が一般的な日本において，毎年春に統一指導部のもとで団体交渉や争議形態，要求獲得目標を決定して，全国的に産業別統一運動を行うことを何というか。	⓯ 春闘
⓰ 1950年に**ナショナル−センター**（労働組合の全国連合組織）として結成され，春闘を労働闘争として定着させた組織は何か（連合の発足により，1989年に解散）。	⓰ 総評（日本労働組合総評議会）
⓱ 1989（平成元）年に**総評**，**中立労連**，**同盟**などを統合し，官民統一組織として新たに発足したナショナル−センターを何というか。	⓱ 連合（日本労働組合総連合会）
⓲ 1989年に総評解散時に，連合の方針を労使協調主義と批判して結成した全国中央組織は何か。	⓲ 全国労働組合総連合（全労連）

3　今日の雇用問題と労働条件

【雇用慣行の変化と雇用情勢】……………………………………………

❶ 性別などを理由とする労働条件の差別や，強制労働の禁止などの諸原則を定めた法律は何か。1985年に制定，1997年に改正，強化され，2006年の改正では男性に対するセクハラ防止義務や**間接差別**の禁止が盛り込まれた。	❶ 男女雇用機会均等法
❷ 1991年制定の，子どもが1歳になるまで育児のために1年間の休業を男女いずれにも認め，1995年には介護休業も盛りこんだ法としてまとめられた法律は何か。	❷ 育児・介護休業法
❸ 1993年にパートタイム労働者の雇用改善を目的として成立した法律は何か。短時間労働援助センターの設置や，雇用に際して事業主が労働条件を文書で定めるよう努めることを定めている。	❸ パートタイム労働法
❹ 1985年に制定された，労働者の派遣などについて定めた法律を何というか。当初は業種が限られていたが，1999年にこの規制が原則として撤廃され，2004年からは製造業にも適用され，**日雇い派遣**などが問題になった。	❹ 労働者派遣法
❺ 1966年に制定された，雇用政策に関する基本的な法律を何というか。2007年の改正で，募集・採用の際の年齢制限が原則として禁止された。	❺ 雇用対策法
❻ 戦後，日本の高度経済成長を支えた雇用形態で，終身	❻ 日本的雇用慣行

雇用制度・年功序列型賃金制度・企業別労働組合活動を特徴とする形態を何と呼ぶか。

❼日本の雇用慣行で，入社した企業に定年までとどまって働く制度を何というか。

❽日本の雇用慣行で，賃金が年齢や勤続年数で決まる制度を何というか。

❾労働力の活発な移動を前提とした欧米型の**産業別労働組合**とは異なり，個々の企業に労働者を定着させた日本独特の雇用形態のもとに生み出された組合形態を何というか。

❿高度経済成長期以降に形成された，終身雇用制・年功序列型賃金制・企業別労働組合からなる日本の経営の特徴を一般に何というか。

⓫**公共職業安定所（ハローワーク）**における，求人件数と求職件数との割合を何というか。

⓬インターネットなどを通じて，自宅やその近くの小さな事務所などで働く就労形態を何というか。

❼終身雇用（終身雇用制）

❽年功序列型賃金制

❾企業別労働組合

❿日本的経営

⓫有効求人倍率

⓬ＳＯＨＯ（ソーホー）

【賃金をめぐる問題】……………………………………

❶仕事内容と責任の度合いによって職務に一定の序列を設け，それに応じて支払われる賃金形態と，従業員の職務遂行能力に基づいて決められる賃金形態を，それぞれ何というか。

❷賃金が年単位で決められ，業績への貢献度や努力姿勢などが評価される賃金形態を何というか。

❸1990年代後半から導入されている，個々の労働者の仕事の実績を査定して賃金を決める方式を何というか。

❹等質・等量の労働に対しては**賃金差別**をしてはならない原則を何というか。労働基準法などに定められているが，実際は男女間などでさまざまな差別が存在する。

❺企業が形成した付加価値の総額に占める人件費の割合を何というか。

❶職務給，職能給（能率給）

❷年俸制

❸成果主義

❹同一価値労働同一賃金

❺労働分配率

【労働に関わるさまざまな課題】…………………………

❶労働者が一定の時間帯（コア－タイム）のなかで始業・終業時間を自由に決定できる制度を何というか。

❷平均して法的労働時間内であれば，特定の時期に週

❶フレックス－タイム制

❷変形労働時間制

40時間をこえる労働を可能にする制度を何というか。

❸仕事の内容によりあらかじめみなし労働時間を定め，実際の労働時間にかかわらず，賃金が支払われる制度を何というか。

❸裁量労働制（みなし労働時間制）

❹一般的に労働者と雇用主（企業など）が期間を定めずに労働契約を結んだ雇用形態を何というか。

❹正規雇用

❺企業が短期の契約で労働者を雇う雇用形態を，**正規雇用**に対して何というか。

❺非正規雇用

❻終身雇用ではなく，一定期間の雇用契約に基づいて働く社員とは何か。

❻契約社員

❼所定労働時間が通常の労働者よりも短い労働者を何というか。

❼パートタイマー

❽人材派遣会社と雇用契約を結び，他の企業に派遣される社員を何というか。

❽派遣社員

❾雇用関係を結んだ派遣元事業主が，企業・事業所と交わした労働派遣契約により企業・事業所へと派遣される労働者を何というか。

❾派遣労働者

❿自国ではなくほかの国で就労する労働者のこと。日本の場合，技能実習生の受け入れ拡大など，在留資格の緩和が進んでいる。

❿外国人労働者

⓫2016（平成28）年に制定した技能実習の適正な実施と技能実習生の保護，人材育成を通じた開発途上地域等への技能，技術または知識の移転による国際協力を推進することを目的とした法律とは何か。

⓫外国人技能実習生法

⓬不況時などに一時的に労働者を休職させる制度は何か。使用者は賃金の60％以上を払わなければならない。

⓬レイオフ（一時帰休制）

⓭1999年以降の労働者派遣法の改正により，業種規制が撤廃され，派遣労働者や非正規雇用労働者が急増した。これに伴い，違法な**偽装請負**や**名ばかり管理職**問題の発覚などとともに，年間を通して働いても生活保護基準に収入が達しない階層が増えたが，この階層を何と呼ぶか。

⓭ワーキング‐プア（働く貧困層）

⓮一人ひとりの労働時間を短縮することによって，全体としての雇用数の維持拡大をはかる考え方を何というか。1990年代のドイツで行われ，週35時間制を実現した。

⓮ワーク‐シェアリング

⓯定職に就かず，アルバイトやパートタイムなどで非正

⓯フリーター

規雇用者として働く人々を何というか。

❻ Not in Education, Employment or Training の略で，教育機関に所属もせず，職にも就かず，就労に向けた動きもしていない若者を何というか。

❼働く意思と能力をもつが雇用されない者が，労働力人口に占める割合を何というか。

❽ 1960 年，障がい者の能力を開発して雇用を促進する目的で成立し，一般の民間企業が全雇用者の 2.0%以上の障がい者を雇用することを定めた法律は何か。

❾ 2006（平成 18）年に施行。障がい者の自立生活を支援する目的で成立し，障がいの種類にかかわらず利用できるサービスを一元化し，利用者は所得に応じてサービス利用料を負担することなどを定めた法律は何か。

❿ 1980 年代後半から経済の国際化と人手不足のもと，**出入国管理及び難民認定法（入管法）**の単純労働禁止などに違反し，外国人が観光ビザで入国し就労するなどの問題が起こった。これを何というか。

⓫労働者が残業申請をせず，残業手当なしで**時間外労働**することで，ふろしき残業と俗称されるものを何というか。

⓬業務中および業務によって発生したけがや病気のことを何というか。

⓭相次ぐ技術革新に伴う職業病の一つで，ＯＡ機器などの使用で引き起こされるさまざまなストレスを何と呼ぶか。

⓮長時間労働や過密スケジュール，過度のストレス状況などが原因とされる働き盛りの年代の突然死を何というか。また，同様の原因で自殺に至ることを何というか。

⓯職場における労働者の精神面（心）の健康管理のことを何というか。

⓰国際労働機関が提起した新しい概念で，労働者が健康かつ満足できる職に就いて働くことを何というか。

⓱仕事と家事・育児などの両立をめざし，仕事と生活のバランスをとるという意味の言葉は何か。

⓲ホームレス支援や非正規雇用の問題に関わる団体など

❻ＮＥＥＴ（ニート）

❼完全失業率

❽障害者雇用促進法

❾障害者自立支援法

❿不法就労問題

⓫サービス残業

⓬労働災害

⓭テクノストレス

⓮過労死，過労自殺

⓯メンタル－ヘルス

⓰ディーセント－ワーク

⓱ワーク－ライフ－バランス

⓲年越し派遣村

が，2008 〜 09 年にかけて東京・日比谷で行った取組み
は何か。

❷⓽ビジネスを通じて，貧困や差別，環境問題などの社会
的な諸課題の解決に取り組む起業家を何というか。

❸⓪インターネットなどを通じて会社以外の場所で仕事を
行う就業形態とは何か。

❸①正規雇用労働者と非正規雇用労働者との間で，同じ会
社で同じ仕事をした場合の賃金の格差を解消する考え方
は何か。

❸②2018 年に制定された残業時間の上限規制や最低 5 日
間の有給休暇取得義務が定められた法律とは何か。

❸③特定組織に雇用されず，管理もされないで，自らの才
能を対価として報酬を得る働き方のことを何というか。

❸④企業が採用する際に業務内容や勤務地などを限定せず
に雇用契約を結び，採用された社員は企業が割り当てた
業務・勤務地で従事する雇用形態を何というか。

❷⓽社会起業家

❸⓪テレワーク

❸①同一労働同一賃
金

❸②働き方改革関連
法

❸③フリーランス

❸④メンバーシップ
型雇用

4　社会保障の成立と発展
【社会保障へのあゆみ】……………………………………………

❶疾病・負傷・出産・老齢・廃疾・死亡・業務災害・失
業・多子・貧困などの場合に一定の保障を行うことを通
し，国民生活を安定させることを目的とする国家政策を
何と呼ぶか。

❷1601 年にイギリスで成立し，富裕者から救貧税を徴
収して困窮者の生活を救済するための法律は何か。

❸1883 年にドイツで，世界最初の社会保障制度である
疾病保険法とともに，労働運動を弾圧する**社会主義者鎮
圧法**を定め，「**アメとムチの政策**」を実施した政治家は
誰か。

❹1883 年にドイツのビスマルクが制定した健康保険制
度に関する世界初の社会保険立法を何というか。

❺1911 年，イギリスで健康保険と国営による失業保険
とからなる社会保険が実現されるようになったが，この
法律を何というか。

❻1935 年，**ニューディール政策**の一環としてアメリカ

❶社会保障（社会
保障制度）

❷エリザベス救貧
法

❸ビスマルク
（1815 〜 98）

❹疾病保険法

❺国民保険法

❻社会保障法

で制定され，国民全体の生活条件を保障する社会保障の概念を国家の制度上最初に採用した法律を何というか。

❼ 1942年，イギリスで提唱された社会保障制度で，生涯にわたり国民の最低限の生活水準（**ナショナル－ミニマム**）を国の責任において保障しようとした報告書を何というか。

❼ベバリッジ報告

❽ベバリッジ報告に示され社会保障の目標に基づき，第二次世界大戦後に労働党政権がその実現をめざして掲げた標語は何か。

❽「ゆりかごから墓場まで」

❾ 1944年のILO総会で採択された「保護を必要とするすべての者に最低の所得と医療を与えるよう社会保障措置を拡張すべきこと」を謳った宣言を何というか。

❾フィラデルフィア宣言

❿労働者の労働条件の基準を国際的に向上させるために設けられたILO（**国際労働機関**）が，社会保障の最低基準を定めた条約を一般に何というか。

❿ILO102号条約

⓫社会保険において，負担すべき保険料が被保険者の所得または賃金に応じて，一定の保険料率をかけて決定され，給付もまたその経済能力に応じて決める方式を何というか。

⓫所得比例方式

⓬税による一般財源を中心に，身分や所得の多寡に関係なく無差別・平等の保障を行う考えに基づき，全国民に単一の保障を適用しようとする社会保障の型は何か。

⓬（イギリス）北欧型社会保障制度

⓭ドイツ・フランスなどで行われている，社会階層に応じて制度が運営され，それぞれの生活水準に応じた保険料で運営が行われ，カバーできない部分を公的扶助によって補おうとする社会保障の型は何か。

⓭（ヨーロッパ）大陸型社会保障制度

⓮衣食住や教育・保健衛生などの社会サービスなど，人間が最低限生活するために必要な欲求を何というか。

⓮人間の基本的ニーズ

【日本の社会保障制度】

❶ 1874（明治7）年に制定された貧民救済のための法律を何というか。

❶恤救規則

❷ 1929（昭和4）年，恤救規則にかわって制定され，1932年に実施された救貧法を何というか。戦後，生活保護法ができて廃止された。

❷救護法

❸日本国憲法第25条の**生存権**の保障を基本理念として

❸社会保険，公的

整備されている．わが国の社会保障制度の四つの体系は何か。

❹疾病・失業・事故・老齢などで収入を失った国民に，所得の保障をするのが社会保険であるが，その五つの部門とは何か。

❺会社員の場合，健康保険・介護保険・雇用保険・厚生年金保険・労災保険の5つの社会保険にかかる保険料を何というか。

❻すべての国民が，本人（被保険者）または家族（非扶養者）として，いずれかの医療保険に加入している状態を何というか。

❼国が管理運営する社会保障制度の一つで，国民や労働者の老齢・障がい・死亡などを対象とし，年金や一時金を支給して本人・遺族の生活安定を目的とする制度とは何か。

❽健康保険組合をもたない中小企業の労働者などを対象とした健康保険制度の通称を何というか。

❾被保険者がその在職中に積み立てた保険料や国庫負担で，自分の年金をまかなう財源調達方式を何というか。

❿勤労世代の負担で年金をまかなう財源調達方式は何か。

⓫日本で行われている年金制度で，賦課方式をベースに積み立て方式を加味した年金の財源調達方式は何か。

⓬すべての国民が何らかの年金に加入している状態を何というか。日本では1961年に実現した。

⓭1985年に改正され，各年金制度を一本化して，すべての国民に**国民年金**を支給し，それに厚生年金や共済年金などを上積みする方式に変わった制度を何というか。

⓮民間サラリーマンや公務員が加入している年金で，基礎年金の上乗せとして報酬比例年金の給付が受けられる制度を何というか。

⓯1966年にスタートした，企業自らが加入者からの保険料を管理・運用する企業年金制度を何というか。

⓰少子化による保険料の減収と平均寿命の伸びの合計を年金額の改定に反映させ，給付を抑えるしくみは何か。

扶助，社会福祉，公衆衛生

❹医療保険，雇用保険，労災保険，年金保険，介護保険

❺社会保険料

❻国民皆保険

❼公的年金制度

❽協会けんぽ

❾積み立て方式

❿賦課方式

⓫修正賦課（修正積み立て）方式

⓬国民皆年金

⓭基礎年金（国民年金）制度

⓮厚生年金制度

⓯厚生年金基金

⓰マクロ経済スライド

❶年金記録のずさんな管理などが問題となり，2010年に解体された厚生労働省の外局を何というか。

❷社会保険庁

❶解体された社会保険庁にかわって設立された非公務員型の公法人を何というか。

❶日本年金機構

❶企業や加入者が一定の保険料を拠出し，それを運用して得た収益などに応じて給付額が決まる年金を何というか。2001年からアメリカの制度を参考に導入された。

❶確定拠出年金（日本版401k）

❷憲法第25条の精神に基づき，国の責任において，すべての生活困窮者の最低限度の生活保障と，自立の促進を目的とした制度を何というか。公的扶助の中核となる。

❷生活保護

❷個人的な関係性を持つ人間同士が，お互いに助け合うことを何というか。

❷互助

❷社会生活におけるリスクに対して，社会全体で支え合いリスクにそなえることを何というか。

❷共助

❷自助や公助では支えきれない場合に，生活保護などで補完することを何というか。

❷公助

❷日本の社会福祉行政の基本となる六つの法律を総称して何というか。

❷福祉六法

❷心身障がい者や児童・老人・単親家庭など，本人や家族の力だけでは社会生活を送るうえで困難が予想される人々に対し，必要なサービスを提供することが**社会福祉**であるが，それらを充実するためにつくられた**福祉六法**をあげよ。

❷生活保護法，児童福祉法，身体障害者福祉法，知的障害者福祉法，老人福祉法，母子及び父子並びに寡婦福祉法

❷社会福祉法に基づき，社会福祉全般を所管する現業機関を何というか。都道府県や市などに設置されている。

❷福祉事務所

❷広く国民の疾病を予防し，健康を保持・増進させるため，公衆衛生活動の中心となる機関を何というか。

❷保健所

【日本の社会保障制度の課題】

❶財政難や福祉事業の民間企業による産業化のなか，高負担高福祉の考え方から，公共事業や公的サービスなど特別の利益を受けたものがその負担をするという原則を何というか。

❶受益者負担原則

❷国連の定義で，65歳以上人口が総人口の7％以上に

❷高齢化社会，高

なった社会を何というか。また，同様に 14％以上になっ
た社会を何というか。

❸65 歳以上の人口が総人口に占める割合（高齢化率）
が 21％を超える社会を何というか。

❹一人の女性が生涯に産むと思われる子どもの平均数を
何というか。日本では少子化社会において，2005 年に
は 1.26 と過去最低を記録した。

❺子育てと仕事の両立や，家庭における子育て支援など
を行ったエンゼルプラン（1995 〜 99 年度）や新エンゼ
ルプラン（2000 〜 04 年度）を引き継ぎ，2005 年度から
実施された少子化社会対策計画を通称何というか。

❻民主党連立政権が，2010（平成 22）年から推進した
子育て支援策を何というか。

❼1999 年に策定された，活力ある高齢者像(ヤング−オー
ルド）の構築をめざし，3200 か所のグループホームの
整備，認知症の高齢者に対する介護サービスなど在宅介
護を重視した「今後 5 か年間の高齢者保健福祉施策の方
向」を何というか。

❽2003 年に成立し，急速に進む少子化のなかで，国や
地方自治体には，安心して子どもを育てられる社会をつ
くる義務があると定めた法律を何というか。

❾高齢者などに，認定度に応じて介護サービスを提供す
るため，1997 年に成立，2000 年から施行された法律を
何というか。40 歳以上の国民全員による保険料と税金，
原則として 65 歳以上の利用者本人の 1 割（一定以上の
所得者の場合は 2 割）負担を財源とする。

❿75 歳以上の高齢者の医療と 40 歳以上の成人・高齢者
に対する健康相談や健康検査などの医療保険サービスを
提供していた制度を何というか。2008 年に廃止された。

⓫介護が必要な高齢者などの福祉の向上のために，それ
らの人たちに施設への通所によって入浴や給食のサービ
スを提供する事業を何というか。

⓬在宅の高齢者に，通所や訪問によってリハビリテー
ションなどのサービスを提供する事業を何というか。

齢社会

❸超高齢社会

❹合計特殊出生率

❺新新エンゼルプ
ラン（子ども・
子育て応援プラ
ン）

❻子ども・子育て
ビジョン

❼ゴールドプラン
21

❽少子化社会対策
基本法

❾介護保険法

❿老人保健制度

⓫デイサービス

⓬デイケア

❸介護者が諸事情で家庭において介護できない場合，高齢者などを短期間，施設に入所させる事業を何というか。

❹国民の所得額を順に並べて，真ん中の人（中央値）の2分の1以下の所得の人の割合を何というか。

❺元来はサーカスの落下防止のための網のことだが，転じて社会保障制度や金融機関破綻の際の預金者保護制度など，一部の危機が全体に及ぶのを防ぐ安全対策を意味するようになった言葉を何というか。

❻高年齢者の安定した雇用の確保や再就職を促進などを目的とし，2004年の改正により事業主に定年の引上げ・継続雇用制度の導入・定年制の廃止のいずれかを実施することを義務づけた法律は何か。

❼老人保健法を廃止し，2008年に創設された制度を何というか。75歳以上が対象で，保険料は全員から徴収する。

❽認知症，知的障がい，精神障がいなどにより判断能力が不十分な人が契約などで不利益を被らないよう，家庭裁判所に申し立てすることで後見や保佐などをつけてもらえる制度を何というか。1999年の民法改正で導入された。

❾高齢者も若者も，障がい者もそうでない者もあらゆる人々がともに暮らし，生きていく社会が普通であり，人間らしい本来の社会であるという考え方を何というか。

⓴障がい者が社会生活を営むうえでの物理的・精神的な障壁をなくしていこうとすること（社会）を何というか。

㉑年齢や障がいの有無にかかわらず，できるだけ多くの人が利用可能であるようにデザインすることを何というか。

㉒個人が自発的に決意・選択し，人間のもっている潜在的能力や日常生活の質を高め，人間相互の連帯感を高める活動を何というか。

㉓政治，宗教活動を主な目的としないことを条件とし，福祉の増進，環境保全，街づくり，スポーツなどを行っている民間の**非営利団体**に法人格を与えることを目的にできた法律は何か（1998年に**議員立法**で成立）。

❸ショートステイ

❹貧困率（相対的貧困率）

❺セーフティーネット

❻高年齢者雇用安定法

❼後期高齢者医療制度

❽成年後見制度

❾ノーマライゼーション

⓴バリアフリー（社会）

㉑ユニバーサルデザイン

㉒ボランティア活動

㉓ＮＰＯ法（特定非営利活動促進法）

❷❹国民の健康づくりなどを推進するため，2003年に施行された法律を何というか。**嫌煙の推進（受動喫煙の防止）**が規定され，官公庁や駅などの禁煙・分煙化が進んだ。

❷❹健康増進法

❷❺高齢者への虐待を防ぎ，家族などの養護者の支援や負担軽減を定めた法律は何か。

❷❺高齢者虐待防止法

❷❻民主党連立政権のもとで2010年4月から，児童手当に代わって中学卒業までの子どもを対象に支給された手当は何か。

❷❻子ども手当

❷❼社会保障の基盤整備を税制の改革と同時に進める民主党政権の政策を何というか。2012（平成24）年に消費税増税法案が可決された。

❷❼社会保障と税の一体改革

❷❽子どもの将来がその生まれ育った環境によって左右されないよう，また，貧困が世代を超えて連鎖しないよう，必要な環境整備と教育の機会均等などを図ることを目的に，2014年1月11日より施行された法律は何か。

❷❽子どもの貧困対策法

❷❾最低限所得保障の一種で年齢・性別・所得水準などに関係なく，国や地方公共団体がすべての国民や市民に一律の金額を恒久的に支給する生活保障制度を何というか。

❷❾ベーシック‐インカム

❸⓿世界銀行による指標（2015年）で，一日1ドル90セント以下で生活している人を何というか。

❸⓿絶対的貧困層（絶対的貧困）

❸❶2019年9月に政府が検討会議を設置し，人生100年時代の到来を見据え，「自助・公助・共助」の観点から高齢者・児童・子育て世代・現役世代まで広く支えていく社会保障制度を何というか。

❸❶全世代型社会保障

❸❷医療・介護の専門職から地域住民までさまざまな人々が高齢者の住まい・医療・介護・予防・生活支援を一体的に提供する総合的なサービスのことを何というか。

❸❷地域包括ケアシステム

第4章　労働と社会保障

【正誤問題に TRY】……………………………………………………………………………

【労働と雇用問題】

①勤労の権利とは，働く意思のあるものが希望の職業に就くことを国家に請求する権利のことである。(08 追)

②最低賃金法に基づいて，最低賃金の適用を受ける労働者に支払うべき最低賃金額が決められている。(05 本)

③労働者と使用者が合意すれば，最低賃金法に基づいて定められた賃金を下回る金額で雇うことが認められている。(18 試行)

④労働者の団結権を保障するために労働組合法が制定された。(11 國學院大)

⑤使用者は，労働者を採用する場合，採用条件として労働者が労働組合に加入しないことを約束させることができる。(02 本)

⑥労使による労働協約によって，雇用された労働者が労働組合への加入を強制される制度を，ユニオン・ショップ制と呼ぶ。(11 早稲田大)

⑦解雇された労働者であっても労働組合を結成することができ，法律上の保護を受けることができる。(02 本)

⑧労働組合内の争議を解決するために労働関係調整法が制定された。(11 國學院大)

⑨労働争議において，自主的解決が難しい場合に，労働委員会が斡旋や仲裁などを図ることがある。(10 現社本)

⑩男女雇用機会均等法は，男女が共に働きやすい職場環境を作るために，セクシャル・ハラスメントの防止を企業に義務づけている。(04 現社本)

⑪育児・介護休業法によれば，1歳以上から就学前までの子を養育するため，また介護のため，男女どちらでも休業することができる。(09 現社追)

①　×　就業機会を請求する権利である。

②　○

③　×　最低賃金を下回る場合は各地の労働局長の許可が必要。

④　○

⑤　×　不当労働行為の黄犬契約。

⑥　○

⑦　○

⑧　×　労使間の紛争解決や労働争議予防のため。

⑨　○

⑩　○

⑪　×　1歳になるまで。

⑫男女共同参画社会基本法は、国や地方自治体における政策・方針の立案や決定過程に、男女が共同で参画する機会を確保するよう求めている。(06 現社本)

⑫ ○

⑬バブル経済崩壊後の不況によって、就業者数が減少したために、非正規労働者の数は 1990 年代全体を通じて減少した。(10 現社本)

⑬× 非正規雇用の増加。

⑭変形労働時間制とは、一定期間の週当たりの平均労働時間が法定労働時間を超えなければ、その期間の特定の時期に法定労働時間を超える労働を可能にする制度である。(12 本改)

⑭ ○

⑮全ての国家公務員は労働三権をすべて制限されている。(11 青山学院大)

⑮ × 職種によっては団結権・団体交渉権が認められる。

⑯ILO(国際労働機関)は労働条件の改善を国際的に実現することを目標として設立された機関である。(10 龍谷大改)

⑯ ○

⑰年功序列型賃金制とは、労働者の仕事の内容に応じた額の賃金が支払われることを重視する賃金制度である。(09 本)

⑰ × 勤続年数や年齢に応じて賃金が上昇する。

⑱毎年春になると各産業の多くの労働組合がおおむね足並みをそろえて、賃上げなどを要求するのが春闘である。(11 神奈川大改)

⑱ ○

⑲一般行政職の公務員採用試験において、一部の地方公共団体は受験要項として国籍条項を外した。(11 本)

⑲ ○

⑳日本では、現在、公共職業安定所(ハローワーク)による職業紹介が外国人労働者に対しても行われている。(07 追)

⑳ ○

㉑ワークシェアリングとは、雇用の維持・創出を図るために労働者一人当たりの労働時間を短縮することである。(09 本)

㉑ ○

㉒労働者派遣法の改正により、製造業務への労働者派遣が解禁された。(20 追)

㉒ ○ 2004 年改正。

㉓不法就労の状態にある外国人労働者は、労働基準法の適用から除外されている。(16 本)

㉓ ×

㉔育児や介護などを行う従業員を対象にWeb会議システムや専用のソフトウェアを利用して勤務状況を記録する在宅勤務制度を高度プロフェッショナル制度という。（23追改）

㉔　×　テレワークに関する記述。

㉕実際の労働時間に関係なく一定時間働いたとみなす制度が，仕事の内容にかかわらず認められている。（18試行）

㉕　×　労働基準法第38条。例外的な労働制度。

【社会保障制度のしくみ】

①日本の社会保障は，社会保険，公的扶助，社会福祉,及び公的年金の四つを柱とする。（01本）

①　×　公的年金ではなく公衆衛生。

②社会保険は，病気・失業・老齢などに直面した被保険者に対して，医療などのサービスや所得を補償する制度である。（99本）

②　○

③雇用保険や労災保険への加入は事業者の任意であり，義務ではない（06追）

③　×　雇用保険法や労災保険法で義務付けられている。

④雇用保険に関しては，被保険者である労働者が保険料を全額負担する。（03本）

④　×　保険料のうち，失業給付に充てられる分は折半する。

⑤被用者の病気や失業に対して，公的扶助による救済を原則とする社会保障制度が構築された。（08追）

⑤　×　社会保障制度ではなく社会保険制度。

⑥生活保護法とは，国が生活困窮者に対し，困窮の程度に応じて必要な保護を行う法律である。（10龍谷大）

⑥　○

⑦公衆衛生は，病気の予防など，国民の生活環境の改善と健康増進を図るためのしくみである。（09本）

⑦　○

⑧政府が「福祉元年」のスローガンを掲げたのは，1960年代後半である。

⑧　×　経済成長政策優先から福祉を重視する政策へと転換がはかられた1973年のこと。

⑨公的年金保険によって，地域や世代を通じて均一の根拠と給付を保障する年金制度が実現された（08追）

⑨　×　均一の拠出と給付は保障されていない。

⑩20歳になれば，学生であっても国民年金に加入する義務がある。（12現社本）

⑩　○

⑪個人が就労している時期に納めた保険料によって, 自らの年金受給を賄う方法を賦課方式という。(18 本)

⑫近年, 日本の企業年金においても, 被保険者が資産運用の意思決定を行う年金制度が広まっているが, この制度を確定給付年金という。(11 東京理科大改)

⑬介護保険は, 介護が必要になりそうな人だけが任意に加入する制度であるため, 加入者が少ないという問題がある。(11 国士舘大)

⑭国の歳出予算において, 生活保護費は社会保障を上回っている。(10 現社本)

⑮社会保障財源の中で, 最大の割合を占めているのは税金である。(07 追)

⑯老年人口は年々上昇する傾向にあり, 公的性格である建築物や公共交通機関に対して, 高齢者などへの配慮を求める法律が制定された。(08 現社追)

⑰高齢者の割合が高い農村地域などでは, 伝統的な祭り等が行えないといった, 共同体としての存在が危ぶまれる「限界集落」が現れ, 地域社会が土台から崩れ始めている。(11 早稲田大)

⑱国民負担率とは, 租税負担率と社会保障負担率を合計したものである。(11 東海大)

⑲ノーマライゼーションとは, 障がいのある人が, 障がいのない人と同様に, 普通に生活できる社会を目指すことである。(11 東海大改)

⑳セーフティ・ネットとは, 高齢者や障がい者などであっても, 健常者と同等の生活や活動を支援することである。(11 東海大改)

㉑ナショナル・ミニマムとは, すべての国民が何らかの社会保険に強制加入している状態を意味する。(11 東海大)

⑪　×　積み立て方式の説明。

⑫　×　確定拠出年金の説明。

⑬　×　任意ではなく, 40歳以上の全国民が加入する。

⑭　×　社会保険費の方が多い。現在, 社会福祉費と生活保護費は, 少子化対策費と生活扶助等の社会福祉費の合計で算出。

⑮　×　公費負担より社会保険料のほうが多い。

⑯　○　バリアフリー新法(2006 年制定)

⑰　○

⑱　○

⑲　○

⑳　×　ノーマライゼーションの説明。セーフティ・ネットとは非常時の安全や安心を確保するしくみ。

㉑　×　国による最低限度の生活保障を意味する。

㉒ドイツの宰相ビスマルクは,「ゆりかごから墓場まで」をスローガンに, 社会保障制度を整備した。(18本)

㉓公的介護保険は, 市町村と特別区が運営主体となっている。(17本)

㉔国民年金は, 在職中に受け取った各人の報酬に比例した額を支給する制度である。(17本)

㉕2000年代以降, 人口減少や平均余命の伸びを考慮して給付水準を自動的に調整するマクロ経済スライドが導入された。(22追)

㉖社会保障の財源について, 租税を中心とする北欧型と, 社会保険料を中心とする大陸型があり, 日本は, 北欧型と大陸型の中間に位置している。(21本)

㉒　×　「ゆりかごから墓場まで」はイギリスのベバリッジ報告のスローガン。

㉓　○

㉔　×

㉕　○　2004(平成16)年, 年金制度改正。

㉖　○

◆基礎◆　**第3編　現代の国際政治・経済**

第1章　国際政治と日本 ◇◇◇◇◇◇◇◇◇◇◇◇◇◇◇◇◇◇◇◇◇◇◇◇◇◇◇◇◇

1　国際社会と国際法

【国際社会と主権国家】……………………………………………………………

❶一定の**領域・国民・主権**をもち，他国からの支配や干渉を受けずに自国のことを自主的に決定する国家を何というか。

❶主権国家

❷国際法上，一国の主権に属する領域を構成する要素を三つあげよ。

❷領土，領海，領空

❸言語・風俗・慣習・宗教などを同じくする民族によって形成された国家を何というか。

❸民族国家（国民国家）

❹主権国家を基本的な構成単位として成立する全体社会のことを何というか。

❹国際社会

❺ 1648 年，**三十年戦争**を終結させるために開催された**ウェストファリア会議**で締結された条約を何というか。主権国家や国際ルールが成立する端緒となった。

❺ウェストファリア条約

❻ナポレオン戦争に勝利した列強代表が，ヨーロッパの秩序の再建について討議した1814～ 1815年の会議を何というか。

❻ウィーン会議

❼各国家が国際社会において追求する国家的・国民的利益を何というか。

❼ナショナル－インタレスト（国益，国家利益）

❽政治の本質を，支配・被支配の力関係（権力闘争）としてとらえる考え方を何というか。

❽パワーポリティクス（権力政治）

❾国家内部の政治的・民族的統一と，他国に対する政治的独立を意味する言葉は何か。

❾ナショナリズム

❿国際社会において諸国間で軍事同盟をつくり，敵対する相互の力の均衡によって独立・安全を維持しようとする外交戦略のことを何というか。

❿勢力均衡（バランス－オブ－パワー）

⓫国家や民族を至上のものとし，個人はこれに服従すべきであるとする考え方で，資本主義列強の**帝国主義政策**や**ファシズム**諸国の排他的ナショナリズムにみられた政治思想を何というか。 ⓫国家主義

⓬19世紀末以降に西欧資本主義諸国が，発展の後れた地域に権益を確保し，領土を拡大した国家の侵略的傾向を何というか。 ⓬帝国主義

⓭帝国主義の時代に，市場の拡張と原料の確保，資本の輸出のために行われた対外政策を何というか。 ⓭植民地主義

⓮武力による支配にかわり，独立を認めつつ経済的・思想的支配をめざす大国の対外政策を何というか。 ⓮新植民地主義

⓯個人や集団のもつ信条や思想および国家の政治・経済・社会体制を支える価値観をさし，国際紛争の引き金となることも多い言葉は何か。 ⓯イデオロギー

⓰国際連合やEU（欧州連合）など，複数の国家により国際条約に基づいて設立された国際機構を何というか。 ⓰政府間国際組織（IGO）

⓱政府の機関や組織ではなく，平和・人権・環境問題などについて活動している民間の組織・団体を何というか。 ⓱非政府組織（NGO）

【国際法の意義と役割】••

❶オランダの法学者で『**戦争と平和の法**』を著し，自然法思想の立場から戦争状態にあっても国際的な一定のルールがあることを説き，「**国際法の父**」と称される人物は誰か。 ❶グロティウス（1583～1645）

❷すべての国家が他国の干渉を受けることなく，公海を自由に使用できるとする国際法上の原則を何というか。 ❷公海自由の原則

❸各国の主権を尊重し，国内政治に対して他国が干渉しない原則を何というか。 ❸内政不干渉の原則

❹国家相互の関係を規律し，国際社会の秩序を維持するための法を何というか。 ❹国際法（国際公法）

❺国際社会全体に広く承認されている慣習で，成文化されていなくても国際社会で効力をもつものを何というか。 ❺国際慣習法（慣習国際法，不文国際法）

❻国家間の関係を規制するために成文化された法で，**条約**などの文書により国家が相互の約束として認めたものを何というか。 ❻成文国際法（条約国際法）

❼通常の平和な状態で適用される国際法を何というか。

❽戦争状態において適用される国際法を何というか。

❾1928年に調印された，国家の政策手段としての戦争を放棄することを宣言した条約を何というか。ケロッグ米国務長官とブリアン仏外相が提唱した。

❿1899年と1907年の2回，オランダで開催された平和のための国際会議を何というか。**ハーグ陸戦規則**や**開戦に関する条約**などが採択された。

⓫10年にわたる第3次**国連海洋法会議**の結果，1982年に採択され，1994年に発効，日本は1996年に批准した，海洋に関する憲法ともいわれる条約を何というか。

⓬領海（12海里）の外側にあり，基線（低潮線）から**200海里**までの範囲の海域を何というか。国連海洋法条約で制度化され，この範囲内での水産業・鉱物資源に対する支配権が沿岸国に認められている。

⓭領海の外側にあり，基線から24海里までの海域を何というか。

⓮船舶が他国の領海を，平和・安全などを害さない限り沿岸国の妨害なしに通過できる権利を何というか。国連海洋法条約で明文化された。

⓯1948年に国連総会で採択された，集団殺害罪の防止や処罰について定めた条約を一般に何というか。日本はまだ批准していない。

⓰1965年に国連で採択された，人種や肌の色などに基づくあらゆる差別を禁止した条約を何というか。日本はアイヌ問題などで加入が遅れ，1995年に批准した。

⓱国際結婚の破綻（はたん）等が原因で子どもを引き取る際，彼らの人権を守るために原則として元の居住国にもどすことなどを定めた条約を何というか。

⓲国際的な裁判機関が国際法を基準に審理を行い，当事者を拘束する判決を下すことによって，紛争の解決をはかろうとする裁判を一般に何というか。

⓳1901年にオランダのハーグに設置された，紛争の平和的解決のために当事国の仲裁を行う裁判所は何か。

❼平時国際法

❽戦時国際法

❾不戦条約（ケロッグ・ブリアン条約）

❿ハーグ平和会議

⓫国連海洋法条約

⓬排他的経済水域（ＥＥＺ，経済水域）

⓭接続水域

⓮無害通航権

⓯ジェノサイド条約

⓰人種差別撤廃条約

⓱ハーグ条約

⓲国際裁判

⓳常設仲裁裁判所（ＰＣＡ）

2　国際連合と国際協力
【国際連盟の成立と崩壊】……………………………………………………

❶フランスの聖職者・啓蒙思想家で,『永久平和論』の
なかで恒久的・普遍的な平和を確立するために,全ての国
が加盟する国際平和機構の創設を提唱した人物は誰か。

❷ドイツの哲学者で,『永久平和のために』のなかで国
際的な永久平和の実現のために,常備軍の廃止,国際法
の確立,国際平和機構の設立を提唱した人物は誰か。

❸第一次世界大戦後の1919年,連合国とドイツの間で
結ばれた講和条約を何というか。

❹第一次世界大戦終結のための原則を提唱して,国際連
盟の創設に尽力したアメリカ大統領は誰か。また,その
原則を何というか。

❺1920年に発足した,国際平和の維持と国際協力を目
的とした世界初の国際平和機構を何というか。本部はス
イスのジュネーブに置かれた。

❻対立関係にある国家を含めた多数の国が国際平和機構
に集い,相互に戦争やその他の武力行使を禁止し,紛争
を平和的に処理しようとする平和維持の考え方を何とい
うか。勢力均衡政策にかわる概念でもある。

❼国際連盟の主要機関で,全会一致を原則とする最高議
決機関を何というか。

❽国際連盟の主要機関で,総会とならぶ最高機関を何と
いうか。

❾国際連盟の事務処理を行う機関を何というか。

❿労働条件の国際的な改善を目的として,1919年に創
設された機関を何というか。ベルサイユ条約に基づき,
国際連盟とともに成立した。

⓫国際連盟の欠陥であり,総会と理事会で有効な意思決
定を困難にさせた表決方法の原則を何というか。

⓬設立当初に加盟せず,国際連盟の欠陥の一つとされた
大国はどことどこか。

⓭アメリカの国際連盟への不参加の要因にもなった,外
交における**孤立主義**を何というか。

❶サン＝ピエール
（1658 ～ 1743）

❷カント
（1724 ～ 1804）

❸ベルサイユ条約

❹ウィルソン
（1856 ～ 1924），
平和原則14か
条

❺国際連盟

❻集団安全保障

❼総会

❽理事会

❾事務局

❿国際労働機関
（ＩＬＯ）

⓫全会一致の原則

⓬アメリカ，ソ連

⓭モンロー主義

【国際連合の成立】••

❶ 1941 年，アメリカの**ローズヴェルト**大統領とイギリスの**チャーチル**首相の会談により共同声明として発表された，国際連合設立の基礎となったものを何というか。

❶大西洋憲章

❷ 1944 年，米・英・ソ（後に中国も）の代表が戦後の国際機構設立に関する話し合いを行った会議を何というか。

❷ダンバートン－オークス会議

❸ 1945 年，ドイツの戦後処理方針やソ連の対日参戦を決めた米・英・ソの首脳会談を何というか。参加首脳は米が**ローズヴェルト**，英が**チャーチル**，ソ連が**スターリン**である。

❸ヤルタ会談

❹ 1945 年に開かれた国際平和機構設立のための連合国の会議を何というか。

❹サンフランシスコ会議

❺サンフランシスコ会議で採択された，国際連合の目的・原則・組織・活動などを定めたものを何というか。

❺国際連合憲章（国連憲章）

❻ 1945 年，集団安全保障の考え方に基づいて成立した国際平和機構を何というか。本部はアメリカのニューヨークにある。

❻国際連合（ＵＮ）

【国際連合のしくみ】••

❶「世界の市民集会」とも呼ばれ，すべての国連加盟国で構成される機関を何というか。国際社会に関するあらゆる問題を討議し，**主権平等の原則**から一国 1 票の投票権をもち，多数決（**一般事項**は過半数，**重要事項**は 3 分の 2 以上の賛成）により議決が行われる。

❶総会

❷国際社会の平和と安全の維持を目的とし，国際紛争解決のために必要な措置をとる国際連合の主要機関の一つを何というか。**5 常任理事国**と **10 非常任理事国**から構成される。

❷安全保障理事会

❸安全保障理事会の五つの常任理事国をすべてあげよ。

❸アメリカ，イギリス，フランス，ロシア，中国

❹安全保障理事会の 5 常任理事国に与えられた権限で，手続き事項以外の実質事項について，一国でも反対投票すれば決定しない権限を何というか。

❹拒否権

❺ 5 常任理事国に拒否権を与えて大国の総意で国際紛争

❺大国一致の原則

を解決し，国際平和を維持しようとする原則を何というか。

❻安全保障理事会が紛争解決にあたり，集団安全保障体制の下で侵略国に加える制裁は何か。経済制裁などの**非軍事的措置**と国連軍などによる**軍事的措置**とがある。

❼1950年の国連総会で採択された，安全保障理事会が拒否権によって機能しない場合，総会が武力行使を含む**集団的措置**について審議・勧告することを認めた決議を何というか。

❽経済・社会・文化的な面での国際協力を促進する，国際連合の主要機関を何というか。

❾信託統治地域の施政を監督し，統治地域の自治・独立を推進する，国際連合の主要機関を何というか。現在は任務を終了している。

❿国籍を異にする15名の裁判官によって，国際紛争を解決する国連の司法機関を何というか。1945年，オランダのハーグに設置された。当事国の付託によって裁判が始まり，判決は当事国を拘束する。

⓫国際連合の主要機関の一つで，運営に関する一切の事務を担当する機関を何というか。

⓬安全保障理事会の勧告に基づいて総会が任命する，事務局の最高責任者を何というか。

⓭2023年現在の国連事務総長は誰か。

⓮国連の経費は，加盟国の経済力などに応じて割り当てられるが，その負担金のことを何というか。

⓯国連改革の一環として，2006年に設置された人権問題を扱う総会の補助機関を何というか。それまでの**国連人権委員会**を格上げした組織である。

⓰発展途上国の子どもたちへの援助などに取り組む国連の常設機関を何というか。

⓱難民の保護と救済にあたる国連の常設機関を何というか。また，2000年までこの機関の**高等弁務官**を務めた日本女性は誰か。

---

❻強制措置

❼平和のための結集決議

❽経済社会理事会

❾信託統治理事会

❿国際司法裁判所（ＩＣＪ）

⓫事務局

⓬事務総長

⓭アントニオ＝グテーレス

⓮国連分担金

⓯国連人権理事会

⓰国連児童基金（ＵＮＩＣＥＦ，ユニセフ）

⓱国連難民高等弁務官事務所（ＵＮＨＣＲ），緒

方貞子

⓭人間の安全保障について提唱している，発展途上国への開発援助の中心となる国連の常設機関を何というか。

⓭国連開発計画（UNDP）

⓮ストックホルムで開かれた**国連人間環境会議**の決議に基づき，1972年に創設された，国連諸機関の環境保護活動を総合的に調整する国連の常設機関を何というか。

⓮国連環境計画（UNEP，ユネップ）

⓴国際協力を目的として，さまざまな分野で国際連合と協定を結んで連携している15の国際機関を何というか。

⓴専門機関

㉑教育・科学・文化などの分野で国際協力を推進するため，1946年に発足した国連の専門機関を何というか。

㉑国連教育科学文化機関（UNESCO，ユネスコ）

㉒世界のすべての人々の健康水準が維持できるよう，感染症の撲滅や保健制度の強化などに取り組む国連の専門機関を何というか。

㉒世界保健機関（WHO）

㉓世界の食料や農業問題，特に飢餓の根絶に力を注ぐ活動を行っている国連の専門機関を何というか。

㉓国連食糧農業機関（FAO，ファオ）

㉔原子力の平和利用の推進と，軍事への転用阻止を目的とした**核査察**などを行う国連の関連機関を何というか。

㉔国際原子力機関（IAEA）

【国連と安全保障】

❶国際社会の平和と安全を侵す国に対して，安全保障理事会と加盟国との「特別協定」に基づき軍事的措置をとるために編制される軍隊を何というか（過去に正式な編成例はない）。

❶国連軍

❷**湾岸戦争**の際に，安全保障理事会の**武力行使容認決議**に基づいて，各国が自発的に派遣した軍を何というか。

❷多国籍軍

❸国連が紛争地域の平和的解決のため，紛争当事国の同意を得て行う活動を何というか。

❸平和維持活動（PKO）

❹休戦協定の履行を非武装で監視するものを何というか。

❹停戦監視団

❺紛争地域の平和回復後に，公正な選挙の実施状況を監視するものを何というか。

❺選挙監視団

❻国連の平和維持活動の一つで，紛争地域での戦闘の再発を防ぐため，交戦部隊の引き離しなどを主な任務とする

❻平和維持軍（PKF）

るものを何というか。

❼ 1994年に国連開発計画（ＵＮＤＰ）が提唱した概念で、従来の軍事力に頼った国家の安全保障ではなく、人間一人ひとりの生命や人権を大切にする安全保障のあり方を何というか。

❼人間の安全保障

3　国際政治の動向

【冷戦から平和共存へ】‥‥‥‥‥‥‥‥‥‥‥‥‥‥‥‥‥‥

❶ 1946年、イギリスの元首相**チャーチル**がアメリカのフルトンでの演説で述べた言葉を何というか。北はバルト海から南はアドリア海まで、共産主義の東欧と自由主義の西欧との間に封鎖的な境界がある、と主張した。

❶鉄のカーテン

❷ 1947年、資本主義国と社会主義国の対立が激化するなかで、アメリカ大統領がトルコ・ギリシアへの軍事援助により共産主義勢力の拡大を阻止し、社会主義国を封じ込める政策を発表した。このことを何というか。

❷トルーマン－ドクトリン

❸アメリカの駐ソ大使ケナンが提唱した、ソ連の勢力拡大に対抗して、周辺の資本主義国へ援助を与え、ソ連の勢力拡大を阻止しようとしたアメリカの対ソ政策を何というか。

❸封じ込め政策

❹ 1947年、アメリカの国務長官が、戦争で疲弊した西欧諸国に対する経済援助計画を発表した。共産主義の進出を防ぐために実施されたこの計画を、国務長官の名にちなんで何というか。

❹マーシャル－プラン

❺第二次世界大戦後、ソ連による東欧での社会主義勢力の拡大に対抗して、アメリカが封じ込め政策をとった。ここに始まる東西両陣営の対立を何というか。リップマンが自著で用いて知られるようになった。

❺冷戦（冷たい戦争）

❻レーニンの死後、政治動向に大きな影響を与えたソ連の政治指導者は誰か。反対派への大量粛清などを行い、のちにフルシチョフらにその専制支配を批判された。

❻スターリン（1879～1953）

❼ 1949年、北大西洋条約に基づいて創設された安全保障のための軍事同盟で、アメリカとマーシャル－プランの被援助国が反共を目的として形成した組織を何というか。**集団的自衛権**についても認めている。2023年現在

❼北大西洋条約機構（ＮＡＴＯ）

の加盟国は 30 か国である。

❽ 1955 年，ソ連を中心として東欧諸国が参加して結成された軍事同盟で，ＮＡＴＯに対抗して共産主義陣営の結束を強化することを目的としたものは何か。1991 年に解散した。

❾ 1947 年，資本主義陣営に対抗するために，ソ連が東欧各国の共産党・労働者党との連絡・情報交換を目的として設置したもので，1956 年に解散した機関を何というか。

❿ 1948 年のドイツにおいて，ソ連が西側占領下での通貨改革への報復として実施した，冷戦の代表例とされる事件を何というか。

⓫ 1950 年，大韓民国と朝鮮民主主義人民共和国との間で行われた戦争を何というか。東西両陣営が干渉して，第三次世界大戦の危機を呼び起こし，1953 年に休戦協定が結ばれた。

⓬ **東西ドイツ**や**南北朝鮮**のように，東西両陣営の対立を原因として引き裂かれた国家を何というか。

⓭ アメリカ国務長官ダレスの提唱に基づき，アイゼンハウアー大統領が行った対ソ政策を何というか。従来の封じ込め政策を生ぬるいと批判し，冷戦を激化させた。

⓮ 1955 年，米・英・仏・ソの四巨頭がスイスのジュネーブに集まり，東西対立に終止符を打ち，**平和共存**への道を探るための方策が話し合われた会談を何というか。

⓯ 1950 年代後半から，東西両陣営の対立が緩み，平和共存をめざして関係改善を進めようとする動きが現れた。「雪どけ」とも呼ばれるこのような動きを何というか。フランス大統領ド－ゴールが用いてから一般化した。

⓰ 1961 年，オーストリアのウィーンにおいて，アメリカの**ケネディ**大統領とソ連の**フルシチョフ**首相が世界平和維持のためにできるだけ対話を重ね，平和共存を求めるという慣例をつくった。この話し合いを何というか。

⓱ 1961 年，当時の東ドイツ政府が西ベルリンを封鎖するために築いた壁を何というか。冷戦を象徴する事件であったが，東欧諸国の民主化の動きのなかで，1989 年

❽ワルシャワ条約機構（ＷＴＯ，ＷＰＯ）

❾コミンフォルム

❿ベルリン封鎖

⓫朝鮮戦争

⓬分断国家

⓭巻き返し政策

⓮ジュネーブ四巨頭会談

⓯デタント（緊張緩和）

⓰米ソ首脳会談（ウィーン会談）

⓱ベルリンの壁

に開放された。

⓲1961 年に社会主義宣言をしたキューバとアメリカの　　⓲キューバ危機
関係悪化のなかで，翌 1962 年にソ連がキューバにミサ
イル基地建設を進め，アメリカが対キューバ海上封鎖を
企図した事件を何というか。

⓳人類の破滅をもたらす核戦争が，ボタン一つで行われ　　⓳ボタン戦争
る危険性を表す言葉を何というか。

⓴核戦争を回避するために敷かれた米ソ首脳間を結ぶ直　　⓴ホットライン
通電話を何というか。

【第三世界の形成】‥‥‥‥‥‥‥‥‥‥‥‥‥‥‥‥‥‥‥‥‥‥‥‥‥‥‥‥‥

❶各民族が，その政治・社会制度などを自ら自由に決定　　❶民族自決権
する権利を何というか。**国際人権規約**によってすべての
人民の自決権を表す意味をもつようになった。

❷アメリカを中心とする西側資本主義国グループ（第一　　❷第三世界
世界）にも，ソ連を中心とする東側社会主義グループ（第
二世界）にも属さず，積極的に中立の立場をとってきた
発展途上国のグループを何というか。

❸国際紛争や戦争の際に，どこの国とも同盟を結ばず，　　❸非同盟中立主義
中立的態度で臨もうとする考え方と政策を何というか。
第三世界の多くの国が共鳴し，国際平和に寄与する動き
となった。

❹1954 年，冷たい戦争に反対して，中立主義勢力の拡　　❹平和五原則
大に努めたインドの**ネルー**首相と，中国の**周恩来**首相と
の会談によって確認された外交の基本原則を何という
か。領土・主権の尊重，相互不可侵，内政不干渉，平等
互恵，平和共存の五つをさす。

❺1955 年，インドネシアにおいてアジア・アフリカ諸　　❺アジア・アフリ
国 29 か国が出席して開催された会議を何というか。ま　　　カ会議（バンド
た，反植民地主義・民族自決主義など，この会議で採決　　　ン会議），平和
された原則を何というか。　　　　　　　　　　　　　　　十原則

❻1960 年にはアフリカの 17 か国が独立を果たして国連　　❻アフリカの年
に加盟した。さらに民族自決の権利が提唱され，植民地
の独立を承認した**植民地独立付与宣言**が，国連総会で採
択された。これにちなんで 1960 年は何と呼ばれるか。

❼1961 年，ユーゴスラビアのベオグラードで開催され　　❼非同盟諸国首脳

た 25 か国による会議を何というか。東西両陣営のいず | 会議
れにも属さず，国際的な緊張緩和の推進と民族自決運動
の支援を掲げている。

❽ 1956 年にエジプト大統領に就任し，**アラブ民族運動** | ❽ナセル
の指導者となった人物は誰か。 | （1918 ～ 70）

❾第二次世界大戦中にナチスに抵抗し，独立後もユーゴ | ❾ティトー
スラビアの首相・大統領として民族運動を指導した人物 | （1892 ～ 1980）
は誰か。

❿ 1974 年，南北格差や貧困の解消のために発展途上国 | ❿新国際経済秩序
が団結して先進国に対抗することをめざした宣言を何と | （ＮＩＥＯ，ニ
いうか。ニューヨークで開かれた**国連資源特別総会**で採 | エオ）樹立宣言
択された。

【多極化】‥‥‥‥‥‥‥‥‥‥‥‥‥‥‥‥‥‥‥‥‥‥‥

❶ 1960 年代，米ソの強い影響から離脱して自主的な動 | ❶多極化
きをする国が多くなった。こうした国際政治の動向を一
般に何というか。

❷北ベトナム政府の支援を受けた南ベトナム解放民族戦 | ❷ベトナム戦争
線と，アメリカの支援を受けた南ベトナム政府との間で
行われた戦争を何というか。アメリカによる軍事介入が，
1965 年の**北爆**開始から 1973 年まで行われた。

❸ 1950 年代にソ連が**スターリン批判**を表明したことに | ❸中ソ対立
対して中国が反論，社会主義理論・国際共産主義運動・
対米戦略など，広範な論争が両国の対立を深める契機と
なった。このことを何というか。

❹非スターリン化の動きのなかで，1956 年にブダペス | ❹ハンガリー事件
トで起こった市民らによる反政府デモにソ連が軍事介入
し，親ソ政権を樹立した事件を何というか。

❺チェコスロバキアで，保守色が濃いノボトニー政権に | ❺プラハの春
対して改革の動きが広がり，1968 年春に改革派の**ドプ
チェク**が政権を握った。こうした一連の民主化の動きを，
チェコスロバキアの首都名にちなんで何というか。

❻「プラハの春」と呼ばれる改革の動きに対して，1968 | ❻チェコ事件
年にソ連軍などが弾圧を加えた事件を何というか。

❼ 1973 年，イスラエルとエジプトなどアラブ諸国との | ❼第四次中東戦争
間で行われた戦争を何というか。**第一次石油危機**のきっ | （十月戦争）

かけとなった。

❽ 1975 年，ヘルシンキで開催された**欧州安全保障協力会議（CSCE）**において，欧州の緊張緩和と安全保障を進める目的で採択された宣言を何というか。

❾欧州における安全保障の構築に貢献した欧州安全保障協力会議（CSCE）が 1995 年に改組された。その組織を何というか。現在は 57 か国が加盟している。

❿ 1971 年に当時の**中華民国**（現，**台湾**）にかわって，**中華人民共和国**が国連で代表権を承認されたことを受けて，1972 年にアメリカの**ニクソン**大統領が訪中，1979 年に実現したことは何か。

❽ヘルシンキ宣言

❾欧州安全保障協力機構（OSCE）

❿米中国交正常化

【新冷戦から冷戦の終結へ】••

❶ホメイニらを指導者として 1978 年に勃発し，翌 1979 年にパーレビ朝を倒して共和制を樹立した革命を何というか。

❷ 1980 年から 1988 年にかけて行われたイランとイラクの武力衝突を何というか。

❸ 1979 年に親ソ政権樹立のため，ソ連軍が中東に侵攻したことに始まる事件を何というか。反政府ゲリラに手を焼いたソ連軍は 1989 年までに駐留軍を撤退させ，これをきっかけにして反政府ゲリラが攻勢に転じ，1992 年には 14 年に及ぶ社会主義政権が崩壊した。

❹ 1979 年のソ連のアフガニスタン侵攻を契機として，米ソの緊張緩和が崩壊したが，この新たな緊張関係を何というか。

❺ 1981 年に「**強いアメリカの復活**」を提唱して登場した，共和党から選出されたアメリカ大統領は誰か。

❻ 1979 年に登場したイギリス保守党出身の首相で，国民に自助努力を訴え，国有企業の民営化，政府規制の緩和など，「強くて小さな政府」路線を徹底した人物は誰か。

❼アルゼンチン沖の小島の領有をめぐって，1982 年にイギリスとアルゼンチンが武力衝突を起こした事件を何というか。

❽ 1980 年に結成されたポーランドの自主管理労働組合の名称を何というか。同国での改革の中心を担った。

❶イラン革命（イスラム革命）

❷イラン・イラク戦争

❸アフガニスタン侵攻

❹新冷戦

❺レーガン（1911 ～ 2004）

❻サッチャー（1925 ～ 2013）

❼フォークランド（マルビナス）紛争

❽連帯

❾ポーランドの自主管理労組・連帯の議長を務め，のちに同国の大統領になった人物は誰か。

❾ワレサ
（1943 ～ ）

❿ 1985 年，ソ連共産党書記長となり，国内では**ペレストロイカ（建て直し）**と**グラスノスチ（情報公開）**を推進，「**新思考外交**」を提唱したソ連の初代大統領は誰か。

❿ゴルバチョフ
（1931 ～ 2022）

⓫従来のイデオロギー対立から脱却し，核戦争や環境破壊など地球規模の課題解決を優先，東西両陣営の平和共存をはかろうとしたソ連のゴルバチョフ政権の対外政策を何というか。

⓫新思考外交

⓬ 1989 年，ブッシュ（父）米大統領とゴルバチョフソ連邦最高会議議長との間で行われ，第二次世界大戦後の**冷戦終結**を宣言した会議を何というか。

⓬マルタ会談

⓭ 1989 年に始まる東欧諸国の一連の民主化の動きを一般に何というか。これらの諸国では改革派が政治の実権を握り，ソ連型の一党独裁体制を次々に放棄し，市場経済への移行などが行われた。

⓭東欧革命

【新しい秩序の模索】‥‥‥‥‥‥‥‥‥‥‥‥‥‥‥‥‥‥‥‥‥

❶冷戦終結後，多様な民族・文化の違いが顕在化したことにより，特定地域において頻発している対立を何というか。

❶地域紛争

❷ 1989年の「ベルリンの壁」の崩壊，東ドイツの解体を経て，東ドイツの各州を西側へ編入するという合併方式によって 1990年に実現されたことは何か。

❷東西ドイツ統一

❸ 1990年，パリで開かれた欧州安全保障協力会議（CSCE）において 34 か国間で調印された，ＮＡＴＯとワルシャワ条約機構の不戦宣言などを採択した憲章を何というか。

❸パリ憲章

❹ 1990 年，欧州 22 か国が結んだ，通常兵器の削減を内容とする条約を何というか。このとき，同時に 22 か国は「**不戦宣言**」を発表した。

❹欧州通常戦力
（ＣＦＥ）条約

❺ 1992 年末に，西欧でＥＣ（**欧州共同体**）が市場統合され，その後マーストリヒト条約の発効により成立した連合体を何というか。

❺欧州連合（ＥＵ）

❻ 1991 年のソ連保守派によるクーデタに徹底的に抵抗し，ゴルバチョフにかわってロシア大統領に就任した人

❻エリツィン
（1931 ～ 2007）

物は誰か。**独立国家共同体（ＣＩＳ）**の結成に主導的役割を果たし，ソ連の消滅を宣言した。

❼エリツィンにかわって 2000 年にロシア大統領となり，後継の**メドベージェフ**大統領のもとで首相も務め，2012 年，大統領に復帰し，2022 年にはウクライナへの侵攻をおこなったのは誰か。

❼プーチン
（1952 ～）

❽クウェートに侵攻して国家統合を宣言したイラク軍と，クウェートからの撤収を要求したアメリカ軍を主力とする多国籍軍との間で，1991 年に行われた戦争を何というか。

❽湾岸戦争

❾1980 年代末，ソ連のアフガニスタン侵攻に抵抗したイスラーム義勇兵を集めて結成され，1991 年の湾岸戦争を契機に反米テロ路線に転換した組織は何か。

❾アル‐カイーダ

❿2001 年 9 月 11 日，ニューヨークの世界貿易センタービルにハイジャックされた旅客機 2 機が突入し，多数の犠牲者を出した事件を何というか。そのほか，国防総省ビルに 1 機が突っ込み，さらに 1 機がピッツバーグ郊外に墜落した。

❿アメリカ同時多発テロ(9・11 事件)

⓫2001 年 9 月 11 日のテロ事件を起こしたオサマ＝ビン＝ラディン率いる**アル‐カイーダ**を支援したとして，アフガニスタンの**タリバン**政権へのアメリカによる報復攻撃に始まる戦争を何というか。

⓫アフガニスタン戦争

⓬2001 年の国連決議に基づき，アフガニスタンに展開しているＮＡＴＯ軍を中心にした部隊を何というか。タリバン追放後の治安確保などを目的としている。

⓬国際治安支援部隊（ＩＳＡＦ，アイサフ）

⓭西洋のような近代化政策や生活様式を否定し，クルアーン（コーラン）にある**イスラム法**の厳格な実践を通して，イスラム社会を正そうとする復興運動を総称して何というか。

⓭イスラム原理主義

⓮2003 年，イラクの大量破壊兵器廃棄を名目に米英軍などがバグダッドを空爆，地上軍も投入して**フセイン**政権を倒した戦争を何というか。

⓮イラク戦争

⓯ブッシュ（子）アメリカ大統領が推進した，国際協調を軽視し，国益を重視するような対外的行動を総称して何というか。

⓯単独行動主義（ユニラテラリズム）

⓰ 2009年に成立したアメリカの**オバマ**政権が掲げる外交政策の基本方針を何というか。軍事力を最後の手段とし，経済・政治・文化的手段などを組み合わせて行使する。ブッシュ前政権とは一線を画するものである。

⓱ 2020年，イギリスはEUを正式に離脱したが，このことを「イギリス」と「退出」という言葉を組み合わせて何というか。

⓲ アフリカ，ラテンアメリカ，アジアの新興国・発展途上国・第三世界の国々を指すことばは何か。対義語としては，比較的，経済的に豊かな国々を指す「グローバル - ノース」がある。

【アジアの新しい動き】･･････････････････････････････

❶ 1989年，民主化を要求して北京の天安門広場に座り込んだ学生らを，人民解放軍が武力で排除した事件を何というか。「**六・四事件**」とも呼ばれる。

❷ 1994年，東南アジアの安全保障に関する情報・意見交換の場として設置されたものを何というか。

❸ 1997年に発効した，東南アジアの非核化を定めた条約を何というか。

❹ 2009年に発効した，カザフスタンなど中央アジア5か国による非核化を定めた条約を何というか。

❺ 平和な地域共同体づくりをめざし，ＡＳＥＡＮの原加盟国が1976年に締結した条約を何というか。1987年から加入資格が域外の国にも開放され，日本も加盟した。

❻ 1998年に発足した韓国の**金大中**政権の北朝鮮に対する穏健な積極政策を何というか。

❼ 1990年のミャンマー（**ビルマ**）総選挙で圧勝したが，軍事政権により政権移譲を拒否され，その後も弾圧されながらも，民主化運動を推進している指導者は誰か。

❽ 2021年に国軍がクーデターをおこし，アウン＝サン＝スー＝チー国家顧問らを拘束し，全土に非常事態宣言を発令して国家権限を掌握した国はどこか。

⓰ スマート‐パワー

⓱ ブレグジット

⓲ グローバル‐サウス

❶ 天安門事件

❷ ＡＳＥＡＮ地域フォーラム（ＡＲＦ）

❸ 東南アジア非核地帯条約（バンコク条約）

❹ 中央アジア非核地帯条約（セメイ条約）

❺ 東南アジア友好協力条約（ＴＡＣ）

❻ 太陽政策

❼ アウン＝サン＝スー＝チー（1945～）

❽ ミャンマー

❾ポルトガルの植民地からインドネシアに併合されてい|❾東ティモール
たが，2002年に独立を達成した国はどこか。

❿北朝鮮の核問題などをめぐり，2003年から米・中・露・|❿6か国協議
日と南北朝鮮間で開かれている協議を何というか。

4　世界平和を求めて

【核兵器と軍縮】………………………………………………………………………

❶安全保障の考え方の一つで，核兵器を保有することに|❶核抑止（恐怖の
よって相手国を恐れさせ，核攻撃を思いとどまらせよう|　均衡）
とすることを何というか。

❷原子爆弾や水素爆弾などのように，核分裂反応や核融|❷核兵器
合反応を利用した兵器を一般に何というか。

❸**核兵器・毒ガス・細菌**などの生物・化学兵器で，人間|❸大量破壊兵器
や建造物に対する殺傷規模や破壊状況の大きな兵器を何
というか。

❹軍事力を縮小し，最終的には全廃することで平和や安|❹軍縮
全を実現しようとする考え方を何というか。

❺軍備の量やタイプなどに規制を加えることで，主要国|❺軍備管理
間の軍事バランスを保ち，軍事環境を安定させようとす
る考え方を何というか。

❻1954年，アメリカが太平洋の**ビキニ環礁**で水爆実験|❻第五福竜丸事件
を実施し，海洋で操業していた日本の漁船などが「**死の**|　（ビキニ事件）
灰」を浴びた事件を何というか。この事件をきっかけに
して，第1回**原水爆禁止世界大会**が広島市で開かれた。

❼第五福竜丸事件以来，核兵器の全廃を求める運動が本|❼原水爆禁止運動
格化した。日本の**原水禁**（原水爆禁止日本国民会議）・
原水協（原水爆禁止日本協議会）などにみられる核兵器
の廃絶を求める運動を何というか。

❽1950年，スウェーデンで行われた平和擁護世界大会|❽ストックホルム
で，「最初の原子兵器を使う政府を人類に対する犯罪者|　－アピール
とみなす」と声明した。この宣言を何というか。

❾1955年の**ラッセル・アインシュタイン宣言**に基づい|❾パグウォッシュ
て，1957年にカナダで開催された会議を何というか。|　会議
以後毎年開かれ，科学者による国際平和運動として位置
づけられ，核戦争の回避のために貢献している。

❿ 1963年，米・英・ソの三国によって締結されたもので，地下を除くすべての空間（**大気圏内・宇宙空間・水中**）における核実験の禁止を定めた条約を何というか。

⓫ 1967年の国連総会での決議に基づいて1968年に調印された，核保有国が非核保有国に核を渡すこと，非核保有国が核保有国から核を受け取ることなどを禁止した条約を何というか。

⓬ 1959年に設立され，1984年から現在の名称になった，軍縮について多国間で交渉する国連外の国際機関を何というか。包括的核実験禁止条約（CTBT）などをまとめる役割を果たしたが，近年での活動実績は乏しい。

⓭ 1952年に安全保障理事会の補助機関として設立され，その後活動を停止していたが，1978年の国連軍縮特別総会を契機に総会の補助機関となった，軍縮について討議する国連の機関を何というか。

⓮ 非同盟諸国の提案で軍縮に関して1978年，1982年，1988年と重ねられた国連の総会を何というか。

⓯ 1972年，米ソで調印された戦略核兵器の制限に関する条約を何というか。保有量の上限を設けただけで，真の軍縮とはほど遠いものだった。

⓰ 1979年，米ソで調印された戦略核兵器の制限に関する条約を何というか。ソ連のアフガニスタン侵攻で米議会が承認せず，1985年に失効した。

⓱ 1991年，米ソ間で調印された戦略核兵器の削減に関する条約を何というか。米ロ両国は2001年，条約の義務を履行したと宣言し，2009年末に期限切れとなった。

⓲ 1993年，米ロで調印された戦略核兵器の削減に関する条約を何というか。批准書の交換がなされなかったため，未発効のまま無効化した。

⓳ 欧州で，欧州安全保障協力会議（現在は欧州安全保障協力機構）を中心に，東西間の相互信頼を高めようとする軍備管理措置を何というか。

⓴ 1981年から中距離核戦力の全廃をめざして米ソ間で話し合いが開始され，1987年に両国で海上核戦力を除く中距離核戦力の全廃に合意した条約を何というか。

❿部分的核実験禁止条約（PTBT）

⓫核兵器不拡散条約（核拡散防止条約，NPT）

⓬ジュネーブ軍縮会議（CD）

⓭国連軍縮委員会（UNDC）

⓮国連軍縮特別総会

⓯第一次戦略兵器制限条約（SALT I）

⓰第二次戦略兵器制限条約（SALT II）

⓱第一次戦略兵器削減条約（START I）

⓲第二次戦略兵器削減条約（START II）

⓳信頼醸成措置（CBM）

⓴中距離核戦力（INF）全廃条約

㉑部分的核実験禁止条約で認められていた地下実験を含め，爆発を伴う核実験すべてを禁止した条約を何というか。1996年の国連総会で採択されたが，未発効である。

㉑包括的核実験禁止条約（ＣＴＢＴ）

㉒戦地に残された地雷の撤去やその使用などの禁止を定めた条約を何というか。1997年に採択され，1999年に発効した。条約の成立に**地雷禁止国際キャンペーン（ＩＣＢＬ）**などのＮＧＯが大きな役割を果たした。

㉒対人地雷全面禁止条約（オタワ条約）

㉓発効できなかったＳＴＡＲＴⅡにかわり，2002年に米ロ間で結ばれた戦略攻撃兵器を削減する条約を一般に何というか。新ＳＴＡＲＴの発効で終了した。

㉓モスクワ条約（戦略攻撃戦力削減条約，ＳＯＲＴ）

㉔ＳＴＡＲＴⅠの後継として，2010年にオバマ米大統領とメドベージェフ・ロシア大統領との間で結ばれた条約を何というか。この条約は2021年には5年間の延長が合意された。

㉔新ＳＴＡＲＴ

㉕核兵器に使われる高濃度ウランやプルトニウムの生産を禁止することによって，核開発に歯止めをかけようとする条約を一般に何というか。

㉕カットオフ条約

㉖2017年に国連で採択され，2021年に発効した核兵器の開発・実験・保有・使用などを全面的に禁止する条約を何というか。核保有国や日本は参加していない。

㉖核兵器禁止条約

㉗親爆弾に詰められた子爆弾が飛散し，広範囲に被害をもたらす**集束爆弾**の使用・保有などを禁止した条約を何というか。2010年に発効した。

㉗クラスター爆弾禁止条約

㉘核兵器用ウランを抽出した後に残るウランを使って製造した爆弾を何というか。湾岸戦争やイラク戦争でアメリカ軍などが大量に使用し，さまざまな環境汚染や健康被害が危惧されている。

㉘劣化ウラン弾

㉙レーザー衛星や迎撃ミサイルを使い，飛来する**大陸間弾道弾（ＩＣＢＭ）**などを自国領土に到達する前に撃ち落とす軍事システムを何というか。**戦略防衛構想（ＳＤＩ）**にかわり，アメリカのブッシュ政権が推進した。

㉙ミサイル防衛（ＭＤ）

㉚通常兵器などの国際取引を規制する条約を何というか。2014年に発効したが，ロシアなどは署名しておらず，アメリカは2019年署名を撤回した。

㉚武器貿易条約（ＡＴＴ）

【人種・民族問題】••

❶皮膚の色や髪の毛など，遺伝的な身体上の特徴で分けた人類の集団を何というか。現在では科学的に厳密に定義できるものではないとされる。

❶人種

❷文化や出自を共有し，歴史的に形成された共通の帰属意識をもつ人間集団を何というか。主権国家の構成単位とされる場合も多い。

❷民族

❸アメリカ大陸のネイティブ−アメリカン，ニュージーランドのマオリなど，もともとその地域に住み，生活していた民族を総称して何というか。

❸先住民族

❹南アフリカ共和国で1991年まで実施された，有色人種を隔離する政策を何というか。参政権の制限，居住地区の指定強制など抑圧や迫害を加えられた。

❹アパルトヘイト（人種隔離政策）

❺アパルトヘイトに強く反対し，廃止に尽力した南アフリカ共和国の民族運動指導者は誰か。長い獄中生活などを経て，1994年に南ア初の黒人大統領に選出された。

❺ネルソン＝マンデラ（1918〜2013）

❻1964年に制定された，アメリカの黒人の市民的諸権利を認めた法律を何というか。

❻公民権法

❼アメリカで黒人差別に反対し，非暴力の公民権運動などを指導した牧師で，ノーベル平和賞を受賞したが，1968年に暗殺された黒人解放運動家は誰か。

❼キング牧師（1929〜68）

❽イスラエルの建国後，4回にわたる中東戦争を経て，イスラエルがパレスチナ全域を占領下におくことで起きている地域紛争を何というか。

❽パレスチナ問題

❾イスラエルに追われたパレスチナのアラブ系の人々によって，1964年に設立された政治組織を何というか。

❾パレスチナ解放機構（ＰＬＯ）

❿1993年のパレスチナ暫定自治協定（オスロ合意），1995年の自治拡大協定を経て，国連などの仲介で2003年に提示された中東和平構想を一般に何というか。

❿ロードマップ

⓫オスロ合意などに基づき，ガザ地区とヨルダン川西岸地区のエリコに設置されたパレスチナの機関を何というか。

⓫パレスチナ自治政府

⓬パレスチナのイスラーム急進派で，穏健派のファタハにかわってガザ地区を実効支配する勢力は何か。

⓬ハマス

⓭六つの共和国で構成されていたユーゴスラビアにおけ

⓭ユーゴスラビア

る紛争を何というか。

内戦

⓮旧ユーゴスラビア（セルビア共和国）内のコソボ自治州で起こった民族紛争を何というか。1999年にNATO軍による空爆が行われ，多くの被害を出した。2008年，コソボはセルビアからの独立を宣言した。

⓮コソボ紛争

⓯旧ユーゴスラビア解体後，ボスニア－ヘルツェゴビナ内で繰り広げられた民族間の争いを何というか。1995年に和平協定（**デイトン協定**）が結ばれた。

⓯ボスニア－ヘルツェゴビナ紛争

⓰内戦や戦争において，特定の民族の殲滅をはかる戦略を何というか。

⓰民族浄化（エスニック－クレンジング）

⓱南オセチア自治州やアブハジア自治共和国の独立などをめぐるグルジア（現，ジョージア）とロシアとの争いを何というか。

⓱グルジア紛争

⓲ロシア南部にある共和国の分離・独立をめぐり，同国とロシアとの争いを何というか。2次にわたる激しい戦闘が行われたが，2009年に終結が宣言された。

⓲チェチェン紛争

⓳2014年ロシアが併合したと主張するウクライナ南部の半島を何というか。

⓳クリミア半島

⓴イギリス北部の6州におけるプロテスタント教徒とカトリック教徒などによる争いを何というか。1998年に和平合意が成立し，2005年に武装解除が行われた。

⓴北アイルランド紛争

㉑地中海の島国で起こったギリシア系住民とトルコ系住民との争いを何というか。北部（トルコ系住民）の独立宣言，南部（ギリシア系住民）のEU加盟などを経て，南北間で統合に向けて対話が行われている。

㉑キプロス問題

㉒カシミール地方の帰属をめぐるインドとパキスタンの争いを何というか。これまで2次にわたり**印パ戦争**が発生したが，2004年から包括和平対話がスタートした。

㉒カシミール紛争

㉓チベットにおける独立や高度な自治を求めて，中国との間で生じている紛争を何というか。

㉓チベット問題

㉔独立を求めるタミル人の武装組織とシンハラ人の政府軍との紛争が，2009年まで続いたアジアの国はどこか。

㉔スリランカ

㉕1990～94年，ツチ人の愛国戦線とフツ人の政府軍との間で行われたアフリカ東部の紛争を何というか。

㉕ルワンダ内戦

❷❻「アフリカの角」と呼ばれる地域で 1991 年に始まった紛争は何か。この海域の**海賊行為**も問題となっている。

❷❼スーダン西部で 2003 年に始まった紛争を何というか。

❷❽2011 年にスーダンから分離・独立した国はどこか。アフリカの 54 番目の独立国で，国連にも加盟した。

❷❾2010 年から 11 年にかけて，中東や北アフリカ地域で広がった一連の政治変革を何というか。

❸⓪2011 年のアサド政権に対する反政府デモの弾圧からはじまり，死者が 19 万人をこえる内戦を何というか。

❸❶自国民に甚（はなは）だしい人権侵害を行う国に対して，それを阻止する目的で外部から介入することを何というか。

❸❷長期間の避難キャンプ生活を余儀なくされた難民に対して，避難先以外の国（第三国）が行う救済制度のことを何というか。

❸❸難民に対して，理由のいかんを問わず迫害の危険のある領域への退去強制を禁止することを何というか。

❸❹戦争の形態が国家対国家に限らず，国家対民兵，民兵対民兵などに多様化した状況を何というか。「**戦争の下請け化**」ともいわれる。

❸❺複数の民族で構成される国家において，多数の支配的勢力をもつ民族に対して相対的に人口が少なく，言語・慣習・文化などを異にする民族のことを何というか。

❸❻民族主義的な考え方が先鋭化したもので，自民族の優位性を内外に強くアピールするために，国際協調を敵視する考え方や政策を何というか。

❸❼一つの国家または社会のなかに，複数の異なる人種・民族・集団がもつ言語や文化の共存を認め，そのための方策を積極的に進める考え方や政策を何というか。

❸❽冷戦終結後の国際政治は，イデオロギーや国家にかわって，文明を単位とした勢力間の対立を軸に再編されるというハンチントンらの主張を何というか。

❸❾異文明間の共存を掲げ，西側とイスラームとの対話や相互理解を深める国連のプロジェクトを何というか。2005 年にスペインのサパテロ首相が提唱。その後，トルコのエルドアン首相が共同発起人となって発足した。

❷❻ソマリア内戦

❷❼ダルフール紛争

❷❽南スーダン共和国

❷❾アラブの春（アラブ革命）

❸⓪シリア内戦

❸❶人道的介入

❸❷第三国定住

❸❸ノン - ルフールマンの原則

❸❹戦争の民営化

❸❺少数民族

❸❻エスノセントリズム（自民族中心主義）

❸❼マルチカルチュラリズム（多文化主義）

❸❽文明の衝突

❸❾文明の同盟

5　国際社会における日本の地位と役割

【日本の戦後外交】……………………………………………………

❶ 1951（昭和26）年，アメリカのサンフランシスコにおいて日本と連合国との間に締結された条約を何というか。日本は独立を回復し，国際社会への復帰を果たすことになった。

❶サンフランシスコ平和条約（対日平和条約）

❷サンフランシスコ平和条約の締結の際，国内で講和の方法をめぐり対立があった。政府が進めた**単独（片面）講和**に対して，野党や学者・文化人らが主張したものを何というか。交戦国のすべてと単一の平和条約を結ぶという考え方である。

❷全面講和

❸東西対決が深まるなかで，1951年のサンフランシスコ平和条約と同時に調印された，米軍の駐留を認めることによって国家の安全を維持しようとした条約を何というか。1960年には新条約が結ばれた。

❸日米安全保障条約

❹ 1956（昭和31）年，第二次世界大戦後の日本とソ連との国交の正常化を定めた外交文書を何というか。戦争状態の終了，外交の回復，貿易の規定などについて合意したが，北方領土問題で平和条約の締結には至らなかった。

❹日ソ共同宣言

❺ 1951年のサンフランシスコ平和条約によって日本は国際社会に復帰したが，安保理におけるソ連の拒否権の行使によって1956年まで実現しなかったことは何か。

❺国連への加盟

❻ 1972年，国交が断絶状態にあった日本と中国の間で国交の正常化がはかられた声明を何というか。これによって日本は，戦争責任を反省するとともに，中華人民共和国政府を中国における唯一の政府とし，中国は戦争賠償の請求を放棄した。

❻日中共同声明

❼ 1971年，「琉球諸島及び大東諸島に関する日米協定」として調印され，翌1972年に27年ぶりで沖縄が日本の施政下に戻ることになった。このことを何というか。

❼沖縄返還

❽ 1972年の共同声明によって，国交を正常化した日本と中国の間で，1978年に締結された平和・友好関係を規定した条約を何というか。

❽日中平和友好条約

❾ 1965年，日本と大韓民国との国交正常化に関する内容を含んだ条約を何というか。1952年から13年間に及

❾日韓基本条約

ぶ交渉の末に成立した。

【日本外交の課題】……………………………………………………………

❶千島列島のうち，**歯舞群島・色丹島・国後島・択捉島**を日本固有の領土であるとして返還を要求する日本と，領土問題は解決済みとするソ連（解体後はロシア）との間に起こっている対立を何というか。

❶北方領土問題

❷日韓両国が領有権を主張し，領土問題となっている日本海南部にある島の名称は何か。1952年以降不法に占拠している韓国では独島と呼ばれる。

❷竹島

❸中国・台湾がその領有を主張しているが，日本は領土問題はないとしている，沖縄県の石垣島北方の島の名称は何か。

❸尖閣諸島

❹2002年，日本の小泉純一郎首相と北朝鮮の金正日総書記による，初めての日朝首脳会談で出された共同宣言を何というか。

❹日朝平壌宣言

❺2002年の日朝首脳会談で明らかにされた北朝鮮による国家犯罪で，日朝国交正常化の妨げになっている問題とは何か。

❺日本人拉致問題

❻日米安全保障条約に基づく米軍の日本駐留より，各地で地域開発とのかねあいの問題，沖縄での普天間飛行場移設の問題，ジェット機の騒音問題などトラブルが多数発生している。これらのことを総称して何と呼んでいるか。

❻米軍基地問題

❼第二次世界大戦後の日本の外交方針は，資本主義諸国との協調関係を基本とすること，国連中心主義をとること，アジアの一員としての立場を堅持することを主眼においた。このことを何というか。

❼外交方針の三原則

❽東南アジア諸国との友好関係を発展させるために，軍事大国にならないこと，対等の立場を遵守すること，東南アジア全体の平和を求めることを基本にした外交方針を何というか。

❽東南アジア外交三原則

❾日本軍に徴用されて戦犯となった人々や，いわゆる**日本軍「慰安婦」**，強制連行によって労働させられた被害者などから，日本政府が公式謝罪や補償を求められている問題を総称して何というか。

❾戦後補償

第1章　国際政治と日本

【正誤問題に TRY】………………………………………………………

【国際社会と国連】

①ウェストファリア条約は，三十年戦争を終結させ，ヨーロッパにおいて主権国家から構成される国際社会の成立を促した。（10 追）

②主権国家の領空には，排他的経済水域の上空が含まれる。（12 本）

③カントが著した『永久平和のために（永遠平和のために)』では，平和のために諸国家による連合を設立する必要があると説かれている。（23 追改）

④主権国家は，共通通貨の発行という形で，主権の一部を国家の連合体に委ねることもある。（13 追）

⑤国際慣習法とは，諸国の慣行の積み重ねにより形成された法である。（15 本）

⑥条約が発効するためには，一般的に，各国の代表による署名と国内手続による批准が必要とされる。（08 現社追）

⑦日本は，国際司法裁判所（ICJ）で裁判の当事国となったことがない。（17 本）

⑧地域紛争への多国籍軍の派遣が，国連安全保障理事会で決定された場合，国連加盟国はその受入れを拒否することができる。（07 本）

⑨国際連盟は紛争の平和的解決と勢力均衡の一環としての制裁とを通じて国際社会の平和と安全を保障しようとした。（23 本改）

⑩国連総会での投票権は，一国一票ではなく，国連分担金に比例して割り当てられる。(現社10追)

⑪国連憲章では，集団的自衛権の行使は認められていない。（18 追）

⑫国連憲章に規定されている本来の国連軍は，これまでに組織されたことがない。（17 本）

① ○

② ×　領空は領土・領海の上空である。

③ ○

④ ○

⑤ ○

⑥ ○

⑦ ×　2010 年南極海捕鯨事件でオーストラリアに提訴されている。

⑧ ×　安全保障理事会の決定には拘束力がある。

⑨ ×　勢力均衡ではなく，集団安全保障の一環である。

⑩ ×　一国一票である。

⑪ ×　国連憲章第7章第51 条に明記されている。

⑫ ○

⑬ UNICEF（国連児童基金）は，発展途上国における児童の就労を促進している。（09本）

⑭ WHO（世界保健機関）は，専門機関として，国際連合の経済社会理事会と連携して活動している。（18追）

⑮ 日本が受け入れた難民の数は欧米主要国に比べると少ないが，そのなかでは，アジア地域からの難民受入数が多数を占めている。（12現社本）

【国際政治の動向】

① 国連はマーシャル・プランに基づき，米ソの緊張緩和をめざす努力を続けた。（09本）

② 第二次世界大戦後のアメリカによる西側諸国への経済援助に対抗して，ソ連は経済相互援助会議（コメコン）を設立した（00本）

③ 1960年代には，米ソ間の緊張が緩和に向かう一方で，フランスのNATO（北大西洋条約機構）軍事機構からの脱退や，中ソ国境での紛争があった。（01追）

④ 相次いで独立を果たした旧植民地諸国はバンドン会議で「平和10原則」を発表し，内政不干渉，国際紛争の平和的解決などを主張した。（10本）

⑤ 米ソ間でキューバ危機が発生したことで，80年に開催されたモスクワ・オリンピックにおいて西側諸国のボイコットなどが起こった。（15本改）

⑥ マルタで米ソ首脳会談が行われ，冷戦の終結が謳われた。（19本）

⑦ 冷戦の終結が契機となって，発展途上国を中心にNIEO（新国際経済秩序）の理念が主張された。（12追改）

⑧ 西側諸国の軍事同盟として結成された北大西洋条約機構（NATO）には，かつての社会主義勢力であった東欧諸国のいずれも未加入である。（18現社追）

---

⑬　×　発展途上国の児童への援助問題を扱う国連の常設機関である。

⑭　○

⑮　○

① 　×　マーシャル・プランはアメリカ国務長官マーシャルが発表した欧州経済復興援助計画。

② 　○

③ 　○

④ 　○

⑤　×　ソ連のアフガニスタン侵攻が原因である。

⑥　○

⑦　×　冷戦の終結ではなく，1974年の国連の資源特別総会で樹立した。

⑧　×　冷戦終結後，東欧諸国が加入した。

⑨大規模な人権侵害を防止するため，内政不干渉の原則の例外として軍事力を用いて対処する事例もみられる。そのような対処を人道的介入という。(18追改)

⑨　○

⑩少数派の民族が抱える不満を解消するには,第一に,自民族中心主義という考え方に沿ってそれぞれの民族のもつ言語や価値観などを尊重して積極的に共生を図る方法がある。(16本改)

⑩　×　自民族中心主義ではなく，多文化主義。

⑪北大西洋条約機構（NATO）は，大規模な人権侵害などを阻止するための人道的介入として，ユーゴスラビアに対する空爆を行った。(10現社追)

⑪　○

⑫アメリカはイラクのクウェート侵攻によって生じた湾岸危機に対して軍事行動をとらなかった。(12本)

⑫　×　アメリカを中心とする多国籍軍による湾岸戦争が展開された。

⑬冷戦終結後の出来事として，イラクによる大量破壊兵器の保有を理由に，アメリカとイギリスが軍事介入を行った。(試行改)

⑬　○

⑭ ARF（ASEAN地域フォーラム）は, ASEAN（東南アジア諸国連合）の加盟国で構成される，地域の経済協力を目的とした枠組みである。(18追)

⑭　×　ARFはASEANだけではなく日本やアメリカなども加わっている。

【世界の平和と日本】

①核拡散防止条約（NPT）は，アメリカ，中国,ロシアの3カ国以外の核保有を禁止する条約である。(11本)

①　×　3カ国ではなく，米，英，仏，露，中の5カ国である。

②戦略兵器削減条約（START ⅠおよびⅡ）は，配備済みの戦略核弾頭の削減を目的とした条約である。(14本改)

②　○

③核兵器の保有が自国の安全の確保につながるなどの理由から，国連安全保障理事会の決議に違反して，核兵器の開発を進めた国がある。(11現社本)

③　○

④包括的核実験禁止条約は，核保有国を含む一部の国が批准せず未発効である。(23本)

④　○

⑤過去に複数回の核実験が行われて被害を受けたことのある北太平洋地域に関して，非核地帯条約が締結されている。(11 現社追)

⑥核兵器禁止条約は，核兵器の使用のほか，核兵器を使用するとの威嚇を禁止している。(試行)

⑦東南アジア諸国は，条約を締結して，締約国の核実験を禁止している。(18 本)

⑧対人地雷の製造や保有を禁止する条約を，日本は批准していない。(17 現社追)

⑨クラスター爆弾禁止条約が発効したのは，化学兵器禁止条約が発効するよりも前のことである。(15 追改)

⑩ルワンダでは，部族間の対立により内戦が生じ，治安回復のために国連の平和維持部隊が同国内に展開された。(12 現社追)

⑪イスラエルとパレスチナ解放機構との間にオスロ合意が成立し，パレスチナ人による暫定統治がガザ地区とゴラン高原において開始された。(23 本改)

⑫チェチェン紛争とは,ロシア南部カフカス地方で,独立を宣言した少数民族に対し，ロシアが独立を認めず軍事侵攻した出来事である。(16 本改)

⑬東ティモールでは,1990 年に多数派と少数派との対立が内戦に発展し,1994 年に大量虐殺が起こり,その混乱の中で難民が流出した。(05 追改)

⑭カシミール地方では，カトリックとプロテスタントの対立による紛争がおこっている。(高卒認定 21 第 2 回)

⑮2015 年に，パリにおいて同時多発テロが発生し,フランス軍は,過激派組織「イスラム国」(IS)が首都と称する地域に対し,空爆を行った。(17 現社追)

⑯日本の外交三原則の一つに，自由主義諸国と協調し，共産主義諸国に対する団結の一翼を担うことがあげられている。(18 本改)

⑤　×　北太平洋地域では締結されていない。

⑥　○

⑦　○

⑧　×　1998 年に批准している。

⑨　×　クラスター爆弾禁止条約は 2010 年，化学兵器禁止条約は 1997 年に発効した。

⑩　○

⑪　×　暫定統治が行われたのは，ガザ地区とヨルダン川西岸である。

⑫　○

⑬　×　ルワンダ内戦の説明である。

⑭　×　イスラーム教とヒンドゥー教の対立である。

⑮　○

⑯　○

⑰日本のODA支出額は，1990年代の複数年で世界第一位を記録した。(21本)

⑱日本がポツダム宣言を受諾した年に開催されたサンフランシスコ会議では，国連憲章が採択された。

⑲沖縄がアメリカから日本に返還されたのは，日本が国連に加盟する前のことである。(18追)

⑰　○

⑱　○

⑲　×　沖縄返還は1972年であり，1956年の国連加盟よりも後である。

第2章　世界経済と日本 ◇◇◇◇◇◇◇◇◇◇◇◇◇◇◇◇◇◇◇◇◇◇◇◇◇◇

1　貿易と国際収支

【国際分業と貿易】……………………………………

❶各国は貿易や国際投資など，国境をこえて広く経済活動を展開し，相互に結びついている。こうした国境をこえた国民経済相互の結合関係を何というか。

❶国際経済（世界経済）

❷国際間の貿易に対して国家の介入が行われず，市場機構に委ねることを何というか。

❷自由貿易

❸二国が貿易をする場合，おのおの自国内で生産費が相対的に低い財に**特化**して，自由貿易によって交換することが両国に利益をもたらすとする学説は何か。また，その提唱者は誰か。

❸比較生産費説（比較優位），リカード（1772 ～ 1823）

❹国際間の貿易に対して国家が介入し，制限を加えることを何というか。

❹保護貿易

❺19世紀前半のドイツで自由貿易に反対して，自国の幼稚産業を，輸入制限など政府の政策によって守るべきとする保護貿易策を唱えた経済学者は誰か。

❺リスト（1789 ～ 1846）

❻国際分業のうち，先進国（工業製品）と発展途上国（食料や原料）との貿易関係にみられる分業を何というか。また，先進国相互の工業製品の貿易による分業を何というか。

❻垂直的分業，水平的分業

【国際収支】……………………………………

❶一国の一定期間（一般に1年間）における対外的な経済取引によって生じる，外国からの受け取りと外国への支払いをまとめたものを何というか。

❶国際収支

❷国際収支のうち，経常取引（国際間の取引きのうち資本取引以外のもの）によって生じる受け払いをまとめたものを何というか。貿易・サービス収支，第一次所得収支，第二次所得収支からなる。

❷経常収支

❸経常収支のうち，商品の輸出入や，輸送・旅行・通信・保険などサービスの取引きを示す勘定を何というか。

❸貿易・サービス収支

❹経常収支のうち，雇用者への報酬や投資収益などの取引きを示す勘定を何というか。

❹第一次所得収支

❺経常収支のうち，食料などの無償資金援助や国際機関 ｜ ❺第二次所得収支
への拠出金，労働者の送金など，対価を伴わない取引き
を示す勘定を何というか。以前は「経常移転収支」と称
した。

❻国際収支のうち，直接投資，証券投資，金融派生商品， ｜ ❻金融収支
その他投資，外貨準備からなる勘定を何というか。

❼金融収支を構成する項目で，企業の買収や経営支配を ｜ ❼直接投資
目的に行う対外投資の勘定を何というか。

❽金融収支を構成する項目で，株式・債券（金融派生商 ｜ ❽証券投資（間接
品＝デリバティブを除く）など，利子・配当の収益を目 ｜ 　投資）
的として行われる国際投資を何というか。

❾金融収支を構成する項目で，先物取引やオプション取 ｜ ❾金融派生商品
引など，従来の金融商品から派生した金融取引を示す勘 ｜ 　（デリバティブ）
定を何というか。

❿ある国の通貨当局が，他の諸国に対する支払いをまか ｜ ❿外貨準備
なうために利用できる外貨資産（日本では，金，外国銀
行への預金，外国証券などのかたちで保有）のことを何
というか。

⓫資本形成のための無償資金援助や対価のない固定資産 ｜ ⓫資本移転等収支
の所有権の移転などを示す勘定で，新しく大項目となっ
たものを何というか。以前は「その他資本収支」と称し
た。

【外国為替と為替レート】⸺⸺⸺⸺⸺⸺⸺⸺⸺⸺⸺⸺⸺⸺⸺⸺

❶異なる通貨を持つ国同士の貿易上の債権・債務関係を， ｜ ❶外国為替
金や現金を用いずに決裁する手段や制度のことを何とい
うか。

❷外国為替は，自国通貨と他国通貨との交換比率で売買 ｜ ❷外国為替相場
されるが，この交換比率のことを何というか。これは一 ｜ 　（為替レート）
国の通貨の対外価値を反映するものである。

❸外国為替の急激な変動をおさえるため，政府や中央銀 ｜ ❸為替介入
行が市場で通貨を売り買いすることを何というか。

❹1997年の大幅な改正（1998年施行）により，外国為替 ｜ ❹外国為替及び外
業務の大幅な自由化を認めることになった法律は何か。 ｜ 　国貿易法（外為
元の法律は1949年に成立した「外国為替及び外国貿易 ｜ 　法）
管理法」である。

❺外国からの投資，外国金融機関の進出，外国企業との提携や合併など，外国資本の流出入の制限を取り外し，自由にすることを何というか。

❺資本自由化

❻国民経済のなかで貿易の占める比重を示すもので，国内総生産または国民所得に占める貿易の割合を何というか。

❻貿易依存度

2　国際経済体制の成立と変容

【ＩＭＦ・ＧＡＴＴ体制】‥‥‥‥‥‥‥‥‥‥‥‥‥‥

❶戦後の国際為替金融取引に新しい秩序をもたらすため，1944年にアメリカで結ばれた協定を何というか。

❶ブレトン‐ウッズ協定

❷ブレトン‐ウッズ協定に基づき，為替の安定や国際収支の是正をはかるために設立された機関を何というか。

❷国際通貨基金（ＩＭＦ）

❸ブレトン‐ウッズ協定に基づき，戦災国や発展途上国に長期資金を融資することなどを目的に設立された機関を何というか。

❸国際復興開発銀行（ＩＢＲＤ，世界銀行）

❹関税その他の貿易障害を軽減し，通商の差別待遇を廃止することにより，各国の経済発展を期すことを目的に1947年に調印された協定を何というか。

❹関税と貿易に関する一般協定（ＧＡＴＴ）

❺ブレトン‐ウッズ協定によって米ドルを中心とする国際通貨体制が成立した。この体制を何というか。

❺ブレトン‐ウッズ体制（ＩＭＦ・ＧＡＴＴ体制）

❻外国為替相場の変動を全く認めないか，ごくわずかの変動しか認めない制度を何というか。ブレトン‐ウッズ協定では，ドルを中心に各国の通貨の交換比率が定められた。日本円の場合，1ドル＝360円に設定された。

❻固定為替相場制

❼ブレトン‐ウッズ体制のドルのように，外国為替相場において中心となる通貨を何というか。

❼基軸通貨（キー‐カレンシー）

❽ＩＭＦの規定により，国際収支の赤字を理由に為替制限をしてはならない国を何というか。日本は1964年から当該国となった。

❽ＩＭＦ８条国

❾ブレトン‐ウッズ体制では，ドルを基軸通貨とするため，アメリカは金1オンス＝35ドルと交換することを保証した。このような体制を何というか。

❾金‐ドル体制

❿国際間の貸借は，最終的には国際的に認められた支払

❿国際流動性

い手段である金，主要準備通貨，またはSDR（特別引き出し権）などで決済される。これらの支払い手段の総ストックを何というか。外貨準備ともいう。

【IMF体制の変容】••

❶1950年代末から1960年代に入って，アメリカの国際収支悪化に伴い，ドル残高と金流出が増加し，国際通貨としてのドルの信認が低下するという現象が生じた。これを何というか。

❷IMFが1969年に，金・ドルに次ぐ「**第三の通貨**」として創設したもので，国際収支の赤字国が担保なしにIMFから外貨を引き出す権利を何というか。

❸輸入を制限するために輸入品に課す特別付加税を何というか。アメリカでは，1971年の**ニクソン-ショック（ドル-ショック）**のときに導入された。

❹1971年，ワシントンの博物館で開かれた10か国財務相会議において通貨の多角調整が行われ，一時的に固定為替相場制が復活した（金1オンス＝38ドル，1ドル＝308円）。この体制を何というか。

❺各国の為替相場を市場での為替の需給関係にのみ委ね，自由に変動させる外国為替相場を何というか。

❻1973年以降，各国は変動為替相場制に移行し，現在に至っているが，この体制は，1976年にジャマイカの首都で開かれたIMF暫定委員会で追認されたことから何と呼ばれるか。

❼為替相場を決める主要因となる，経済成長率・利子率・インフレ率・経常収支など，**経済の基礎的条件**のことを何というか。

❽為替相場は，各国通貨の対内的購買力によって決まるとする考え方を何というか。スウェーデンの経済学者**カッセル**が唱えた。

❾外国為替相場において，円の対外価値が高まる（たとえば1ドル＝100円から80円になる）ことを何というか。また，逆に対外価値が低くなる（1ドル＝100円から120円になる）ことを何というか。

❿為替政策の一つで，加重平均した主要国の通貨と自国

❶ドル危機

❷特別引き出し権（SDR）

❸輸入課徴金

❹スミソニアン体制

❺変動為替相場制（フロート制）

❻キングストン体制

❼ファンダメンタルズ

❽購買力平価説

❾円高，円安

❿通貨バスケット

通貨とを連動させる方式を何というか。中国は 2005 年,
これを参考にした為替制度に移行した。

【ＧＡＴＴ体制の変容】‥‥‥‥‥‥‥‥‥‥‥‥‥‥‥‥‥‥‥‥‥‥‥‥

❶輸入した品物に対して, 通関時に徴収される税を何と　　❶関税
いうか。

❷関税の税率を引き上げることで, 同種または競合商品　　❷関税障壁
を生産する国内産業を有利にすることを何というか。

❸輸入商品から国内産業を保護する手段の一つで, 輸入　　❸非関税障壁
数量の制限, 輸入自主規制の強要など, 関税によらない
輸入抑制手段のことを何というか。

❹ＧＡＴＴが掲げた貿易の三大原則とは何か。　　　　　　❹自由,無差別,多角

❺いずれかの国と締結した最も有利な待遇は, 無条件に　　❺最恵国待遇
他の国にも適用しなければならないことを何というか。
ＧＡＴＴやＷＴＯ（世界貿易機関）の原則の一つである。

❻国内の事業活動に関して, 相手国やその国民に自国民　　❻内国民待遇
と同じように待遇することを何というか。

❼特殊な関係にある諸国間の貿易を特に助長する目的　　❼特恵関税
で, 特定国にだけ他と差別して有利な条件を与えている
関税のことを何というか。

❽ＧＡＴＴの規定により, 国際収支の赤字を理由に輸入　　❽ＧＡＴＴ 11 条国
制限をしてはならない国を何というか。日本は 1963 年
から該当国となった。

❾関税の引下げを主要議題として 1960 年代, 1970 年代　　❾ケネディ－ラ
に行われたＧＡＴＴの交渉は,それぞれ何と呼ばれるか。　　　ンド, 東京ラウ
　　　　　　　　　　　　　　　　　　　　　　　　　　　　　ンド

❿ 1986 年から 1994 年にかけて行われたＧＡＴＴの**多角**　　❿ウルグアイ－ラ
的貿易交渉を何というか。　　　　　　　　　　　　　　　　ウンド

⓫カタールの首都ドーハで 2001 年から始まった, 関税　　⓫ドーハ－ラウン
などの貿易障壁を取り除くことを目的とした世界貿易機　　　ド（ドーハ開発
関の国際会議（新多角的貿易交渉）は何か。　　　　　　　　アジェンダ）

⓬ウルグアイ－ラウンドでは, 農業交渉のほか, 主要議　　⓬サービス貿易,
題として金融・運輸・通信などモノ以外の貿易や, 特許・　　知的財産権（知
著作権の取り扱いなど新分野の交渉も行われた。これら　　　的所有権）
をそれぞれ何というか。

⓭ウルグアイ－ラウンドの最終合意を受けて 1995 年に　　⓭世 界 貿 易 機 関

発足した，ＧＡＴＴにかわる国際貿易機関とは何か。

⓮1994年にモロッコの都市で開かれたＧＡＴＴ閣僚会議で，ＷＴＯ設立について合意した文書を何というか。

⓯貿易紛争がＷＴＯに提訴された場合，ＷＴＯ内に設置される紛争処理小委員会を特に何というか。

⓰輸入によって国内産業が大きな被害を受ける場合，輸入国は緊急的な輸入制限措置をとることがＷＴＯ協定で認められている。これを何というか。

⓱グローバルな貿易自由化を推進するＷＴＯに対して，二国間や複数国間でモノ・サービスの貿易を進める協定を何というか。

⓲ＦＴＡの要素に加え，投資や人の移動などにまで分野を広げた協定を何というか。

⓳アジア・太平洋地域の貿易自由化などを推進する枠組みで，シンガポールなどの4か国協定から，太平洋を取り巻く12か国による広域経済協定へと発展した。2016年2月に調印されたこの協定は何か。（アメリカが離脱を宣言したので，2023年現在は11か国）

【貿易摩擦】

❶国家間の貿易のバランスが崩れることによって生じる対立を何というか。また，この対立が経済システム全体に波及した場合を何というか。

❷貿易摩擦などを解消するために，輸出国が意図的に輸出量を規制することを何というか。

❸市場の閉鎖性が原因となって貿易摩擦が生じた場合，それを取り除くべく相手国から出される要求は何か。

❹1960年代以降，実態よりも割安な為替相場と国際競争力の強化によって日本の対米輸出が増加し，日米間の貿易不均衡が問題となった。これを何というか。

❺1986年，中曽根康弘首相の私的諮問機関が輸入大国化，産業構造の転換，農産物の輸入増大などを報告書にまとめた。この報告を一般に何というか。

❻アメリカで定めた**通商法**（1974年成立。1988年に包括通商・競争力強化法）の条項の一つで，不正貿易国を特定，是正を勧告し，それに従わない場合は高関税など

（ＷＴＯ）

⓮マラケシュ宣言

⓯パネル

⓰セーフガード（緊急輸入制限措置）

⓱自由貿易協定（ＦＴＡ）

⓲経済連携協定（ＥＰＡ）

⓳環太平洋経済連携（環太平洋パートナーシップ）協定（ＴＰＰ）

❶貿易摩擦，経済摩擦

❷輸出自主規制

❸市場開放要求

❹日米貿易摩擦

❺前川リポート

❻スーパー301条

の制裁を加えることを定めたものを何というか。

❼日米経済摩擦の解消をはかるため，1989年にアメリカのブッシュ（父）大統領の提言によって始められた協議を何というか。　❼日米構造協議（ＳＩＩ）

❽1993年，日米構造協議を引き継いで新たな協議の場を設けることが，クリントン大統領と宮沢喜一首相との間で合意された。この協議を何というか。　❽日米包括経済協議

3　世界経済の発展
【国際資本移動の活発化】……………………

❶現在では，資本取引が世界的な規模で行われ，大量の資金が世界を駆けめぐっている。これを何というか。　❶金融のグローバル化

❷国境をこえた資金の貸借や決済など，国際的な金融取引の行われる市場を何というか。現在，ニューヨーク・ロンドン・東京が中心市場となっている。　❷国際金融市場

❸国際金融市場などの発達によって，資本の富裕な国から不足している国へ資本が移動するなどの国際的な資本の動きを何というか。　❸国際資本移動

❹世界各地に子会社や支社をもち，世界規模で生産・販売などを行う企業を何というか。**世界企業**とも呼ばれる。　❹多国籍企業

❺多国籍企業は，利益の確保や貿易摩擦の回避のため，部品をコストの安い海外で生産するなど，国際的な分業体制をとっている。これを何というか。　❺企業内国際分業（企業内貿易）

❻内外の企業に対して，法人税を低く抑えるなど税制上の優遇措置を行っている地域（国）を何というか。　❻タックス－ヘイブン（租税回避地）

❼私募のかたちで資金を集め，為替・株式・商品などに投資して利益を得る基金を何というか。実際には投資というより投機的な面が強く，規制逃れのため，タックス－ヘイブンに名義上の本拠をおくことが多い。　❼ヘッジファンド

❽国際金融取引で投機化した1980年代以降の資本主義の現状を，博打に例えた言葉は何か。イギリスの政治経済学者ストレンジが名づけた。　❽カジノ資本主義

【政策協調の時代】……………………
❶現在では，為替相場や世界経済の安定をはかるため，　❶政策協調

市場への介入など，各国が協調して経済政策を実施している。これを何というか。

❷1975年から各国の持ち回りで年1回開かれている，主要8か国（米・英・仏・独・伊・加・日・露に加え，現在ではＥＵ代表も参加）の首脳による会議を何というか。かつては**先進国首脳会議**と呼ばれた。

❸7か国の財務相・中央銀行総裁が参加して随時開かれる，国際経済や金融などについて政策協調を推進するための会議を何というか。

❹1985年まで，上記7か国のうちイタリア・カナダを除く5か国で構成された会議を何というか。

❺1985年，ニューヨークで開かれたＧ5でドル安への合意がなされて日本の円が急騰した。この合意は何か。

❻プラザ合意の結果，急速なドル安が進み，欧州や日本の輸出が停滞したため，1987年のＧ7においてドル安の是正や通貨安定のために協調介入を行うことで合意した。この合意を何というか。

❼2008年に顕在化したアメリカ発の**世界金融危機**に対応するために開かれた，20か国・地域による会合を何というか。

❷主要国首脳会議（サミット，Ｇ8，ジーエイト）

❸7か国財務相・中央銀行総裁会議（Ｇ7，ジーセブン）

❹Ｇ5（ジーファイブ）

❺プラザ合意

❻ルーブル合意

❼Ｇ20（ジートゥエンティ）首脳会議

【ＥＵ経済の動向】・・・

❶1929年の世界恐慌後の混乱のなかで，帝国主義諸国を中核に関連諸国間で閉鎖的な広域経済圏を形成し，列強が対立した。このような経済体制を何というか。

❷経済的利害関係の共通する近隣諸国が経済圏をつくって結束し，広大な単一市場を形成して相互交流をはかり，経済発展を促進しようとする考えを何というか。

❸ＥＵやＡＳＥＡＮにみられるように，地理的に近接した諸国が経済的・政治的に結合することによって各国の利益の実現をはかろうとする考えを何というか。

❹1952年に発足した，加盟国の石炭・鉄鋼の共同管理を目的とした欧州の組織を何というか。

❺1957年ローマ条約の調印により成立した，加盟国内

❶ブロック経済

❷地域的経済統合

❸リージョナリズム（地域主義）

❹欧州石炭鉄鋼共同体（ＥＵＲＡＴＯＭ）

❺欧州原子力共同

の原子力資源の共同管理・開発を目的とした組織を何という か。 | 体（ＥＣＳＣ）

❻域内関税の撤廃，域外共通関税の設定など，欧州に共同市場を形成しようと 1958 年，**ローマ条約**に基づきフランス・イタリア・西ドイツ・ベネルクス三国の 6 か国で結成された経済統合体を何というか。 | ❻欧州経済共同体（ＥＥＣ）

❼欧州の経済統合をより進めるため，1967 年にＥＥＣ，ＥＵＲＡＴＯＭ（欧州原子力共同体），ＥＣＳＣ（欧州石炭鉄鋼共同体）の三つが統合してできた組織は何か。 | ❼欧州共同体（ＥＣ）

❽ＥＥＣに対抗して，1960 年にイギリスをはじめとする欧州 7 か国によって結成された組織を何というか。現在では，イギリスなどが脱退して 4 か国のみで運営されている。 | ❽欧州自由貿易連合（ＥＦＴＡ，エフタ）

❾イギリス経済を再生するため，1980 年代にサッチャー首相が行った社会・経済改革を何というか。強硬な外交と新自由主義的な経済政策を特徴とした。 | ❾サッチャリズム

❿ＥＣを母体に，さらに通貨・経済統合を進め，最終的には外交や政治的な統合もめざして，マーストリヒト条約をもとに 1993 年につくられた組織は何か。2023 年現在，27 か国が加盟している。 | ❿欧州連合（ＥＵ）

⓫1992 年にＥＣの通貨・経済統合を進め，最終的には政治的な統合をめざして，ＥＣを発展的に解消させることを定めたＥＵの骨格となる条約は何か（1993 年に発効）。 | ⓫マーストリヒト条約（欧州連合条約）

⓬ＥＵの東ヨーロッパへの拡大に向けて，マーストリヒト条約にかわって 1997 年に採択された条約は何か。 | ⓬アムステルダム条約

⓭ＥＵの東方拡大に備える条件整備のため，2001 年に調印，2003 年に発効した条約は何か。 | ⓭ニース条約

⓮欧州の通貨統合を実現するために，ＥＣ域内での固定相場制の導入など，通貨の安定をめざしてつくられた制度は何か。 | ⓮欧州通貨制度（ＥＭＳ）

⓯1999 年からＥＵの通貨統合で使用されることになり，2002 年から一般流通も開始された統一通貨は何か。当初 11 か国で始まり，2023 年現在 20 か国が導入している。 | ⓯ＥＵＲＯ（ユーロ）

⓰フランクフルト（ドイツ）に設置されたEUの中枢金融機関（中央銀行）は何か。	⓰欧州中央銀行（ECB）
⓱ブリュッセル（ベルギー）に設置されたEU加盟国首脳によるEUの最高決定機関は何か。	⓱欧州理事会
⓲ブリュッセルに設置され，欧州理事会や欧州議会に対する法案提出権をもつ，EUの執行機関は何か。	⓲欧州委員会
⓳ストラスブール（フランス）に設置され，各加盟国から直接選挙された議員によるEUの議会は何か。	⓳欧州議会
⓴ルクセンブルクに設置されたEUの司法機関は何か。	⓴欧州司法裁判所
㉑EUとアフリカ・カリブ海・太平洋地域との間で技術・資金援助などの協力関係を定めた**ロメ協定**を見直し，2000年に結ばれた協定を何というか。	㉑コトヌ協定
㉒EUの将来の政治統合をめざし，2004年に採択されたが，フランス・オランダで批准が拒否され，発効には至らなかった条約は何か。	㉒EU憲法条約
㉓発効できなかったEU憲法条約にかわり，2007年に調印された条約を何というか（2009年に発効）。	㉓リスボン条約
㉔**ギリシアの財政危機**などに対応し，2012年に新設される緊急融資などを行う欧州でのしくみを何というか。	㉔欧州安定メカニズム（ESM）
㉕ユーロ圏20か国のうち，国の財政赤字がきびしく，政府の債務不履行も懸念されるポルトガル・イタリア・ギリシア・スペインの4か国の頭文字から何というか。	㉕PIGS（ピッグス）
㉖2015年に中東や北アフリカでの紛争や内戦などを逃れ，EUにやってくる人々が急増し，難民や国境管理に関する制度が危機的状況に陥ったことを何というか。	㉖欧州難民危機

【アメリカと中南米経済の動向】･･････････････････････････････････

❶マネタリズムに基づき，アメリカの**レーガン**大統領が行った減税と規制緩和を大きな柱とする経済政策は何か。	❶レーガノミックス
❷軍事予算の増大やレーガノミックスの結果，アメリカは膨大な財政赤字と貿易赤字を抱えることになった。これを総称して何というか。	❷双子の赤字
❸EU型の市場統合をめざして，1994年にアメリカ・カナダ・メキシコの3か国間で発足した協定は何か。また，同協定は2020年に再編されたが，何というか。	❸北米自由貿易協定（NAFTA），アメリカ・メキシコ・カナ

ダ協定（ＵＳＭ
ＣＡ）

❹ 2001 年にアメリカ大統領となった**ブッシュ**（子）が
とった統治形態は何か。経済政策では，富裕層中心の減
税と厳格な市場原理主義に基づく経済運営となった。

❹ブッシュイズム

❺アメリカの低所得層などを対象とした高金利の住宅
ローンをめぐる問題で，2007 年の夏以降に表面化し，
金融危機を世界に広げた事件を何というか。

❺サブプライム
ローン問題

❻サブプライムローン問題とその後の**リーマン–ショッ
ク**を契機に発生し，1930 年代の世界恐慌に匹敵すると
いわれたアメリカ発の経済危機を何というか。

❻世界金融危機

❼ 2009 年にアメリカ大統領となった**オバマ**が推進した
環境問題を重視した経済政策を一般に何というか。

❼グリーン-ニュー
ディール

❽ 1995 年にラテンアメリカ南部のアルゼンチン・ブラ
ジル・パラグアイ・ウルグアイの 4 か国の参加により成
立した共同市場を何というか。2006 年よりベネズエラ
が加わり 5 か国となった。

❽南米共同市場
（ＭＥＲＣＯＳ
ＵＲ，メルコ
スール）

❾ 1994 年にアメリカのクリントン大統領が提唱した，
北米・中南米・カリブ海地域全体にわたる自由貿易地域
を創設する構想を何というか。

❾米州自由貿易地
域（ＦＴＡＡ）

❿ＦＴＡＡに対抗し，ベネズエラのチャベス大統領が提
唱した中南米地域の自由貿易圏構想を何というか。

❿米州ボリバル同
盟（ＡＬＢＡ）

【アジア経済の動向】……………………………………………………………………………

❶ 1967 年にシンガポールを中心に結成した東南アジア
の地域協力機構は何か。1997 年にミャンマー・ラオスが，
1999 年にカンボジアが加盟し，現在は 10 か国である。

❶東南アジア諸国
連合（ＡＳＥＡ
Ｎ，アセアン）

❷ 1993 年にＡＳＥＡＮ域内の関税を低減することに
よって，貿易・投資を拡大し，経済協力の推進をはかる
ことを目的に結成されたものとは何か。

❷ＡＳＥＡＮ自由
貿易地域（ＡＦ
ＴＡ，アフタ）

❸アジアの発展途上国のなかで急速に工業が発展し，貿
易などで先進国と肩を並べるまでになった，韓国・台湾・
香港・シンガポールなどの国や地域を特に何というか。

❸アジアＮＩＥｓ
（アジアニーズ）

❹ 1997 年の香港返還の際，中国は 50 年間の資本主義体
制の継続を保証した。マカオにも適用された，共産主義
に資本主義を併存させるこの制度を何というか。

❹一国二制度（一
国両制）

❺社会主義国であるベトナムで行われている，市場経済導入政策を何というか。

❻アジア地域の開発を促すため，1966年にマニラに設立された銀行を何というか。

❼1989年にオーストラリアのホーク首相の提唱によって，東・東南アジア，オセアニア，南北アメリカなど環太平洋の国や地域が，域内の貿易自由化や経済交流の活発化をめざして設置した会議は何か。

❽1997年,タイの通貨バーツの暴落をきっかけに，韓国・マレーシアなどでも通貨や株価などが激しく下落し，経済成長率が大幅に低下した事件を何というか。

❾近年，堅調な経済成長を続けるブラジル・ロシア・インド・中国・南アフリカの5か国のことを何と呼ぶか。

❿アジアと欧州の対話と協力を促進するため，シンガポールの提唱で1996年に発足した組織を何というか。

⓫東アジア共同体の土台づくりのため，2005年にASEAN＋3（日中韓）にオセアニアとインドが加わった16か国で開催し，その後2011年よりアメリカ・ロシアも参加し毎年開催される首脳会議を何というか。

⓬アメリカに対抗し，中国が主導して2016年に開業した，インフラ整備を主体とした融資などを担う，北京に本部が置かれた銀行は何か。

⓭2020年11月に，東アジア諸国およびオセアニア諸国の計15か国によって署名され，構成された世界人口の約3割を占める経済連携協定を何というか。

❺ドイモイ（刷新）

❻アジア開発銀行（ADB）

❼アジア太平洋経済協力（APEC,エイペック）

❽アジア通貨危機

❾BRICS（ブリックス）

❿アジア欧州会議（ASEM）

⓫東アジアサミット

⓬アジアインフラ投資銀行（AIIB）

⓭地域的な包括経済連携協定（RCEP）

4　南北問題

【南北問題と国際協力】‥‥‥‥‥‥‥‥‥‥‥‥‥‥‥‥‥‥

❶植民地・半植民地・保護国などにおける被抑圧民族による民族自立をめざす運動を何というか。

❷第二次世界大戦後に独立した国に多くみられる，特に経済的に発展の途上にある国を何というか。

❸発展途上国に多くみられる，単一あるいは数種の**一次産品**（原料用ないし食料用）の生産や輸出に特化した経済構造を何というか。

❶民族解放運動

❷発展途上国（開発途上国）

❸モノカルチュア経済

❹北に多い先進資本主義国と南に多い発展途上国との経済格差と，そこから派生する諸問題を何というか。

❺南北問題を国際的な協力によって解決するため，1964年に国連総会によって設置された常設機関は何か。

❻UNCTADの第1回会議において提出された，発展途上国の貿易促進を目的とした，一次産品の価格安定や援助の拡大を柱とする議長報告を何と呼ぶか。

❼加盟国経済の安定成長や世界貿易の拡大，発展途上国への援助などを目的に，1961年に**OEEC（欧州経済協力機構）**を改組してつくられた機関は何か。かつては「先進国クラブ」ともいわれた。日本は1964年に加盟し，2023年現在の加盟国数は38か国である。

❽OECDの下部機関で，発展途上国への援助について加盟国の利害調整を行い，具体的な援助方法などを検討する29か国とEUで構成された機関は何か。

❾**世界銀行グループ**の一つで，発展途上国への長期資金の供与などを行う国際機関は何か。1960年に設立された。

❿世界銀行グループの一つで，主として発展途上国の民間企業への融資を担当する国際機関を何というか。1956年に設立された。

【資源ナショナリズムと南南問題】

❶1960年代以降，資源を保有する発展途上国は，国有化を行うなど自国資源の主権を主張し，先進国の支配から脱却しようとした。この動きを何というか。

❷産油国の石油資源を支配し，世界の石油生産に多大な影響力をもっていた，国際的な石油会社を何というか。

❸メジャーズに対抗した産油国が，石油の生産量や価格など，広範な石油政策について協議を行うため，1960年に結成した組織は何か。**第四次中東戦争**を機に石油価格の大幅な値上げを行い，第一次石油危機（オイル-ショック）を引き起こした。

❹アラブ産油国が団結して石油事業を促進するため，1968年に結成した組織は何か。

❹南北問題

❺国連貿易開発会議（UNCTAD）

❻プレビッシュ報告

❼経済協力開発機構（OECD）

❽開発援助委員会（DAC，ダック）

❾国際開発協会（IDA，第二世界銀行）

❿国際金融公社（IFC）

❶資源ナショナリズム

❷メジャーズ（国際石油資本）

❸石油輸出国機構（OPEC，オペック）

❹アラブ石油輸出国機構（OAP

❺資源に関する先進国と発展途上国との不平等を解決することを目的に，1974年に開かれた国連の会議は何か。

❻1974年の国連資源特別総会で採択された宣言は何か。発展途上国の利益を重視する立場から天然資源の恒久主権の確立や，交易条件の改善，多国籍企業の規制・監視などを内容とする。

❼1970年代以降，工業化の成功によって高度成長を達成した韓国や香港・台湾・シンガポール・メキシコ・ブラジル・アルゼンチンなどのアジアや南米の国・地域を何と呼ぶか。

❽有力な資源に恵まれず，開発や工業化も遅れている低所得国を何というか。

❾対外債務が累積し，一人あたりの国民総所得が低い後発発展途上国を何というか。

❿ひとたび貧困に陥ると，そこから容易に脱出できない様子を示した言葉は何か。

⓫南の発展途上国間でも，産油国やNIEs諸国のように経済発展をみせた国と，経済成長できない最貧国との間の経済格差が広がっている。この格差にかかわる問題を何というか。

⓬国連開発計画（UNDP）が作成・発表する人間開発に関する指標は何か。0～1の間の数字で表される。

【南北問題の課題】………………………………………………………

❶二国間の贈与や貸付，国際機関への出資・拠出など，発展途上国に対する先進国の援助を何というか。

❷ODAは，贈与あるいは融資条件の緩いものであることが必要な要件であるが，この要件をパーセンテージで示したものを何というか。贈与の場合は100％で，25％以上のものがODAとなる。

❸1992年，人道的見地，相互依存関係の確認，自助努力，環境保全の四つの柱からなる日本のODAの基本方針が閣議決定され，さらに2003年と2015年に二度改定されたものを，まとめて何というか。

EC，オアペック）

❺国連資源特別総会

❻新国際経済秩序（NIEO，ニエオ）樹立宣言

❼新興工業経済地域（NIEs，ニーズ）

❽後発発展途上国（LDC）

❾重債務貧困国（HIPCs）

❿貧困の悪循環

⓫南南問題

⓬人間開発指数（HDI）

❶政府開発援助（ODA）

❷グラント－エレメント

❸ODA大綱（開発協力大綱）

❹発展途上国に対する技術協力と人材育成，無償資金協力事業などの調査と実施の促進を業務の基本として，1974年に発足した組織は何か。

❺1965年から始まった，青年がもつ技術や知識を生かして発展途上国の開発などに協力する事業を何というか。

❻1980年代の中南米諸国や1990年代後半のアジア諸国では，対外債務の返済が滞り，債務が巨額に累積した状態が生じた。これを何というか。

❼累積債務の増大に対して，援助国がとった債務の返済を一時的に繰り延べるなどの救済策を何というか。

❽累積債務が増大し，利払いや元本の償還が不可能となる状態を何というか。

❾個人間の年齢・能力的差異や，国家間の経済格差などによって，パソコンやインターネットなどの**情報技術**（ＩＴ）を利用できる人と，そうでない人（情報弱者）との間にできる格差を何というか。

❿発展途上国で，その国の貧困層に少額の資金を貸し出し，事業などを手助けすることで自立を促す取り組みを何というか。バングラデシュの**グラミン銀行**などがある。

⓫2000年の**国連ミレニアム－サミット**で採択された，貧困の根絶などをめざす国際社会の目標を何というか。

⓬2015年，上記の目標の成果によって，その後の15年のために採択された開発目標を何というか。

⓭先進国が発展途上国に資本や技術を提供して開発を進め，その生産物を輸入することを何というか。

⓮コーヒー豆など発展途上国の産品を適正な価格で輸入し，それを先進国内の市場で販売する貿易を何というか。主としてＮＧＯなどの手で進められている。

❹国際協力機構（ＪＩＣＡ，ジャイカ）

❺青年海外協力隊

❻累積債務問題

❼リスケジューリング

❽デフォルト

❾デジタル－デバイド(情報格差)

❿マイクロ－クレジット（マイクロ－ファイナンス）

⓫ミレニアム開発目標（ＭＤＧｓ）

⓬ＳＤＧｓ（持続可能な開発目標）

⓭開発輸入

⓮フェア－トレード

5　地球環境問題と人口・資源・エネルギー
【地球規模での環境の悪化】

❶人類の活動が地球環境に及ぼしている問題を総称して何というか。

❷一定の地域に住む生物の相互間，およびそれらが生活している環境との間にある自然界の物質交代，代謝の構

❶地球環境問題

❷生態系（エコ－システム）

造全体のことを何というか。

❸化石燃料の使用などの産業活動によって二酸化炭素・メタンなどの**温室効果ガス（ＧＨＧ）**が大気中に排出され，そのために地球の温度が上昇することを何というか。

❸地球温暖化

❹**硫黄酸化物**（ＳＯ$_x$）や**窒素酸化物**（ＮＯ$_x$）は大気中の水分と結びつき，雨や雪・霧などに取り込まれて地上に降下する。このことで生じる環境問題を何というか。

❹酸性雨

❺紫外線から地球上の生物を守っている成層圏にある酸素の層は，冷却剤やスプレーの噴射剤に使われていた**フロン（フルオロカーボン）**の使用によって破壊されている。この環境問題を何というか。

❺オゾン層破壊

❻アマゾン川流域やアフリカでは，農地開発などで深刻な環境問題が引き起こされている。それは何か。

❻熱帯（雨）林の減少

❼気候の変動や人類の活動によって，土壌の乾燥など土地の劣化が著しいが，この環境問題を何というか。

❼砂漠化

❽アフリカのサハラ砂漠の南縁に位置し，砂漠化の進行が問題になっているセネガルからスーダンにかけての細長い地域を何というか。

❽サヘル

❾プラスチックや農薬など多くの工業製品に含まれる化学物質で，生物のホルモンに異常をもたらすといわれているものを何というか。

❾環境ホルモン（内分泌攪乱物質）

❿人類がつくり出した史上最強の毒性物質で，アメリカ軍がベトナム戦争で使った**枯れ葉剤**に混入していたことでも知られる物質は何か。近年，ゴミ焼却場から排出され，それによる環境汚染が問題となった。

❿ダイオキシン

⓫1962年，初めて本格的に農薬や殺虫剤などの化学物質による環境汚染を取り上げ，野生生物や人間などへの影響を警告した女性海洋生物学者は誰か。また，その著書名は何か。

⓫レイチェル＝カーソン（1907〜64），『沈黙の春』

【持続可能な開発と国際協力】……………………………………

❶1972年，スウェーデンのストックホルムで「**かけがえのない地球**」をスローガンに開かれた地球環境の保全を目的とした国連会議を何というか。

❶国連人間環境会議

❷1972年，**ローマ−クラブ**が発表した資源の有限性と成長の限界を指摘するレポートを何というか。

❷『成長の限界』

❸国連人間環境会議から20周年を記念して，1992年にブラジルのリオデジャネイロにおいて，緊急を要する環境保護および社会的・経済的開発問題についての会議が行われた。この会議を何というか。

❸地球サミット（国連環境開発会議）

❹1987年，国連の環境と開発に関する世界委員会（**ブルントラント委員会**）が提唱し，地球サミットの基本理念となった考えを方を何というか。将来の環境を保全するために，節度ある開発を進めようとするものである。

❹持続可能な開発（持続可能な発展）

❺地球サミットにおいて，地球環境保全のための基本原則が宣言としてまとめられた。これを何というか。

❺リオ宣言

❻地球サミットにおいて，21世紀に向けて持続可能な開発を達成するための具体的な行動計画が策定された。これを何というか。

❻アジェンダ21

❼地球の温暖化を防ぐために，二酸化炭素などの温室効果ガスの排出量を抑え，大気中の濃度を安定化させることを目的に，地球サミットで署名された条約は何か。

❼気候変動枠組み条約（地球温暖化防止条約）

❽1988年に国連環境計画（ＵＮＥＰ）と世界気象機関（ＷＭＯ）とが共同で設けた組織を何というか。地球温暖化などに関して科学的知見や影響の報告や提言を行う。

❽気候変動に関する政府間パネル（ＩＰＣＣ）

❾1997年，京都で開かれた「第3回気候変動枠組み条約締約国会議」（**ＣＯＰ３**）で，2008～12年に先進国全体で二酸化炭素などの排出量を平均5.2%削減することなどを取り決めた文書は何か。2005年に発効した。

❾京都議定書

❿京都議定書の目標を達成するための具体的な三つの措置を一般に何というか。

❿京都メカニズム

⓫温室効果ガスの削減義務のある先進国同士で削減などを実施し，投資国がその削減量をクレジットとして得られる制度は何か。京都メカニズムの一つである。

⓫共同実施（ＪＩ）

⓬温室効果ガスの削減義務を負う先進国が，発展途上国の排出削減に協力することで，自国の削減目標達成に資する制度は何か。京都メカニズムの一つである。

⓬クリーン開発メカニズム（ＣＤＭ）

⓭温室効果ガスの削減に成功した国（企業）が，未達成の国（企業）に排出量の枠を売るなど，排出目標達成のために環境汚染物質の取引きを行うことを何というか。京都メカニズムの一つである。

⓭排出量（排出権）取引（ＥＴ）

❶2015年のCOP21で京都議定書後の発展途上国を含めた排出量削減の枠組みが合意された。翌年に発効されたこの枠組みを何というか。

❶パリ協定

❶生物の多様性を保全することや，遺伝資源などから得られる利益の公正・衡平な配分を目的として，地球サミットのなかで署名された条約は何か。

❶生物多様性条約

❶ 2002年，南アフリカで191か国・地域の代表が集まり，アジェンダ21の実施状況を検証し，その後の取り組みを強化するために開かれた会議を何というか。

❶環境開発サミット（ヨハネスブルク－サミット）

❶特に水鳥の生息地として国際的に重要な湿地を保護することを目的に1971年，イランのラムサールで採択され，1975年に発効した条約は通称何か。日本は1980年に加入し，北海道の釧路湿原が初の登録湿地となった。現在，マングローブ・珊瑚礁なども広く登録されている。

❶ラムサール条約

❶絶滅の危機に直面していたり，危機的な状態に陥る可能性のある野生の動植物の国際取引を規制する目的で，1973年に調印された条約は何か。

❶ワシントン条約

❶有害廃棄物の国境をこえた移動や，処分の規制などを定めた条約を何というか。国連環境計画（ＵＮＥＰ）が中心となって準備をし，1992年に発効した。

❶バーゼル条約

❷フロンガスなど，オゾン層破壊の原因となる物質の全廃に向けての方策を定めた議定書は何か。

❷モントリオール議定書

❷遺伝子組み換え生物の輸出入の規制などを2000年に定めた文書を何というか。

❷カルタヘナ議定書

❷ユネスコの三大事業の一つで，**世界遺産条約**に基づき登録された遺産を何というか。文化遺産・自然遺産・複合遺産の3種があり，日本からは姫路城や厳島神社などが登録されている。

❷世界遺産

❷ユネスコの三大事業の一つで，貴重な文書や記録などが登録された遺産を何というか。日本からは山本作兵衛が残した筑豊炭鉱の記録画などが登録されている。

❷世界記憶遺産（世界の記憶）

❷ユネスコの三大事業の一つで，祭礼・芸術などの分野で認定・登録されたものを何というか。日本からは能楽・人形浄瑠璃・歌舞伎などが登録されている。

❷無形文化遺産

❷絶滅危機にある野生生物の保護などの生態系保全に取

❷世界自然保護基

り組む世界最大規模の**環境ＮＧＯ**を何というか。｜　金（WWF）

【「宇宙船地球号」を守る努力】……………………………………………

❶地球全体が共同体としての宿命をもつに至ったことを示す，アメリカの**ボールディング**らが用いた言葉は何か。　❶宇宙船地球号

❷環境にやさしい消費生活や環境への負荷の少ないライフスタイルを希求する人たちのことを何というか。　❷グリーン‐コンシューマー

❸多数の人がアクセスできる共有地をそれぞれが勝手に利用すると，その資源が荒廃して人々が共倒れになるという寓話(ぐうわ)に基づく数理モデルを何と呼ぶか。　❸共有地（コモンズ）の悲劇

❹環境保護のために行われる間接規制の方策で，汚染物質の排出によって社会が負担しなければならない外部費用を，その製造者あるいは消費者に負担させるために課す税を何というか。**炭素税**などがある。　❹環境税

❺2002年，地方税法の規定に基づき全国では三重県が最初に導入した税を何というか。　❺産業廃棄物税

❻**国際標準化機構（ＩＳＯ）**が定めた，環境保護を目的とする企業経営に関する国際規格を何というか。　❻ＩＳＯ14000シリーズ

❼二酸化炭素などの排出を大幅に削減した社会のことを何というか。　❼低炭素社会（脱炭素社会）

❽今まで経済成長の指標として使われていたGDPから，天然資源の枯渇や汚染，自然破壊などの環境劣化分のコストを差し引いたものを何というか。　❽グリーンGDP

【人口と食料の問題】……………………………………………………

❶イギリスの古典派経済学者で，主著**『人口論』**（1798年）において，食料は算術級数的にしか増加しないのに，人口は幾何級数的に増えるので，貧困や悪徳が必然的に発生すると主張した人物は誰か。　❶マルサス（1766～1834）

❷特定時点における年齢別・性別人口の構成を表した図は何か。**ピラミッド型・つりがね型・つぼ型**などがある。　❷人口ピラミッド

❸世界人口が，食料生産の増加，医学や衛生技術の発展による死亡率の低下と平均寿命の伸長などにより，特にアジア・アフリカ・ラテンアメリカの貧しい発展途上国を中心に急激に膨張している現象を何というか。　❸人口爆発

❹慢性的な貧困・紛争・地震・洪水・干ばつなどの人為的災害または自然災害により，食料を満足に得ることが　❹飢餓

できず，慢性的な栄養不足に陥った状態を何というか。

❺国連総会と国連食糧農業機関（ＦＡＯ）の決議に基づき1961年に設立された，発展途上国への食糧援助を行う機関は何か。**ハンガーマップ**などを作成している。

❻1996年にローマの国連食糧農業機関で開かれ，全世界で8億人以上と予測される栄養不足人口を2015年までに半減させるとの目標が書き込まれた「世界食糧安全保障に関するローマ宣言」と「世界食糧サミット行動計画」を採択した会議を何というか。

❼2003年にホンコン・アメリカ・オランダ・ドイツ・韓国で，2004年にはベトナムおよび日本の京都府・山口県などで感染が確認され，ヒトへの感染も心配される鳥類の病気を何というか。2009年には豚インフルエンザ（**新型インフルエンザ**）が，メキシコから世界に広がった。

❽2002年，中国の広東省で発症が報告され，2003年に東アジアを中心に広まった感染症を何というか。発症すると38度以上の高熱が出て，その後に咳や呼吸困難といった呼吸器症状がみられ，死亡例も出ている。

❾女性の地位の向上をめざして行われる世界的規模の会議を何というか。これまでにメキシコシティ・コペンハーゲン・ナイロビ・ペキンなどで開催された。

❿自分の体や健康に対する正確な情報や知識をもち，安全で満足できる性生活を営みつつ，子どもの人数や出産の時期などを自分の意思で自由に選択することを保障する考えを何というか。1994年にカイロで開かれた国連の**国際人口開発会議**で提唱された。

【資源とエネルギーの問題】……………………………………

❶資源やエネルギーの無駄な消費を抑え，効率的な利用を行うことを何というか。

❷石油・石炭・天然ガス・核などのように，自然界に存在するものを利用したエネルギーを何というか。

❸電力・ガソリンなどのように，一次エネルギーに手を加えてつくり出されたエネルギーを何というか。

❹地質時代の動物や植物の死骸が地下深くに堆積し，長い年月の間に地圧や地熱などにより変成してできた，石

---

❺世界食糧計画（ＷＦＰ）

❻世界食糧サミット

❼鳥インフルエンザ

❽ＳＡＲＳ（重症急性呼吸器症候群，サーズ）

❾世界女性会議

❿性と生殖に関する健康・権利（リプロダクティブ－ヘルス／ライツ）

❶省資源・省エネルギー

❷一次エネルギー

❸二次エネルギー

❹化石燃料

油・石炭・天然ガスなどの有機物の燃料を何というか。

❺燃料となるウラン・プルトニウムなどを**核分裂**させて，その際に発生する熱で高圧水蒸気をつくり出し，発電機を回して行う発電を何というか。　❺原子力発電

❻1979年，アメリカで**レベル5**の炉心溶融（**メルトダウン**）などの事故を引き起こした原子力発電所は何か。　❻スリーマイル島原子力発電所

❼1986年，旧ソ連のウクライナ共和国で**レベル7**の事故を発生させ，隣接するヨーロッパ諸国にまで放射能汚染を広げた原子力発電所は何か。　❼チェルノブイリ原子力発電所

❽1995年に二次冷却系からのナトリウム漏れ事故を起こした，福井県敦賀市に設置されている高速増殖原型炉を何というか。　❽もんじゅ

❾1999年，茨城県の使用済み核燃料再処理工場である**ＪＣＯ東海事業所**で起きた事故を何というか。　❾臨界事故

❿2011年，**東日本大震災**の地震と津波が重なり，**レベル7**の深刻な事故を起こした日本の原子力発電所は何か。　❿福島第一原子力発電所

⓫原子力発電所や核燃料再処理工場などから出る，**放射能**に汚染された廃棄物のことを何というか。　⓫放射性廃棄物

⓬ウランの採鉱から濃縮・加工・利用・再処理・廃棄までの全プロセスを何というか。　⓬核燃料サイクル

⓭使用済み核燃料から取り出したプルトニウムとウランの**混合酸化物（ＭＯＸ）燃料**を，一般の軽水炉で燃やして発電することを何というか。　⓭プルサーマル

⓮1955年に制定された原子力の研究・開発・利用の基本方針を定めた法律を何というか。　⓮原子力基本法

⓯1957年，原子力の平和利用と軍事への転用阻止を目的に設立された機構で，原子力関連施設の核査察などを行う国際機関を何というか。　⓯国際原子力機関（ＩＡＥＡ）

【代替エネルギーの開発とリサイクル】

❶太陽光・太陽熱・風力・波力など，自然現象のなかで繰り返し使えるエネルギーの総称を何というか。　❶再生可能エネルギー

❷太陽の光を電気エネルギーに変える太陽電池を住宅の屋根などに置き，発電するシステムを何というか。　❷太陽光発電

❸サトウキビ・稲わら・生ゴミ・微生物・家畜糞尿など，植物が光合成によってつくり出す有機性資源は何か。　❸バイオマス

❹サトウキビやトウモロコシ，廃材木などを原料とした
エネルギーを何というか。二酸化炭素の排出抑制とガソ
リン代替として期待される一方，食料問題に世界的な悪
影響を及ぼすことなども懸念されている。

❺先端産業では欠かせない希少金属元素を総称して何と
いうか。また，そのなかで希土類元素を何というか。

❻燃料を用いて発電を行うと同時に，そのとき発生する
廃熱や冷却水熱を，冷暖房や給湯などに有効利用する**熱
電併給システム**を何というか。

❼水素と酸素を反応させ，電気エネルギーを直接取り出
す装置を何というか。

❽ガソリンエンジンと電気モーターを組み合わせるな
ど，二種類以上の違った方法の良い部分を用いて，それ
ぞれ別々に用いたときよりも高度な作用を達成する技術
を何というか。

❾1993年からスタートした，持続的成長とエネルギー・
環境問題の同時解決をめざした計画を何というか。

❿省資源・省エネルギーをはかり，環境への負荷が少な
い循環型社会をつくるために，廃棄物の再利用・再資源
化を行うしくみを何というか。

⓫ある産業の製造工程から排出される廃棄物を，別の産
業の再生原料としてリサイクル利用することにより，廃
棄物全体をゼロにする取り組みを何というか。

⓬風力や太陽光などの**再生可能エネルギー**で発電した電
力の買い取りを電力会社に義務づけた法律は何か。

⓭ビンなどの代金を預かり金として製品価格に含めて販
売し，消費した後にそれを返却すれば代金が戻されるシ
ステムを何というか。

⓮循環型社会形成の実践的課題とされる言葉で，**リ
デュース**（発生抑制），**リユース**（再使用），**リサイクル**
（再生利用）の英単語の頭文字から何と呼ばれるか。

⓯「**大量生産・大量消費・大量廃棄**」型の経済社会と決
別し，生産から消費，廃棄に至るまでの物質の効率的な
利用やリサイクルを進めることにより，「循環型社会」
の形成をめざす法律は何か。2000年に制定，01年施行。

❹バイオエタノール

❺レアメタル，レ
アアース

❻コジェネレー
ション‐システ
ム

❼燃料電池

❽ハイブリッド

❾ニューサンシャ
イン計画

❿リサイクリング
‐システム

⓫ゼロ‐エミッ
ション

⓬再生可能エネル
ギー特別措置法

⓭デポジット制

⓮3R

⓯循環型社会形成
推進基本法

❶1995年制定，1997年から施行され，まずはガラスビン，ペットボトルを対象にし，2000年からは紙，プラスチック製の容器・包装材料のリサイクルを，その使用メーカーなどに義務づけた法律を何というか。

❶容器包装リサイクル法

❶冷蔵庫・テレビ・エアコン・洗濯機について処分場への廃棄を抑制し，再生資源の十分な利用を促すため，メーカーなどにリサイクルを，消費者には費用負担を義務づけた法律を何というか。1998年制定，2001年に施行された。2009年から対象がブラウン管テレビ・液晶テレビ・プラズマテレビ・冷蔵庫・冷凍庫・エアコン・洗濯機・乾燥機に，2013年からは小型家電も対象となった。

❶家電リサイクル法

❶廃車から出るフロン類・シュレッダーダスト・エアバッグ類について回収およびリサイクルもしくは適正な処分を自動車メーカーや輸入業者に義務づけた法律を何というか。2002年制定，2005年に施行された。

❶自動車リサイクル法

❶飲食店などの食品廃棄物の発生を抑制し，再生利用を促進するため，食品関連企業に義務づけた法律を何というか。2000年に制定された。

❶食品リサイクル法

❷資源を有効利用するため，特定の建設資材の再資源化を，建築物の解体業者などに義務づけた法律を何というか。2000年に制定された。

❷建設資材リサイクル法

❷国などが率先して，環境負荷の低減に役立つ物品を購入することを定めた法律は何か。2000年に制定された。

❷グリーン購入法

❷省エネタイプの住宅の購入などを支援する制度を何というか。

❷エコポイント

❷開発行為をおこなう場合，それが自然環境に与える影響を事前に調査・予測・評価することを何というか。

❷環境アセスメント（環境影響評価）

❷何かを達成するためには何かを犠牲にしなければならないことを何というか。

❷トレード−オフ

❷イギリスのウェッブ夫妻が提唱した，社会保障の国民的最低基準のことを何というか。

❷ナショナル・ミニマム

❷消費者それぞれが各自にとっての社会的課題の解決を考慮したり，そうした課題に取り組む事業者を応援しながら消費活動を行うことを何というか。

❷エシカル消費（倫理的消費）

第2章　世界経済と日本

【正誤問題に TRY】‥‥‥‥‥‥‥‥‥‥‥‥‥‥‥‥‥‥‥‥‥‥‥‥‥

【貿易・国際収支】

①リカードは，雇用を創出するためには，民間企業の自発的な創意工夫にもとづいた技術革新が必要であると強調した。（10 本）

①　×　技術革新を提唱したのはシュンペーター。

②リストは，経済を発展させるためには，規制を緩和して市場での自由な取引に任せることが必要であると強調した。（10 本）

②　×　リストは保護貿易を主張。

③経常収支と資本収支の合計が黒字であれば，外貨準備は減少する。（10 追）

③　×　外貨準備は増加する。

④国際収支表において，証券投資はサービス収支に，直接投資は金融収支に記載されている。（00 追，改：2014 年改訂の国際収支表に準じる）

④　×　証券投資も金融収支に記載されている。

⑤国際収支表において，食糧・医療品などの無償援助は，第一次所得収支に記載されている。（00 追，改：2014 年改訂の国際収支表に準じる）

⑤　×　第二次所得収支に記載。

⑥国際収支表において，輸送，旅行，通信などの取引は，サービス収支に記載されている。（00 追，改：2014 年改訂の国際収支表に準じる）

⑥　○

⑦国際収支表において，利子所得，配当所得および雇用者報酬は，金融収支に記載されている。（00 追，改：2014 年改訂の国際収支表に準じる）

⑦　×　第一次所得収支に記載。

⑧値上がりによる利益を目的として外国企業の株式や社債を取得することを，直接投資と呼ぶ。（03 本，改：2014 年改訂の国際収支表に準じる）

⑧　×　証券投資の説明。

⑨先進国企業が先進に対外進出することは「その他の投資」に分類され，近年増加傾向ある。（03 本，改：2014 年改訂の国際収支表に準じる）

⑨　×　証券投資の説明であり，先進国でなくてもよい。

⑩変動相場制において，自国通貨の為替レートの下落は輸出抑制と輸入拡大を促し，上昇は輸入

⑩　×　下落と上昇の記述が逆である。

抑制と輸出拡大を促す。(04 追)

⑪変動相場制への移行開始 (1973 年) の後，主要国は首脳会議や財務相・中央銀行総裁会議において通貨・経済問題を協議することで，為替相場の安定を図ろうとしている。(21 本)

⑫2000 年代に入って日本の国際収支は，経常収支が赤字化し，資本収支が黒字となった。(10 追)

⑬変動相場制において，自国の金利を引き下げて内外金利差を拡大させることは，国外への資本流出と自国通貨の為替レートの下落の要因となる。(04 追)

⑭自国の通貨高を是正するために通貨当局が為替介入を行うことは，外貨準備の増加要因になる。(17 追)

⑮アメリカの短期金利が上昇すると，ドルに対する円の為替相場は上昇する。(06 本改)

⑯日本銀行が外国為替市場で円売り介入を行うと，ドルに対する円の為替相場は上昇する。(06 本改)

⑰投資家が将来のドル高を予想して投機を行うと，ドルに対する円の為替相場は上昇する。(06 本改)

⑱1980 年代後半においてアメリカの機関投資家は，対日証券投資を活発に行っていたことから，急激な円高ドル安によって為替差損を被った。(04 追)

⑲進出拠点で生産した製品を，進出企業が従来の日本の輸出相手国に，進出拠点から直接輸出する傾向が強まると，日本の貿易収支の黒字が拡大する。(04 追)

【国際経済体制】

①ブレトン－ウッズ体制は，金とドルの交換を前提にし，ドルと各国通貨を固定相場で結びつけるものである。

⑪ ○

⑫ ×　2000 年代以降，経常収支が赤字になったことはない。

⑬ ○

⑭ ○

⑮ ×　円相場は下落する。

⑯ ×　円相場は下落する。

⑰ ×　ドル建てで輸入する場合，円高ドル安は差益を生じさせるため，リスクとは言えない。

⑱ ×　円建てで買った日本の証券を，その後の円高ドル安字にドルで売れば差益を得る。

⑲ ×　貿易黒字は縮小する。

① ○

②IMF協定（1944年）では，為替相場の安定に
　よる自由貿易の拡大を促すために，すべての
　加盟国に自国通貨と金との交換を義務づけた。
　（21本）

②　×　ドルを基軸通貨と
　し，金との交換を保障し
　た。

③国際復興開発銀行（世界銀行）は，当初は活動
　の重点を発展途上国の開発援助においていた
　が，現在では先進国の失業対策においている。
　（05本）

③　×　戦後の欧州の復興
　支援から発展途上国への
　開発援助へ変わった。

④1970年代には，ニクソン大統領が金・ドル交
　換停止を宣言し，従来の変動相場制から固定
　相場制へと為替制度を変更する国が相次いだ。
　（11本改）

④　×　固定相場制から変
　動相場制へと変更され
　た。

⑤IMF（国際通貨基金）は，各国通貨の対ドル交
　換比率の固定化により国際通貨体制を安定さ
　せることを目的として設立された。（18本）

⑤　○

⑥スミソニアン協定では，変動為替相場制への移
　行が合意された。（08本）

⑥　×　金1オンス38ド
　ルの固定相場制への復帰
　がはかられた。

⑦キングストン合意により，金の公定価格が廃止
　され，固定相場制だけが各国の為替制度とされ
　た。（11追）

⑦　×　キングストン合意
　で変動⑧相場制への移行
　が承認された。

⑧第一次石油危機が発生した年からプラザ合意が
　交わされた年までの全期間を通じて，1米ドル
　当たり100円のレートを突破する円高を記録
　したことは一度もない。（21追）

⑧　○

⑨1980年代には，タイの通貨バーツの下落を
　きっかけとして，アジア各国では投機資金の
　流出が連鎖的に起こり，次々と通貨危機が発
　生した。（11本改）

⑨　×　アジア通貨危機
　は，1980年代ではなく
　1997年である。

⑩2000年代にはサブプライム・ローン問題を契
　機に，IMF（国際通貨基金）により資本の自由
　な移動が原則として禁止された。（11本改）

⑩　×　資本の移動の自由
　は守られている。

⑪GATT（関税及び貿易に関する一般協定）の基
　本原則の中には，最恵国待遇原則があったが，
　この原則はWTOには引き継がれていない。
　（20本）

⑪　×　WTOでも引き継
　がれている。

⑫ GATT のウルグアイ・ラウンドでは，知的財産権の国際的保護に関するルールについて交渉されたが，このルールは WTO で採用されていない。(20 本)

⑫　×　WTO でも採用されている。。

⑬ WTO のドーハ・ラウンドは，農産物の輸出国と輸入国との間の利害対立もあり，交渉全体の妥結には至っていない。(20 本)

⑬　○

⑭ GATT（関税および貿易に関する一般協定）を発展的に継承する形で，WTO（世界貿易機関）を設立することになった。(02 追)

⑭　○

⑮ セーフガード（緊急輸入制限）を発動して自国産業を一時的に保護することは，WTO（世界貿易機関)のルールでは認められていない。(03 本)

⑮　×　セーフガードは WTO が特例として認めている。

⑯ ドイツは，東西ドイツ統一に伴う経済的混乱が大きかったため，EU の発足当初は加盟しなかった。(04 本)

⑯　×　西ドイツは EC の原加盟国であり，統合後のドイツも EU 発足当初から加盟している。

⑰ EU（欧州連合）に加盟しているがユーロを導入していない国は，低所得層に対する所得再分配の比率が最も低く，相対的貧困率が最も高い。(17 本)

⑰　×　例としてデンマークがあるが，記述が逆である。

⑱ イギリスは，EU の単一通貨ユーロが導入された時点で，ユーロに参加しなかった。(04 本)

⑱　○

⑲ 日本は，アジア太平洋地域の経済交流を促進するため，APEC（アジア太平洋経済協力）に参加している。(08 本)

⑲　○

⑳ ASEAN は AFTA（ASEAN 自由貿易地域）を形成し，加盟国間の経済の結びつきを強めている。(09 追)

⑳　○

【南北・南南問題，ODA】

① UNCTAD（国連貿易開発会議）は，発展途上国の輸出品に対する特恵関税の導入を要求した。(09 本)

①　○

② 住宅バブルが崩壊したアメリカでは，サブプライムローン問題が表面化した。(17 本)

②　○

③ギリシャ財政危機では，財政状況が悪化したギリシャの国際利回りが高騰した。(17 本)

③　○

④アジア通貨危機では，資本流出に見舞われたタイの自国通貨が高騰した。(17 本)

④　×　タイのバーツの大暴落によってアジア通貨危機が発生した。

⑤先進諸国は，OECD（経済協力開発機構）の中にDAC（開発援助委員会）を設け，国際的規模でODAの充実を図っている。(04 追)

⑤　○

⑥発展途上国全体の人口増加率は，先進国全体のそれを上回っている。(09 本)

⑥　○

⑦発展途上国間で，天然資源をもつ国ともたない国との経済格差が問題となったため，国連資源特別総会は，資源ナショナリズム反対を決議した。(02 本)

⑦　×　1974 年の国連資源特別総会で資源ナショナリズムに基づくNIEO（新国際経済秩序）樹立宣言が採択された。

⑧発展途上国の中で，一人当たり国民所得が最も低い水準にある諸国の大半は，中南米地域に集中している。(02 本)

⑧　×　特にサハラ以南のアフリカに集中。

⑨一次産品については，世界市場における自由な取引に委ねるのではなく，価格安定措置を講じるべきであるとの主張が発展途上国からなされてきた。(02 本)

⑨　○

⑩先進国におくれて工業化を開始したNIESは，後発発展途上国（LDC，LLDC）と呼ばれる。

⑩　×　NIES は 1970 年代以降に急速な経済成長を続けた新興国のことである。

⑪1980 年代には，発展途上国の累積債務問題が表面化し，中南米諸国にはデフォルト（債務不履行）を宣言する国も現れた。

⑪　○

⑫フェアトレードとは，発展途上国の人々の生活を改善するために，発展途上国産の原料や製品について公正な価格で継続的に取引することである。(16 追)

⑫　○

⑬ODAは，国際社会に対するサービスとして位置付けられ，そのため国際収支統計では，貿易・サービス収支に算入されている。(04 追)

⑬　×　国際機関への拠出金や消費財の海外援助は経常収支の第二次所得収支に計上され，社会資本への無償資金援助は資本移転等収支に計上される。

⑭日本のODAの中には，政府の開発支援事業に協力する民間企業の直接投資や民間非営利団体（NPO）の寄付も含まれている。（04 現社本）

⑮日本のODAは，発展途上国に対する資金援助を目的としているため，専門家派遣などの技術協力は含まれない。（09 本）

⑯日本のODAは，発展途上国における経済発展の支援を目的としているため，資金の返済を必要とする円借款は含まれない。（09 本）

⑰日本のODA総額のGNIまたはGNP（国民総生産）に対する比率は，国連が掲げる目標水準を下回っている。（09 本）

⑱マイクロクレジットとは，貧困層の自助努力を支援するために，低所得者に少額の融資を行うことである。（16 追）

【資源・エネルギー，環境問題】

①第一次石油危機では，イラン革命を契機に，OPEC（石油輸出国機構）は原油価格を大幅に引き上げた。（18 本改）

②国連海洋法条約は，沿岸国が領海の外側に一定の範囲で排他的経済水域を設定することを認めている。（16 追）

③四日市ぜんそくは，コンビナート周辺の大気汚染によって発生したもので，都市公害の一つに分類される。（11 追）

④公害に反対する市民運動の要求を受けて，1970 年前後に一連の公害対策立法が行われた。（10 本）

⑤日本では，福島第一原発事故後に施行された再生可能エネルギー特別措置法によって，再生可能エネルギーから作られた電力の固定価格買取制度が開始された。（20 本）

⑥国連人間環境会議では，先進国による温室効果ガスの削減目標値が採択された。（15 本）

⑭　×　政府機関からの供与で，民間企業やNPOからの資金は含まれない。

⑮　×　二国間援助に技術協力を含む。

⑯　×　二国間援助に政府貸付（借款）を含む。

⑰　○

⑱　○

①　×　イラン革命は 1979 年のことであり，第一次石油危機ではなく第二次石油危機の時である。

②　○

③　×　四日市ぜんそくは，産業公害。

④　○

⑤　○

⑥　×　先進国による温室効果ガスの削減目標値が採択されたのは，1997 年の京都議定書である。

⑦環境基本法は，他の先進諸国に比べても早い時期に制定され，その適用によって，水俣病などの公害による被害は最小限にとどめられた。（08 本）

⑦ × 1960 年代に公害訴訟が相次ぎ，1967 年に公害対策基本法が制定された。他国に比べてけっして早くはない。

⑧1990 年代には，公害防止の強化を目的として，公害対策基本法に代わって環境アセスメント法が制定された。（11 追）

⑧ × 公害対策基本法は，1993 年に環境基本法に改正された。環境アセスメント法は 1997 年制定，2011 年改正。

⑨国連人間環境会議の決議をうけて，環境保護を目的とした国連環境計画（UNEP）が設立された。（09 本）

⑨ ○

⑩国連環境開発会議（地球サミット）では，「持続可能な開発」を共通の理念とした環境と開発に関するリオ宣言が採択された。（11 追）

⑩ ○

⑪国連環境開発会議の決議をうけて，先進国による温室効果ガスの排出量取引が開始された。（09 本）

⑪ × 排出権取引は京都議定書であり，取引も行われていない。

⑫気候変動枠組条約のパリ協定では，すべての締約国が温室効果ガスの自主的な削減目標を提出し，目標の達成に向けて取り組むことが定められた。（20 本）

⑫ × 排出量取引は認められている。

⑬京都会議では，先進国と発展途上国に温室効果ガスの排出量を削減することを義務づけた京都議定書が採択された。（11 追）

⑬ × 対象となっているのは先進国であり，国ごとに削減目標値を定めた。

⑭日本では，廃棄物の排出が抑制され資源の循環利用が促進される循環型社会の形成を目的として，循環型社会形成推進基本法が制定された。（19 本）

⑭ ○ 2000 年制定。

⑮ISO（国際標準化機構）によって，組織が環境に配慮した運営を行っていることを認証するための規格が作られた。（06 本）

⑮ ○ ISO14000 シリーズ。

⑯日本では，大規模開発を実施する際に環境保全について適正な配慮がなされるように，環境アセスメント法が制定された。（19 本）

⑯ ○ 1997 年制定。

⑰日本ではグリーン購入法により，消費者は環境への負荷の少ない製品を優先的に購入することが義務づけられている。（17本改）

⑱モントリオール議定書とは，フロンの生産や消費を規制した国際条約である。（16本）

⑲2016年に発効したパリ協定では，「世界の平均気温上昇を産業革命以前に比べて2℃より十分低く保ち，1.5℃に抑える努力をする」という長期目標を掲げている。

⑳生物多様性条約とは，生物多様性の保全とその持続的な利用，生物のもつ遺伝資源の利用から生じる利益の公正な配分を目指す条約である。（19本）

⑰ × 消費者ではなく，公的機関へ率先して購入するようにしたものである。

⑱ ○

⑲ ○

⑳ ○

演習　　論理・選択問題

第Ⅰ章　政治分野 ◇◇◇◇◇◇◇◇◇◇◇◇◇◇◇◇◇◇◇◇◇◇◇◇◇◇◇◇◇◇◇◇◇

1　近代民主政治の思想に関する出題

問　生徒Ｘは，そもそも国家はなぜあるのかについて興味があり，ホッブズの『リヴァイアサン』を読み，議論の流れや概念の関係を整理した下の図を作った。次の文章ａ〜ｄは，『リヴァイアサン』の一節あるいは要約であり，図中の空欄　ア　〜　エ　には，ａ〜ｄのいずれかの文章が入る。空欄　エ　に入る文章として最も適当なものを，下の①〜④のうちから一つ選べ。

　ａ　人は，平和と自己防衛のためにかれが必要だとおもうかぎり，他の人びともまたそうであるばあいには，すべてのものに対するこの権利を，すすんですてるべきであり，他の人びとに対しては，かれらがかれ自身に対してもつことをかれがゆるすであろうのと同じおおきさの，自由をもつことで満足すべきである。

　ｂ　人びとが，かれらすべてを威圧しておく共通の権力なしに，生活しているときには，かれらは戦争とよばれる状態にあり，そういう戦争は，各人の各人に対する戦争である，ということである。

　ｃ　各人は，かれ自身の自然すなわちかれ自身の生命を維持するために，かれ自身の意志するとおりに，かれ自身の力を使用することについて，自由をもっている。

　ｄ　各人は，平和を獲得する希望があるかぎり，それにむかって努力すべきであるというのが，理性の戒律すなわち一般法則である。その内容は，「平和をもとめ，それにしたがえ」ということである。

（出所）　水田洋訳『リヴァイアサン（一）』による。表記を一部改めている。

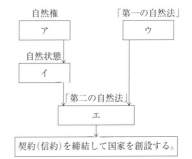

① 　a　② 　b　③ 　c　④ 　d

（2021年度　共通テスト本試験第2日程）

《正解》　①

《解説》

　社会契約説，経済思想に関する問いである。ホッブズは「万人の万人に対する闘争」という自然状態においては，各自の自由や財産所持などの自然権を維持しようと思うあまり衝突が起きるため，国家に自然権を「譲渡」すべきと考えた。

　また，これ以外にもルソーは「一般意思」「直接民主制」，ロック（著書『統治二論』）は「抵抗権・革命権」「生命・自由・財産」，モンテスキュー（著書『法の精神』）は「三権分立」「アメリカの大統領制」などのキーワードを整理しておくとよい。

2　近代民主政治の原理に関する出題

問　生徒Yは，出張講義を聴きながら，「政治・経済」の授業で学習した政治の基本原理と政治体制に関する内容を思い出した。次の文章中の空欄　ア　～　ウ　に当てはまる語句の組合せとして最も適当なものを，後の①～⑧のうちから一つ選べ。

　絶対君主制では，君主に権力が集まり恣意的な権力行使がなされるような事例が見受けられた。そのため，このような恣意的な権力行使に対して，批判や抵抗が強まった。

　その結果，君主による恣意的な権力行使を抑制し，国民の権利を擁護するために「　ア　」という原則が確立するとともに，国家権力を担う機関相互の関係を規律する　イ　という原理が生まれた。

　その後，　イ　という原理を踏まえ，さまざまな政治体制が構築されてきた。議院内閣制や大統領制などの政治体制の分類は，立法権をもつ機関と　ウ　をもつ機関との関係に着目したものである。

①　ア　人の支配　イ　国民主権　ウ　司法権
②　ア　人の支配　イ　国民主権　ウ　行政権
③　ア　人の支配　イ　権力分立　ウ　司法権
④　ア　人の支配　イ　権力分立　ウ　行政権
⑤　ア　法の支配　イ　国民主権　ウ　司法権
⑥　ア　法の支配　イ　国民主権　ウ　行政権
⑦　ア　法の支配　イ　権力分立　ウ　司法権
⑧　ア　法の支配　イ　権力分立　ウ　行政権

（2022年度　共通テスト追試験）

《正解》　⑧

《解説》

　　「法の支配」とは，国家権力の活動は全て法に拘束されるべきという政治理論であり，その目的は，国家権力を法によって支配（拘束）することによって，人権の擁護を実現するためである。これは，絶対王政期の君主や独裁者などの専制的・恣意的な「人の支配」による統治と対立する概念である。

　　権力分立とは，権力の濫用を防ぐために，権力機関を複数に分割し，相互に「均衡と抑制」を図ること。ロックは権力を，議会による立法権と君主のもつ執行権・連合権（外交権）とに分立する構想を示し，モンテスキューは立法権・行政権に加え司法権も分けることで三権分立を唱えた。議院内閣制や大統領制は，どちらも立法権と行政権の関係性が大きく関わるのでウは行政権が当てはまる。

3　イギリスとアメリカの政治制度に関する出題

問　アメリカとイギリスの政治制度について述べた次の文章中の空欄　ア　～　ウ　に当てはまる語句の組合せとして正しいものを，下の①〜⑧のうちから一つ選べ。

　　アメリカでは，大統領は連邦議会の議員の選挙とは別に公選され，議会に議席をもたない。大統領は，議会が可決した法案に対する拒否権と議会への　ア　権とをもつが，議会の解散権をもたない。また議会は，大統領に対して　イ　を行う権限をもたない。

　　これに対しイギリスでは，下院（庶民院）の多数派から首相が任命されて内閣を組織する。内閣は法案を提出することができ，通常は与党議員である大臣が議会で説明や答弁を行う。また伝統的に，下院は内閣に対する　イ　権をもち，これに対抗して内閣は下院を解散することができるとされてきた。

　　こうしてみると，アメリカでは，イギリスよりも立法府と行政府との間の権力分立が　ウ　である。

①　ア　教書送付　　イ　弾　劾　　　ウ　厳　格

②　ア　教書送付　　イ　弾　劾　　　ウ　緩やか

③　ア　教書送付　　イ　不信任決議　ウ　厳　格

④　ア　教書送付　　イ　不信任決議　ウ　緩やか

⑤　ア　法案提出　　イ　弾　劾　　　ウ　厳　格

⑥　ア　法案提出　イ　弾　劾　　ウ　緩やか

⑦　ア　法案提出　イ　不信任決議　ウ　厳　格

⑧　ア　法案提出　イ　不信任決議　ウ　緩やか

(2018年度　センター本試験)

《正解》　③

《解説》

　アメリカ大統領が連邦議会に対して持つ権限としては，議会が可決した法案への拒否権，議会に政策上必要な審議を求める教書提出権などがあり，法案提出権や解散権は持たない。議会の側は大統領に対して，下院には弾劾訴追を提起する権利，上院には大統領の弾劾裁判権がある。アメリカは議会と大統領がそれぞれ国民の選挙で選ばれるので独立性が強く，権力分立が厳格であると言える。

　イギリスは議院内閣制を採用しており，議会（下院）の信任に基づいて成立しているため，議会からの不信任決議が可能である。不信任案が可決されれば，首相は内閣の総辞職か議会の解散で対応する。なお，イギリス議会の上院には解散はない。

4　日本の平和主義と国際協力に関する出題

問　日本の安全保障に関する記述として最も適当なものを，次の①～④のうちから一つ選べ。

①　日本の重要影響事態法による自衛隊の海外派遣に際しては，日本の周辺地域においてのみ自衛隊の活動が認められる。

②　日本のＰＫＯ協力法による国連平和維持活動に際しては，自衛隊員の防護のためにのみ武器使用が認められる。

③　日本は武器の輸出に関する規制として，防衛装備移転三原則を武器輸出三原則に改めた。

④　日本は安全保障に関する重要事項を審議する機関として，内閣総理大臣を議長とする国家安全保障会議を設置した。

(2023年度　共通テスト本試験)

《正解》　④

《解説》

　2013年末に設けられた国家安全保障会議には，首相を議長として，官房長官・防衛相・外相などが出席する。①の重要影響事態法は周辺事態法を改正して2015年に制定され，「日本の周辺地域」という制約が削られ，日本の平和と安全に重要な影響がある場合の活動も対象になった。②のＰＫ

O協力法においては、自衛隊員のみならず共に活動する他の国連職員や民間人の防護も対象になっている。③の武器輸出三原則は、これまで基本原則であったが、2014年に防衛装備移転三原則と改められ閣議決定された。

5　社会権に関する出題

問　「国民が受給している社会保障給付を削減する法律の合憲性について、裁判所はどのような審査をすべきか」という問題が提起された。生徒Xと生徒Yは、ある判決文の一部を抜き出して作成された次の資料を読んだ上で、後の会話文のように話し合った。会話文中の空欄 ア には a か b、空欄 イ には c か d のいずれかが当てはまる。会話文中の ア ・ イ に当てはまるものの組合せとして最も適当なものを、後の①〜④のうちから一つ選べ。

> 　憲法25条にいう「『健康で文化的な最低限度の生活』なるものは、きわめて抽象的・相対的な概念であって、その具体的内容は、その時々における文化の発達の程度、経済的・社会的条件、一般的な国民生活の状況等との相関関係において判断決定されるべきものであるとともに」、同規定を「現実の立法として具体化するに当たっては、国の財政事情を無視することができず、また、多方面にわたる複雑多様な、しかも高度の専門技術的な考察とそれに基づいた政策的判断を必要とするものである。したがって、憲法25条の規定の趣旨にこたえて具体的にどのような立法措置を講ずるかの選択決定は、…（中略）…それが著しく合理性を欠き明らかに裁量の逸脱・濫用と見ざるをえないような場合を除き、裁判所が審査判断するのに適しない事柄である」。

（出所）　最高裁判所民事判例集36巻7号により作成。

X：この判決では、どのように制度を作るかについて、立法府の ア と判断しているね。すでに国民が受給していた社会保障給付を従来よりも削減する立法についても、同じように審査されるのかな。

Y：違う考え方もあると思うよ。たとえば、 イ と考えられるよね。

X：なるほど。たしかに、そういう考え方もできそうだね。だけど、Yさんの意見には、最新の社会情勢や財政事情をもとに行われる立法府の判断が、過去の立法府の判断に拘束されてしまうという問題もありそうだね。

ア に当てはまる内容の記述

a　広い裁量に委ねられる　　b　裁量は否定される

　イ　に当てはまる内容の記述

c　社会保障制度を作り直す時の「健康で文化的な最低限度の生活」の内容は，立法府が改めて国の財政事情を踏まえ専門技術的な考察をして政策的に判断することになるよね。そうだとすると，最高裁判所は，最初に作られた時と同じように立法府の裁量を尊重すべきだ

d　法律で一度は「健康で文化的な最低限度の生活」の内容が具体化されているし，社会保障給付を受給していた国民は将来も受給できると期待するよね。そうだとすると，最高裁判所は，立法府が判断を変更して社会保障給付を削減する場合は，合理的な理由があるかを踏み込んで審査すべきだ

①　ア－a　イ－c　　②　ア－a　イ－d
③　ア－b　イ－c　　④　ア－b　イ－d

（2022年度　共通テスト追試験）

《正解》　②

《解説》

　問ではプログラム規定説について述べられている。これは，憲法の条文は，国民個人に与えられた権利について，具体的な政策や義務ではなく，政府の指針が示されているのみであり，立法・行政権者に具体的な政策内容を委ねるべきというものである。つまり，立法府の裁量は広くなり，またその時々の財政状況や貨幣価値による影響を認め対応すべきということが言える。

6　新しい人権に関する出題

問　新しい人権として日本で主張されている次の権利の名称Ａ，Ｂと，それらに対応する記述ア～ウとの組合せとして最も適当なものを，下の①～⑥のうちから一つ選べ。

Ａ　知る権利　　Ｂ　プライバシーの権利

ア　自らの情報が勝手に利用されないように，その情報をコントロールする。

イ　患者が自己の宗教的信念に基づいて，輸血を拒否する。

ウ　税金の使途が適切かどうかを確認するため，国に対して情報の公開を求める。

①　Ａ－ア　Ｂ－イ　　②　Ａ－ア　Ｂ－ウ　　③　Ａ－イ　Ｂ－ア
④　Ａ－イ　Ｂ－ウ　　⑤　Ａ－ウ　Ｂ－ア　　⑥　Ａ－ウ　Ｂ－イ

《正解》 ⑤

《解説》

　　Aの知る権利は，当初はマス-メディアが自由に取材・報道できる権利として登場したが，現在では国民が国や地方公共団体の行政内容やその決定過程に関する情報を入手できる権利としても用いられ，これに応える形で国や地方公共団体で情報公開制度が整備された。Bのプライバシーの権利とは，私事・私生活をみだりに公開されない権利のことであるが，近年は情報化の進展に伴い「自己に関する情報をコントロールする権利」と定義されるようになった。なお，イは自己決定権に関する記述であり，これは自己の人格にかかわる私的事項を公権力その他から干渉されることなく決定できることである。

7　人権をめぐる新たな動きに関する出題

問　個人の権利や利益について規定する条約が次第に増えており，条約内容を実現させるためには，国内で適切な対応をとることがますます重要になっている。この問題に関心をもった生徒Ｗのグループは，条約内容の実現のために日本はどのような対応を行っているか調査した。次の条文は，1985年に日本が批准したある条約の条文である。この条文の内容を国内で実現させるために国会や裁判所においてとられた対応として正しいものを，後の①～④のうちから一つ選べ。

> 第9条第2項
> 締約国は，子の国籍に関し，女子に対して男子と平等の権利を与える。

(注)「女子」と「男子」は，「子」の親となる女性と男性を意味する。

① 在日外国人への差別をあおる暴力的な街宣活動が問題化したことから，民族や国籍を理由とする差別的言動を規制するため，法律を制定した。

② 最高裁判所は，日本人の父と外国人の母の間に生まれた婚外子は父の認知だけでは日本国籍を取得できないという法律を，合理的な理由のない差別であるとして子の日本国籍を認めた。

③ 法律を改正し，父が日本人の場合にのみ子に日本国籍を認める父系血統主義を，父または母のいずれかが日本人であれば子に日本国籍を認める父母両系血統主義に改めた。

④ 最高裁判所は，女性の再婚を6か月間禁止する法律の規定について，

100日を超える部分については合理的な理由のない差別であると判断した。

（2022年度　共通テスト追試験）

《正解》　③

《解説》

　　問の条約は女性（子）差別撤廃条約のことである。日本では条約批准にあたり当時存在していた国籍法の規定が条約違反となったため，1984年の法改正で父母両系血統主義に改めた。①はヘイトスピーチ解消法（2016年制定）をさしており，地方公共団体においても条例の制定などが進んでいる。②は2008年に最高裁で違憲判決が出た国際婚外子に関する訴訟についての記述で，違憲と判断された国籍法は改正となり，出生後に認知した国際婚外子に日本国籍が認められるようになった。④は2015年に最高裁で違憲判決が出た再婚禁止期間訴訟をさしており，判決を受けて翌年法改正された。

8　国会のしくみとはたらきに関する出題

問　二院制について，生徒Ｘ，生徒Ｙ，生徒Ｚは，模擬授業後の休憩時間に議論をしている。次の会話文中の空欄　ア　〜　ウ　に当てはまる語句の組合せとして最も適当なものを，後の①〜⑧のうちから一つ選べ。

Ｘ：模擬授業でも説明があった両議院の違いを比較すると，　ア　の方が議員の任期が短く解散もあり，直近の民意を反映しやすい議院だということができそうだね。

Ｙ：そうした性格の違いが，両議院の権限の違いに影響しているともいえそうだね。両議院の議決が異なった場合に一定の条件を満たせば，　イ　を国会の議決とすることが憲法上認められているよ。

Ｚ：でも，憲法はなんでもかんでも　イ　を優先させているというわけではないよ。たとえば，　ウ　については両議院の権限は対等だよね。

Ｘ：法律案の議決についても，　イ　を国会の議決とするには，他の場合に比べ厳しい条件が設けられているね。法律案の議決に関する限り，もう一方の議院は，　ア　の決定に対して，慎重な審議を求めるにとどまらず，抑制を加える議院として機能しうるといえそうだね。

① ア　衆議院　　イ　衆議院の議決　　ウ　条約締結の承認

② ア　衆議院　　イ　衆議院の議決　　ウ　憲法改正の提案

③ ア　衆議院　　イ　参議院の議決　　ウ　条約締結の承認

④　ア　衆議院　　イ　参議院の議決　　ウ　憲法改正の提案

⑤　ア　参議院　　イ　衆議院の議決　　ウ　条約締結の承認

⑥　ア　参議院　　イ　衆議院の議決　　ウ　憲法改正の提案

⑦　ア　参議院　　イ　参議院の議決　　ウ　条約締結の承認

⑧　ア　参議院　　イ　参議院の議決　　ウ　憲法改正の提案

(2023年度　共通テスト本試験)

《正解》　②

《解説》

　　衆議院の優越に関する問いである。アは，議員の任期が短く解散もあるという発言より，衆議院であることが分かる。参議院は，解散はなく，任期は6年であり，3年ごとに半数が改選される。イは，両議院の議決が異なった場合，一定の条件を満たす場合は，法律案・予算の議決・条約締結の承認・内閣総理大臣の指名については，「衆議院の優越」が認められている。ウは，憲法改正の提案と承認について，憲法第96条で各議院の総議員3分の2以上の賛成で国会が発議し，国民投票により国民の承認を経なければならなく「衆議院の優越」は認められない。「衆議院の優越」について，具体的に何に関して優越しているのか，整理しておくことが重要。

9　内閣のしくみとはたらきに関する出題

問　内閣総理大臣およびその他の国務大臣について，現在の制度に関する記述として最も適当なものを，次の①〜④のうちから一つ選べ。

①　内閣総理大臣を国民の直接選挙により選出するとすれば，憲法改正が必要である。

②　内閣総理大臣は文民であるため，自衛隊に対する最高指揮監督権をもたない。

③　国務大臣は，自分が議席をもたない議院には発言のために出席することができない。

④　国会議員である国務大臣が選挙によって議員としての地位を失ったときは，その時点で国務大臣の職を失う。

(2012年度　センター本試験)

《正解》　①

《解説》

　　①にあるように，国民が直接首相を選挙する「首相公選制」については，近年話題に上っているが，現行憲法において内閣総理大臣の決定方法の定めがある以上，導入のためには憲法を改正する必要がある。②の「自衛隊

の最高指揮監督権」は自衛隊法に定めがあり，内閣総理大臣がもつ。③の
「国務大臣」は，全員が国会議員であるわけではない。議席の有無にかか
わらず発言のために議院に出席することができる。同様に④も，議員とし
ての地位を失ったからといって，必ずしも国務大臣の職を失うことにはつ
ながらない。

10　日本の裁判制度に関する出題

問　裁判に関心をもつ生徒Xは，元裁判官の教授による「市民と裁判」とい
う講義にも参加した。講義後，Xは，図書館で関連する書籍などを参照し
て，日本の裁判員制度とその課題についてまとめた。次の文章中の空欄
　ア　～　ウ　に当てはまる語句の組合せとして最も適当なものを，下の
①～⑧のうちから一つ選べ。

　　裁判員制度は，一般市民が　ア　の第一審に参加する制度である。制度
の趣旨として，裁判に国民の声を反映させることや，裁判に対する国民の
理解と信頼を深めることなどがあげられる。裁判員は，有権者の中から
　イ　に選任され，裁判官とともに評議し，量刑も含めた判断を行う。
　　裁判員制度が始まって10年以上経過した現在，裁判への参加をよい経験
だったとする裁判員経験者の声や，市民の感覚が司法に反映されたとの意
見など，肯定的な評価がある。だが，裁判員に　ウ　課せられる守秘義務
や辞退率の高さなど，いくつかの課題も指摘されている。

① 　ア　重大な刑事事件　　　　　　イ　事件ごと　ウ　任務中のみ
② 　ア　重大な刑事事件　　　　　　イ　事件ごと　ウ　任務終了後も
③ 　ア　重大な刑事事件　　　　　　イ　年度ごと　ウ　任務中のみ
④ 　ア　重大な刑事事件　　　　　　イ　年度ごと　ウ　任務終了後も
⑤ 　ア　刑事事件および民事事件　　イ　事件ごと　ウ　任務中のみ
⑥ 　ア　刑事事件および民事事件　　イ　事件ごと　ウ　任務終了後も
⑦ 　ア　刑事事件および民事事件　　イ　年度ごと　ウ　任務中のみ
⑧ 　ア　刑事事件および民事事件　　イ　年度ごと　ウ　任務終了後も

（2021年度　共通テスト本試験第1日程）

《正解》　②
《解説》
　　裁判員制度に関する問いである。裁判員制度は，重大な刑事事件の第一
審に一般市民が参加する制度である。裁判員の選任は，事件ごとに18歳以
上の有権者の中から，くじで選ばれる。裁判員に課せられる守秘義務は，

裁判員の任務が終了後も守らなくてはならず，違反した場合は刑罰が科せられる。

11　日本の地方自治制度に関する出題

問　日本の地方自治に関する記述として最も適当なものを，次の①〜④のうちから一つ選べ。

　①　地方分権一括法によって，地方自治体の事務が，自治事務と機関委任事務とに再編された。

　②　特定の地方自治体にのみ適用される法律を制定するには，その住民の投票で過半数の同意を得ることが必要とされている。

　③　地方自治体には，議事機関としての議会と執行機関としての首長のほかに，司法機関として地方裁判所が設置されている。

　④　地方自治体の議会は，住民投票条例に基づいて行われた住民投票の結果に法的に拘束される。

（2016年度　センター本試験）

《正解》　②

《解説》

　②は，憲法第95条に規定されている「特別法の住民投票」に関する規定である。①は，地方分権一括法によって廃止されたのは機関委任事務であり，自治事務と法定受託事務に再編された。③は，地方自治体には，そもそも裁判所を設置することはできない。地方裁判所は国の機関としての下級裁判所である。④は，住民投票条例に基づいて行われる住民投票に，法的拘束力はない。地方自治制度について，国と地方の権限の在り方，地方自治法の定め，地方分権の動きなどを，具体的に整理しておくとよい。

12　政党に関する出題

問　民主政治に関連して，日本における現在の制度の記述として誤っているものを，次の①〜④のうちから一つ選べ。

　①　衆議院議員選挙では，複数の小選挙区に立候補する重複立候補が認められている。

　②　投票日に投票できないなどの事情がある有権者のために，期日前投票制度が導入されている。

　③　国が政党に対して，政党交付金による助成を行う仕組みがある。

　④　政治家個人に対する企業団体献金は，禁じられている。

（2019年度　センター本試験）

《正解》　①
《解説》

　　日本の選挙制度についての問いである。「重複立候補」とは，衆議院議員選挙の小選挙区の政党公認候補者が，比例代表区にも同時に立候補することをさす。従って，複数の小選挙区に立候補することではない。②の「期日前投票」とは，有権者が投票日当日に仕事・旅行・レジャーなどで投票所に行くことができない場合に，前もって投票を投票日前日までに行う制度のこと。③の「政党交付金」とは，政党の政治活動にかかる費用の一部を，国が政党交付金として交付する制度であり，政党助成法として1994年に制定された。④は，政治資金規正法によって，企業や労働組合による政治家個人への寄付，政治献金は禁止されている。

第Ⅱ章　経済分野 ◇◇◇◇◇◇◇◇◇◇◇◇◇◇◇◇◇◇◇◇◇◇◇◇◇◇◇◇◇

1　市場機構に関する出題

問　災害復旧に関連して，生徒Xと生徒Yは災害の影響に関する次の会話をしている。

X：この間の災害で被害を受けた地場産品の野菜の価格が上がって困っているよ。おいしいから毎日必ず食べてたんだ。復旧のめどはたったらしいけど，元に戻るには時間がかかるらしくて。早く元に戻ってくれないかな。

Y：この図をみてよ。災害前は右下がりの需要曲線と右上がりの供給曲線がE点で交わっていたと仮定すると，災害の影響で供給曲線が図の元の位置から一時的にこんな位置に変わった状況だね。ということは，需要曲線が災害前位置のままとして，供給曲線が元の位置に自然に戻るまでの間に　ア　といったような対策がとられれば，<u>より早く元の価格に戻っていくんじゃないかな。</u>

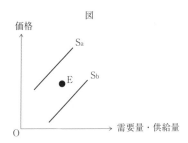

図

　　Xの発言に対し，Yは災害後の供給曲線を図中のSa線かSb線のいずれかと推測し，二重下線部（＿＿＿）を実現するためのE点までの調整方策を会話文中の空欄　ア　で述べている。　ア　に当てはまる発言として最も適当なものを，次の①〜④のうちから一つ選べ。

①　野菜の購入時にキャッシュレス決済で使える電子ポイントを付与する

②　野菜の購入量が増えるように消費者に宣伝を行う

③　原材料の購入に使える助成金を生産者に支給する

④　原材料の使用量に応じて課徴金を課す

（2022年度　共通テスト本試験）

《正解》　③

《解説》

需給曲線のシフト（災害前の地元野菜の需給曲線＝ＳとＤ）

図

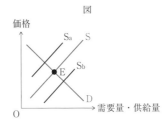

【思考】災害により供給曲線がどちら（SaかSb）にシフトするか？

　→災害発生：供給量減少・価格上昇＝Saにシフト

【判断】災害復旧のための施策でSaからＳにシフトする施策を判断する。

　→選択肢①・②はともに需要曲線がシフトする要因である。

　　選択肢④：課徴金賦課＝価格の上昇＝Saは左（上）にシフトする。

　正解＝選択肢③：助成金支給＝価格の下落＝Saは右（下）にシフトする。

2　財政のしくみとはたらきに関する出題

問　財政再建に関連して、「プライマリー・バランス（PB）」という指標を
もとに、その黒字化が目標とされている。PBは、次の図の、税収などと、
過去に発行された公債の債務償還費・利払費を除いた歳出（一般歳出など）
との差として示される。PBの均衡は税収などで一般歳出などが賄われて
いる状態を、PBの赤字は税収などに加えて公債収入の一部が一般歳出な
どに充てられている状態を、PBの黒字は税収などが一般歳出などに加え

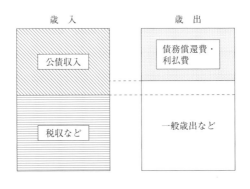

て債務償還費・利払費の一部に充てられている状態を，それぞれ示している。この図が示すPBの状態に関する記述として正しいものを，以下の①〜④のうちから一つ選べ。

① PBが黒字の状態にあり，公共サービスに使われている金額は，国民が負担している税金の額を上回っている。

② PBが黒字の状態にあり，公共サービスに使われている金額は，国民が負担している税金の額を下回っている。

③ PBが赤字の状態にあり，公共サービスに使われている金額は，国民が負担している税金の額を上回っている。

④ PBが赤字の状態にあり，公共サービスに使われている金額は，国民が負担している税金の額を下回っている。

(2005年度　センター追試験)

《正解》　③

《解説》

　　基礎的財政収支（プライマリー・バランス）を論理的に判断させる出題。

　　【知識】基礎的財政収支（プライマリー・バランス）

　　　　　　＝（歳入総額−公債金収入）−（歳出総額−国債費）

　　ここで歳入総額＝歳出総額であることを考慮すると，

　　プライマリー・バランス＝国債費−公債金収入と単純化できる。

　　　　　　言い換えれば（借金返済額−新たな借金額）である。

　　この値が＋（プラス）であればプライマリー・バランス＝黒字，

　　この値が−（マイナス）ならばプライマリー・バランス＝赤字である。

　　　単純に黒字化は借金総額の減少を意味し，

　　　　　　赤字化は借金総額の増加を意味する。

　　さてここでの問いは図から読み取れる内容なので，

　　⑴　公債金の収支に着目すると

　　　公債金収入と国債費の差（次ページの図の赤網掛け部分）＝PBの赤字である。

　　⑵　公債金以外の収支に着目すると

　　　公共サービス（一般歳出等）の額と国民の税負担額（税収等）の差（次ページの図の赤網掛け部分）＝一般歳出を税収で賄えていない。

　　よって正解は③である。

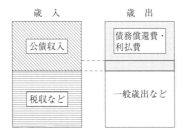

3　資金の循環と金融のはたらきに関する出題

問　金融政策に関連する次の文章を読み，後の設問(1)・(2)に答えよ。

　　　日本銀行は，物価の安定を図ることを通じた国民経済の健全な発展を理念として，金融政策を行っている。その際の代表的な手段には，公開市場操作や預金準備率操作，そして金利政策があげられるが，現在はその中でも ア が中心的な手段とされている。

　　　このような日本銀行の金融政策には，常に変化が求められてきた。たとえば，1990年代後半には「非伝統的金融政策」（注）と呼ばれる金融政策を行うようになった。そして2016年には新たに イ と呼ばれる政策を導入した。これは，金融機関が日本銀行当座預金口座に新たに預金した場合，その預金の一部について，金融機関が日本銀行に金利を支払わなければならない仕組みである。

(注) 非伝統的金融政策とは，伝統的な金融市場調節手段である政策金利がゼロ，或いはほぼゼロになった状況から，さらに金融緩和を行う政策を意味する。（一橋大学大学院経営管理研究科研究ノートファイナンス用語集より）

(1)　文中の空欄 ア ・ イ に当てはまる語句の組合せとして正しいものを，下の①〜④のうちから一つ選べ。

① 　ア　預金準備率操作　　イ　マイナス金利政策
② 　ア　預金準備率操作　　イ　ゼロ金利政策
③ 　ア　公開市場操作　　　イ　マイナス金利政策
④ 　ア　公開市場操作　　　イ　ゼロ金利政策

(2)　文中の下線部に関連して，日銀の金融政策についての次の文章のうち，誤っているものを，①〜④のうちから一つ選べ。

① 　文中にある「金融機関が日本銀行当座預金口座に新たに預金した場合，その預金の一部について，金融機関が日本銀行に金利を支払わなければならない仕組み」も非伝統的金融政策に該当する。

② かつての日銀の重要な政策手段であった「公定歩合操作」は，金利自由化にともない，政策手段としての意味はなくなっているため，非伝統的金融政策である。

③ 日本で2000年代初めに導入された「量的緩和政策」は，政策金利がゼロに達した後に実施された政策という意味で，非伝統的な金融政策である。

④ 預金準備率操作とは，市中金融機関の「信用創造」機能に大きな影響を与え，マネーストックの増減に寄与する金融政策である。

(2018年度　センター追試験改)

《(1)　正解》　③

《(1)　解説》現代日本の金融政策に関する出題1

　【知識】伝統的金融政策＝問題文の脚注にある通り

　⑴　操作目標としての政策金利＝「無担保コールレート（翌日物)」

　　→この金利を誘導するために日銀は「公開市場操作」によって金融市場の資金量を増減させることで金利を一定の範囲で誘導している。

　⑵　経済学（金融論）の基本的考え方では，金利はマイナスにならない。

　　→問題文の通り，市中銀行が日銀に預金した場合（法定準備額以上について）「手数料」を日銀が徴収することで，実質的なマイナス金利となる。

　【検証】上記の知識を踏まえ→正解は③

《(2)　正解》　②

《(2)　解説》現代日本の金融政策に関する出題2

　【選択肢の検証】

　②：「公定歩合」＝中央銀行が市中金融機関に貸し出しを行う際の，適用金利である。選択肢の通り，現在は政策金利としての機能はない。（名称も「公定歩合」から「基準割引率及び基準貸付利率」に変更された）

　　→規制金利時代の金利誘導の操作対象であったことを考慮すれば，伝統的金融政策の一つである。よって誤っている選択肢は②。

　①・③・④＝正しい

　①＝問題文の通り，「非伝統的金融政策」である。

　③＝QE（Quantitative Easing）と呼ばれるゼロ金利後の金融緩和政策である。

　④＝金利操作とは無関係で，伝統的・非伝統的の範疇にないが，文章は正しい。（預金準備率操作は1991年を最後に実施していない)

4　国民所得に関する出題

問　総需要管理に関連して，右の表は
2007年度における日本のGNE（国民
総支出）とそれを算出するために必要
な項目を示したものである。この表に
ついての記述として誤っているもの
を，下の①〜④のうちから一つ選べ。

項　　目	額（兆円）
民間最終消費支出	292
政府最終消費支出	93
総資本形成	123
財貨・サービスの輸出	92
財貨・サービスの輸入	84
海外からの所得	27
海外に対する所得	9
国民総支出	534

（注）表内の数字は名目値である。
（資料）内閣府『国民経済計算年報』（平成21年
度版）により作成。

①GNP（国民総生産）の額は534兆円である。
②GNI（国民総所得）の額は534兆円である。
③GDP（国内総生産）の額はGNPの額より大きい。
④国内需要（内需）の額は総需要の額より小さい。

(2011年度　センター本試験)

《正解》　③

《解説》　国民経済計算に関する出題
　(1)　GNPとGDPの関係
　　　GDP（国内総生産）＝GNP（国民総生産）−海外からの純所得
　　　　　（※海外からの純所得＝海外からの所得−海外に対する所得）
　　　GDP＝534兆円−（27兆円−9兆円）＝516兆円
　　　　　∴GDP（国内総生産）の額＜GNP（国民総生産）の額
　　　よって誤っている選択肢は③。
　(2)　三面等価の原則
　　・GNP（国民総生産）/NNP（国民純生産）/NI（国民所得）/GDP（国
　　　内総生産）それぞれの違いはあるが，これらはそれぞれに生産・支出・
　　　分配の「三面等価の原則」が成立する。
　　・したがって，表よりGNE（国民総支出）が534兆円であるから選択肢
　　　①・②は三面等価の原則より正しい
　(3)　選択肢④について（ここで言う総需要はGNE：国民総支出に同じ）
　　　国内需要＝総需要（534）−国外需要
　　　国外需要＝純輸出（または輸出のみ）
　　　　　　　＝92−84＝8兆円
　　　∴内需＝総需要（534兆円）−8兆円＝526兆円
　　　よって選択肢④は正しい。

【補足】・総需要をGDEとしてもGNEから「海外からの純所得」を差し
　　　　引いた額が総需要になるだけなので結果は同じ
　　　　・外需を輸出のみとしても輸出が輸入を上回っているので結果は
　　　　同じ

5　日本経済の変化に関する出題

問　日本が1942年から1995年まで農業保護のためにとってきた「食糧管理
制度」に関連して，次に示したのは，価格支持政策が市場での取引にどの
ような影響を与えるのかを考察するために，ある穀物の政府介入のない場
合の市場価格の推移に任意の政府買取価格を設定した模式図である。ここ
での価格支持政策は，政府が穀物の買取価格を設定し，その買取価格で買
い上げて生産者を保護するものとする。なお，ここでは，生産者は政府に
売るか市場で売るかは自由であり，aとbの時点で必ず売るものとする。
　　模式図の後の文章中の空欄　ア　～　ウ　に当てはまるものの組合せと
して最も適当なものを，後の①〜⑧のうちから一つ選べ。

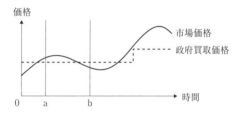

　　生産者は，aの時点で　ア　に売り，bの時点で　イ　に売る。市場価
格が政府の買取価格を　ウ　状態が続いた場合，政府が何らかの対策を講
じない限り政府保有の在庫が増大する。

① ア　市場　イ　市場　ウ　上回る
② ア　市場　イ　市場　ウ　下回る
③ ア　市場　イ　政府　ウ　上回る
④ ア　市場　イ　政府　ウ　下回る
⑤ ア　政府　イ　市場　ウ　上回る
⑥ ア　政府　イ　市場　ウ　下回る
⑦ ア　政府　イ　政府　ウ　上回る
⑧ ア　政府　イ　政府　ウ　下回る

(2022年度　共通テスト追試験)

《正解》　④

《解説》政府買取りによる「価格支持政策」（農業保護政策）に関する出題である。

　　　ア：aの時点：市場価格＞政府買取価格→生産者は「市場」に売る。
　　　イ：bの時点：市場価格＜政府買取価格→生産者は「政府」に売る。
　　　ウ：「政府保有の在庫が増大する」のは，市場価格が政府買取価格を「下回る」ケースである。

　【補足】歴史的理解
　　　(1)　稲作農家保護政策として戦後日本の農業政策の柱であった「食糧管理制度」は，日本人の食文化の欧米化など多様性も進み，多くの政府余剰米を抱える事態ともなった。
　　　(2)　問題文では，政府保有米の増加という観点が述べられているが，日本では政府が生産者から高値で買い取り，消費者には安値で売ったことで食糧管理特別会計が大きな赤字を計上した過去もある。

6　労働に関する出題

問　生徒Xは，賃金と雇用慣行との関係について調べてみることにした。次のXの発言は，調べたことをもとに賃金システムについて説明したものである。図に基づくXの説明から読みとれる内容として最も適当なものを，後の①〜④のうちから一つ選べ。

　　X：この図は，賃金と労働者が生み出す価値との関係をモデル化したものです。仮に労働者が生み出す価値を一定とみなして賃金との関係を図示すると，賃金水準は，勤続期間の前半では労働者が生み出す価値に比べて低いのに対して，後半では高くなっています。この図を使って，若年から定年まで働き勤続年数に応じて賃金が上昇していくシステムについて説明されることがありますが，この発表でもそれに沿って考えてみます。

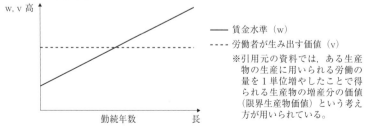

（出所）E. P. Lazear, "Why Is There Mandatory Retirement?", *Journal of Political Economy*, Vol. 87, No. 6 (1979) により作成。

① 　勤続年数の長い労働者の比率が相対的に増えると，このシステムの下では賃金コストが嵩みやすくなる。

② 　短期間で退職する予定の労働者は，就労先として，このシステムを採用する企業で働くと有利である。

③ 　この図によれば，労働者が生み出す価値の変化に合わせて賃金が上がっていくことになる。

④ 　このシステムは，労働者を一企業に定着させにくいので，長期的に人材を育成したい企業に向かない。

（2022年度　共通テスト追試験）

《正解》　①

《解説》賃金体系が雇用に影響するモデルケースを考察する論理判断力問題である。

【思考・判断】グラフ（＝年功序列型賃金体系）の読み取り

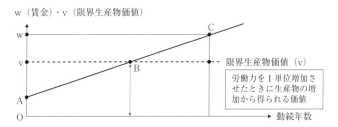

w（賃金）・v（限界生産物価値）

限界生産物価値（v）

労働力を1単位増加させたときに生産物の増加から得られる価値

勤続年数

Aの段階では労働者が生み出す価値Ov＞労働者の賃金OA

Bの段階では労働者が生み出す価値Ov＝労働者の賃金Ov

Cの段階では労働者が生み出す価値Ov＜労働者の賃金Ow

したがって，B段階以上の勤続年数の長い労働者が相対的に多ければ，企業にとっては賃金コストが増加するということになる。よって①が正解。

②：勤続年数の短い労働者は，限界生産物価値に比べ賃金水準が低いので，働くことは「有利」ではなく「不利」である。

③：限界生産物価値（v）は一定である。

④：勤続年数が長いほど賃金水準は高くなるので，労働者を一企業に定着させやすく，長期的に人材を育成したい企業に向いている。

7　社会保障に関する出題

問　生徒Ｘたちは，研究発表に向け，人口減少及び高齢化が進行する自らの
　　地域において，高齢者がよりよい生活を送るためにはどのような施策が考
　　えられるかということについて話し合った。次の会話文中の　Ａ　～
　　Ｃ　に当てはまる文の組合せとして最も適当なものを，後の①～⑧のう
　　ちから一つ選べ。

　　Ｘ：人口減少，高齢化が進行している私たちの住む地域の中で，どのよう
　　　　な施策が考えられるだろうか。

　　Ｙ：私たちの住む地域は高齢者世帯が多いことから，行政主体での，希望
　　　　するすべての高齢者世帯への家事援助や配食サービスの実施を提案し
　　　　てはどうだろう。

　　Ｘ：公正を重視した提案だね。新たな社会保障の施策を考える時に大切な
　　　　考え方だ。では，効率の面からはどうかな。

　　Ｚ：効率の面からみると，　Ａ　。

　　Ｙ：そうだね。Ｚさんの発言に加えると，　Ｂ　ということも考えられる
　　　　から効率的だし，地元にもメリットがあるね。

　　Ｗ：でも，効率が安易に追求されすぎて，利用者の生活の質（QOL）が
　　　　損なわれることになってはいけない。提供されるサービスの質を確保
　　　　し，すべての利用者が適切にサービスを受けられるという公正さの確
　　　　保も大切なことだ。だから　Ｃ　とよいのではないかな。

　　Ｘ：施策を考えるには，様々な視点や立場から検討することが大切だね。

　　Ａ　に入る文

　ア　このようなサービスは，新たに行政が始めるよりも，入札を実施して，
　　　ノウハウをもつ民間企業に委ね，サービスの提供に関わる費用を行政が
　　　負担して提供する方がよいのではないかな

　イ　このようなサービスは，各自治体が住民の求めるすべてのサービスに
　　　対応できるようにするために，ニーズの有無に関わらず大きな組織を複
　　　数作って提供する方がよいのではないかな

　　Ｂ　に入る文

　ウ　行政に幾つもの新しい組織が作られることで，その運営に関わる費用
　　　が多少増えても，多くの組織が作られることによる新たな雇用の創出が
　　　期待できる

　エ　企業は業務を請け負い，また利潤を得るために無駄な経費を抑えるだ
　　　ろうし，また，その地域で新たな雇用の創出が期待できる

　　C　に入る文

オ　行政には，すべての企業がその規模や過去の実績に関わらず入札に参
　加できる機会の公正を確保する役割を担ってもらう

カ　行政には，企業から高齢者世帯へのサービスの提供後に，その内容を
　点検することによって公正さを確保する役割を担ってもらう

① 　A－ア　B－ウ　C－オ　　② 　A－ア　B－ウ　C－カ

③ 　A－ア　B－エ　C－オ　　④ 　A－ア　B－エ　C－カ

⑤ 　A－イ　B－ウ　C－オ　　⑥ 　A－イ　B－ウ　C－カ

⑦ 　A－イ　B－エ　C－オ　　⑧ 　A－イ　B－エ　C－カ

（2022年度　共通テスト試作問題「公共，政治・経済」）

《正解》　④

《解説》社会保障政策に関わる論理的思考力に関する出題である。

　　　A　＝希望するすべての高齢者世帯への家事援助や配食サービスの実
　　　　施を提案する一方で，効率の面を考慮するとなると，「イ」の
　　　　文章にある「ニーズの有無に関わらず…」は，効率を考慮する
　　　　ものとはならないので，正解は「ア」である。

　　　B　＝「Ｚさんの発言に加えると」，と続き，そうなった場合の予想
　　　　を考慮した上での効率的という発言があるので，正解は「エ」
　　　　である。

　　　C　＝「公正」の確保がキーになっているのに加え，それが利用する
　　　　高齢者のQOLにつながることが前提であれば，「オ」のような
　　　　機会の公正ではなく，サービス提供後の「公正」確保を重視す
　　　　る「カ」が正解である。

第Ⅲ章　国際分野 ◇◇◇◇◇◇◇◇◇◇◇◇◇◇◇◇◇◇◇◇◇◇◇◇◇◇◇◇◇

1　国際政治に関する出題

問　生徒Ｙは，東西冷戦の対立構図の下，国際連合（国連）の安全保障理事会が，常任理事国の拒否権の頻繁な発動により十分な役割を果たせなかったことに関心をもった。そこでＹは，常任理事国が拒否権を行使した回数を調べて次の表3を作成し，その背景にあるできごとについて推察した。表3から推察できる内容の記述として最も適当なものを，後の①〜④のうちから一つ選べ。

表

期　　間	アメリカ	イギリス	ソ　連 （ロシア）	中　国	フランス
1946 〜 1960年	0	2	96	1	4
1961 〜 1975年	12	11	18	2	2
1976 〜 1990年	57	19	6	0	12
1991 〜 2005年	12	0	3	2	0
2006 〜 2020年	6	0	24	13	0

（注）　1946年から1971年まで中国の代表権は中華民国（台湾）がもっていた。また，1991年のソ連の解体後，ソ連の地位はロシアが継承した。
（出所）　United Nations Webページにより作成。

①　1946 〜 1960年の期間では，常任理事国のうちソ連が最も多く拒否権を行使しているが，その中には朝鮮戦争に関連する決議が含まれる。
②　1961 〜 1975年の期間では，常任理事国のうちイギリスが最も多く拒否権を行使しているが，その中にはベトナム戦争に関連する決議が含まれる。
③　1976 〜 1990年の期間では，常任理事国のうちアメリカが最も多く拒否権を行使しているが，その中にはキューバ危機に関連する決議が含まれる。
④　2006 〜 2020年の期間では，常任理事国のうちロシアが最も多く拒否権を行使しているが，その中には湾岸戦争に関連する決議が含まれる。

（2022年度　共通テスト試作問題「公共，政治・経済」）

《正解》　①

《解説》

① 正しい。1946年〜1960年の期間のソ連の拒否権行使の回数は96回と最も多い回数となっている。また，1950年には朝鮮戦争が起きている。

② 誤文。1961〜1975年の期間では，イギリスの拒否権の回数11回に対して，ソ連が18回と最も多く，「イギリスが最も多く拒否権を行使している」という部分が誤り。

③ 誤文。1976〜1990年の期間で最も多く拒否権を行使している国はアメリカであるが，キューバ危機は1962年の10月の出来事であるため，期間が違う。

④ 誤文。2006〜2020年の期間で最も多く拒否権を行使している国はロシアであるが，湾岸戦争は1991年の1月の出来事であるため，期間が違う。

2　変動為替相場（円高・円安）に関する出題

問　物価に関連して，生徒たちは，次の図と図に関する説明を用いて，各国の物価水準の比率から外国為替レートを理論的に求める購買力平価説を学んだ。この説に基づいて算出される外国為替レート（1ドル＝α円）を基準として考えるとき，20××年○月△日における実際の外国為替レートの状態を表す記述として正しいものを，後の①〜④のうちから一つ選べ。

図

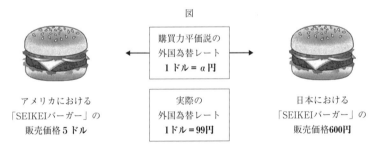

アメリカにおける　　　　　　　購買力平価説の　　　　　　日本における
「SEIKEIバーガー」の　　　　外国為替レート　　　　「SEIKEIバーガー」の
販売価格5ドル　　　　　　　1ドル＝α円　　　　　　販売価格600円

実際の
外国為替レート
1ドル＝99円

【図に関する説明】

・両国で販売されている「SEIKEIバーガー」はまったく同じ商品であり，それぞれの販売価格は，同一年月日（20××年○月△日）のもので時差は考えない。

・両国の物価水準は「SEIKEIバーガー」の販売価格でそれぞれ代表される。

① 実際の外国為替レートは，１ドル当たり120円の円安ドル高である。
② 実際の外国為替レートは，１ドル当たり120円の円高ドル安である。
③ 実際の外国為替レートは，１ドル当たり21円の円安ドル高である。
④ 実際の外国為替レートは，１ドル当たり21円の円高ドル安である。

(2022年度　共通テスト本試験)

《正解》　④
《解説》
　　アメリカにおける「SEIKEIバーガー」の販売価格は５ドル，日本における「SEIKEIバーガー」の販売価格は600円なので，１（ドル）：a（円）＝５（ドル）：600（円）より$a＝120$。したがって購買力平価説の外国為替レートは１ドル＝120円なので，１ドル当たり21円（120円－99円）だけ円高ドル安である。

3　発展途上国，ＯＤＡに関する出題

問　生徒たちは，資本取引について調べたところ，経済のグローバル化と関連があることがわかってきた。そこで，1980年代から顕著となり現在まで続く経済のグローバル化の中で，発展途上国・新興国への日本企業の進出がどのような要因によって進み，その結果，日本や発展途上国・新興国にそれぞれどのような影響をもたらすことが考えられるかについて簡略化して次の図にまとめてみた。
　　図中の空欄　ア　には次のaかb，空欄　イ　には次のcかdのいずれかの記述が入る。その組合せとして最も適当なものを，下の①～④のうちから一つ選べ。
a　外資導入による輸出指向（志向）型での工業化の進展
b　自国資本による輸入代替工業化の進展
c　日本と発展途上国・新興国間の工業製品の貿易における日本の最終製品輸出比率の上昇と中間財輸入比率の上昇
d　日本と発展途上国・新興国間の工業製品の貿易における日本の最終製品輸入比率の上昇と中間財輸出比率の上昇

① ア－a　イ－c　　② ア－a　イ－d
③ ア－b　イ－c　　④ ア－b　イ－d

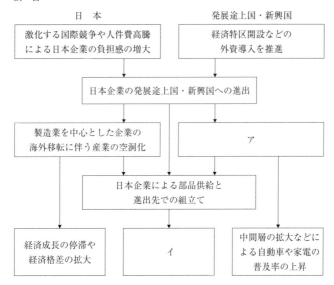

　　　　　　　　　　　　　　　（2021年度　共通テスト本試験第1日程）

《正解》　②

《解説》

　ア　aが適当。日本ではなく発展途上国・新興国に関する内容で，日本
　　企業の進出後，つまり外資の導入直後の状況を考えればよい。「工業
　　化の進展」の段階としては，輸出指（志）向型で国内産業を育ててい
　　く段階で，「自国資本」を使うのはこの段階より後といえる。そのた
　　めaが適切である。

　イ　dが適当。直前のチャートは「日本企業による部品供給」であるこ
　　とから，製品の中間材を日本から輸出して，発展途上国・新興国で完
　　成品を生産することになっていることがわかる。日本は完成した最終
　　製品の輸入が増えることから，dの文が適切である。

演習	**資料読み取り問題**

第Ⅰ章　政治分野 ◇◇◇◇◇◇◇◇◇◇◇◇◇◇◇◇◇◇◇◇◇◇◇◇◇◇◇◇◇◇◇◇

1　表現の自由と報道の自由に関する出題

問　世論形成における個人やマスメディアの表現活動の意義について次の資料を用いて説明がされた。資料から読みとれる内容として最も適当なものを，後の①〜④のうちから一つ選べ。

> **判例1**：最高裁判所民事判例集40巻4号
> 「主権が国民に属する民主制国家は，その構成員である国民がおよそ一切の主義主張等を表明するとともにこれらの情報を相互に受領することができ，その中から自由な意思をもつて自己が正当と信ずるものを採用することにより多数意見が形成され，かかる過程を通じて国政が決定されることをその存立の基礎としているのであるから，表現の自由，とりわけ，公共的事項に関する表現の自由は，特に重要な憲法上の権利として尊重されなければならないものであり，憲法21条1項の規定は，その核心においてかかる趣旨を含むものと解される。」
>
> **判例2**：最高裁判所刑事判例集23巻11号
> 「報道機関の報道は，民主主義社会において，国民が国政に関与するにつき，重要な判断の資料を提供し，国民の『知る権利』に奉仕するものである。したがつて，思想の表明の自由とならんで，事実の報道の自由は，表現の自由を規定した憲法21条の保障のもとにあることはいうまでもない。」

① 判例1によれば，個人の表現の自由は，民主主義過程を維持するためではなく個人の利益のために，憲法第21条第1項によって保障される。

② 判例1によれば，公共的事項にかかわらない個人の主義主張の表明は，憲法第21条第1項によっては保障されない。

③ 判例2によれば，報道機関の報道の自由は，国民が国政に関与する上で必要な判断資料の提供に寄与するため，憲法第21条によって保障される。

④ 判例2によれば，思想の表明とはいえない単なる事実の伝達は，憲法第21条によっては保障されない。

（2023年度　共通テスト本試験）

《正解》　③

《解説》

　　共通テストが導入されて以来，グラフや図だけでなく文献資料を読ませる問題が増えてきている。このような問題の場合は，資料の趣旨を理解してそれに適合するものを選ぶことが重要となる。中でも本問は，近年よく出題されるようになってきている「判例」からの出題である。同様の問題は2023年度追試験でも2問出題されている。

　　判例1で述べられているのは，民主制国家の基礎として個々の国民が多様な主義主張等に触れることができ，そこから自己の考えに適合するものを選んでいくことによって多数意見が形成され，国政の方針が決定されていくということが重要であり，そのために憲法21条1項の規定が存在するという考えなので，①の選択肢とは逆の主張である。次に判例2からは，国民が国政に関する判断を行うためには思想表明の自由と並んで事実の報道の自由が必要とされるという主張が読み取れるので，③はそれに合致しており，正解である。選択肢②および④のような主張は，判例1・2には含まれていないので，誤りであると判断できる。ちなみに判例1は北方ジャーナル事件，判例2は博多駅テレビフィルム提出命令事件の最高裁判決からの抜粋であるが，それがわからなくても，資料をよく読めば正解にたどり着くことが可能である。なお，報道の自由の前提となる取材の自由を認めた判例としては，外務省公電漏洩事件がある。

2　総選挙の結果と内閣に関する出題

問　次の図aは第44回の，後の図bは第45回の衆議院議員総選挙の結果をうけた衆議院議員の政党別の当選人数である。図aや図bの結果をもたらしたそれぞれの総選挙後の日本政治に関する後の記述ア～ウのうち，正しいものはどれか。当てはまる記述をすべて選び，その組合せとして最も適当なものを，後の①～⑦のうちから一つ選べ。

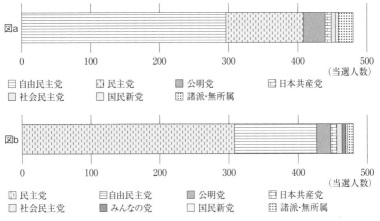

（注）　当選人数が1人の政党は諸派に含めている。

（出所）　総務省Webページにより作成。

ア　図aや図bの結果をもたらした衆議院議員総選挙後には，いずれも連立政権が成立した。

イ　図aの結果をもたらした衆議院議員総選挙後に，小泉純一郎内閣の下で郵政民営化法が制定された。

ウ　図bの結果をもたらした衆議院議員総選挙後に，細川護熙内閣の下で衆議院の選挙制度に小選挙区比例代表並立制が導入された。

① ア　　　　　② イ　　　　　③ ウ

④ アとイ　　　⑤ アとウ　　　⑥ イとウ　　　⑦ アとイとウ

（2023年度　共通テスト追試験）

《正解》　④

《解説》

　グラフを読み取り，それを知識とひもづけて解答する問題である。図aは自民党が300議席近くを獲得している。また，図bは民主党が大きく議席を増やしている。これらが連続した選挙であることから，図aは「郵政選挙」と呼ばれる2005年の総選挙であり，図bは2009年に民主党への政権交代が実現したときのものだとわかる。したがって，イは正しいが，ウの細川内閣は1993年に成立した非自民非8党派連立政権のことなので，誤りである。アは，自民党が1994年に政権の座に返り咲いてからほぼ連立政権を形成していること，また，2009年から2012年までの民主党政権は社会民主党や国民新党との連立政権だったことを思い出せば正文だと判断できる。

3　地方選挙に関する出題

問　生徒Xと生徒Yは次の資料aと資料bを読みとった上で議論している。資料aと資料bのグラフの縦軸は，統一地方選挙における投票率か，統一地方選挙における改選定数に占める無投票当選者数の割合のどちらかを示している。後の会話文中の空欄　ア　～　エ　に当てはまる語句の組合せとして最も適当なものを，後の①～⑧のうちから一つ選べ。

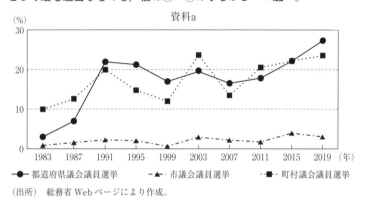

資料a

（出所）　総務省 Web ページにより作成。

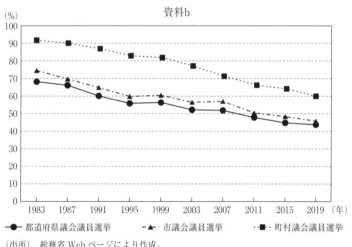

資料b

（出所）　総務省 Web ページにより作成。

X：議員のなり手が不足しているといわれている町村もあることが資料 ア からうかがえるね。町村議会では，立候補する人が少ない背景には議員報酬が低いためという指摘があるよ。議員定数を削減する町村議会も一部にあるんだね。

Y：都道府県議会議員選挙では，それぞれの都道府県の区域を分割して複数の選挙区を設けるのに対し，市町村議会議員選挙では，その市町村の区域を一つの選挙区とするのが原則なんだね。図書館で調べた資料によると，都道府県議会議員選挙での無投票当選は，定数１や２の選挙区で多い傾向があるよ。資料 ア から，都道府県や町村の議会議員選挙では，市議会議員選挙と比べると無投票当選の割合が高いことがわかるけど，無投票当選が生じる理由は同じではないようだね。

X：なるほど。この問題をめぐっては，他にも議員のなり手を増やすための環境づくりなどの議論があるよ。無投票当選は，選挙する側からすると選挙権を行使する機会が失われることになるよ。議会に対する住民の関心が低下するおそれもあるんじゃないかな。

Y：資料 イ において1983年と2019年とを比べると，投票率の変化が読みとれるね。投票率の変化の背景として， ウ が関係しているといわれているけど，これは政治に対する無力感や不信感などから生じるそうだよ。

X： エ をはじめとして選挙権を行使しやすくするための制度があるけど，政治参加を活発にするためには，無投票当選や ウ に伴う問題などに対処していくことも必要なんだね。

① ア－a　イ－b　ウ－政治的無関心　エ－パブリックコメント
② ア－a　イ－b　ウ－政治的無関心　エ－期日前投票
③ ア－a　イ－b　ウ－秘密投票　　エ－パブリックコメント
④ ア－a　イ－b　ウ－秘密投票　　エ－期日前投票
⑤ ア－b　イ－a　ウ－政治的無関心　エ－パブリックコメント
⑥ ア－b　イ－a　ウ－政治的無関心　エ－期日前投票
⑦ ア－b　イ－a　ウ－秘密投票　　エ－パブリックコメント
⑧ ア－b　イ－a　ウ－秘密投票　　エ－期日前投票

（2022年度　共通テスト本試験）

《正解》　②

《解説》地方選挙における投票率と無投票当選者数に関する出題である。
　　　　内容の明かされていない複数のグラフの特徴から，それぞれ何に関する

グラフかを類推し，会話の内容とからめて解答させる問題である。まったく新しいタイプの問題というわけではないが，落ち着いてグラフと会話を吟味することが求められる。まず，知識として国政選挙の投票率が近年では衆議院・参議院ともに50％前後であるということは知っておきたい。地方選挙は身近な候補であるということから，若干高めになると考えると，資料ｂが統一地方選挙における投票率であると推測することが可能である。さらに，Ｙの最初の発言の「都道府県や町村の議会議員選挙では，市議会議員選挙と比べると無投票当選の割合が高い」という部分から，資料ａが無投票当選の割合だと判断することができる。　ウ　については，秘密投票は普通選挙・平等選挙・直接選挙と並んで選挙制度の四つの原則の一つであり，投票率の低下とは関係がない。また，　エ　の期日前投票とは，仕事，レジャーなど理由を問わずに投票日前日までに投票できる制度であり，投票率の改善のために2003年に導入された制度である。パブリックコメントとは，国や地方の行政機関が政策などの意思決定を行う過程で素案を市民に公表し，意見や情報を求める制度であり，これも投票率の低下とは直接の関連はない。以上のことから②が正解となる。

4　法律の条文の読み取りに関する出題

問　生徒Ｘは，国土交通省のWebページで「空家等対策の推進に関する特別措置法」（以下，「空家法」という）の内容を調べ，次のメモを作成した。Ｘは生徒Ｙと，メモをみながら後の会話をしている。後の会話文中の空欄　ア　・　イ　に当てはまる語句の組合せとして最も適当なものを，後の①～⑥のうちから一つ選べ。

1．「空家等」（空家法第2条第1項）
・建築物やそれに附属する工作物で居住等のために使用されていないことが常態であるもの，および，その敷地。
2．「特定空家等」：次の状態にある空家等（空家法第2条第2項）
（a）　倒壊等著しく保安上危険となるおそれのある状態
（b）　著しく衛生上有害となるおそれのある状態
（c）　適切な管理が行われないことにより著しく景観を損なっている状態
（d）　その他周辺の生活環境の保全を図るために放置することが不適切である状態
3．特定空家等に対する措置（空家法第14条）
・特定空家等の所有者等に対しては，市町村長は，特定空家等を取り除いたり，修繕したりするなど，必要な措置をとるよう助言と指導，勧告，命令をすることができる。
・上記（a）または（b）の状態にない特定空家等については，建築物を取り除くよう助言や指導，勧告，命令をすることはできない。

X：空家法によると，市町村長は，所有者に対し建築物を取り除くよう命令し，従わない場合は代わりに建築物を取り除くこともできるみたいだよ。

Y：そうなんだ。でも，市町村長が勝手に私人の所有する建築物を取り除いてしまってもよいのかな。

X：所有権といえども，絶対的なものとはいえないよ。日本国憲法第29条でも，財産権の内容は「 ア 」に適合するように法律で定められるものとされているね。空家法は所有権を尊重して，所有者に対し必要な措置をとるよう助言や指導，それから勧告をすることを原則としているし，建築物を取り除くよう命令できる場合を限定もしているよ。でも，空家法が定めているように，「 イ 」には，所有者は，建築物を取り除かれることになっても仕方ないんじゃないかな。

Y：所有権には所有物を適切に管理する責任が伴うということだね。

① ア　公共の福祉　イ　周辺住民の生命や身体に対する危険がある場合
② ア　公共の福祉　イ　周辺の景観を著しく損なっている場合
③ ア　公共の福祉　イ　土地の有効利用のための必要性がある場合
④ ア　公序良俗　イ　周辺住民の生命や身体に対する危険がある場合
⑤ ア　公序良俗　イ　周辺の景観を著しく損なっている場合
⑥ ア　公序良俗　イ　土地の有効利用のための必要性がある場合

（2022年度　共通テスト本試験）

《正解》　①

《解説》

　「空家法」という聞きなれない法律に関する出題で，実際に解答した受験生は大いに戸惑ったと思う。しかし，法的思考力，法的判断力の重要性が説かれ，実務系の文章読解力も求められている現代においては，今後も出題がありうる形式である。ただし，出題内容自体は設問を落ち着いて読めば十分解答できるレベルなので，こういう出題もあるということを念頭に置けば対応は難しくないであろう。 ア に入る語は，基本的人権に制約をかける概念と考えると「公共の福祉」以外にはありえない。「公序良俗」という概念は，民法において契約の有効性が問われるときに用いられるものであるが，高校の「政治・経済」のレベルで必ず理解していなければならない用語ではない。 イ に入る文としては，空家法第14条から，「（a）倒壊等著しく保安上危険となるおそれのある状態」か「（b）著しく衛生上有害となるおそれのある状態」以外は建築物を取り除くよう，助言や指

　導，勧告，命令できないとわかるので，①が正解である。

5　若者の投票率とネット選挙に関する出題

問　生徒Yと生徒Zは，国政選挙の年代別投票率を調べ作成した次の表をみ
ながら話し合っている。後の会話文中の空欄　ア　には後の記述 a〜c の
いずれか，空欄　イ　には後の語句 d か e が当てはまる。空欄　ア　・
　イ　に当てはまるものの組合せとして最も適当なものを，後の①〜⑥の
うちから一つ選べ。

		参議院議員通常選挙（2016年）	衆議院議員総選挙（2017年）	参議院議員通常選挙（2019年）	衆議院議員総選挙（2021年）
10代		45.45%	41.51%	32.28%	43.21%
	18歳	51.17%	50.74%	35.62%	50.36%
	19歳	39.66%	32.34%	28.83%	35.93%
20代		35.60%	33.85%	30.96%	36.50%
30代		44.24%	44.75%	38.78%	47.12%
40代		52.64%	53.52%	45.99%	55.56%
50代		63.25%	63.32%	55.43%	62.96%
60代		70.07%	72.04%	63.58%	71.43%
70代以上		60.98%	60.94%	56.31%	61.96%

（出所）　総務省Webページにより作成。

Z：表は，選挙権が18歳以上に拡大した後の4回の国政選挙の投票率を
　まとめたものだよ。

Y：表をみると　ア　。興味深いね。

Z：主権者としての政治参加のあり方を学校で学んだ直後だからかな。若
　者の選挙への関心を高めるにはどうすればいいのかな。

Y：そういえば，2013年の公職選挙法の改正でインターネットを利用し
　た　イ　が認められていたね。その影響を調べてみようよ。

　ア　に当てはまる記述

a　すべての国政選挙で，20代から60代までの投票率は，年代が上がる
　につれて高くなっているね。また，すべての国政選挙で，18歳の投
　票率は20代の投票率を上回っているね

b　すべての国政選挙で，60代の投票率が20代の投票率の2倍以上になっ

ているね。また，すべての国政選挙で，10代の投票率は20代の投票
率を上回っているね

c　すべての国政選挙で，20代から60代までの投票率は，年代が上がる
につれて高くなっているね。また，すべての国政選挙で，19歳の投
票率は20代の投票率を上回っているね

| イ |に当てはまる語句

d　選挙運動

e　投　票

① 　ア－a　　　イ－d　　　② 　ア－a　　　イ－e
③ 　ア－b　　　イ－d　　　④ 　ア－b　　　イ－e
⑤ 　ア－c　　　イ－d　　　⑥ 　ア－c　　　イ－e

(2023年度　共通テスト追試験)

《正解》　③

《解説》

　　表やグラフの読み取り結果と，知識の組み合わせを問う問題で，近年数
多く出題されている形式である。前半の表の読み取りであるが，| ア |に
当てはまる記述は選択肢を一つ一つ検討していけば，a の選択肢が正しい
ということがわかる。一方で，| イ |に当てはまる語句を選択するには知
識が必要でる。2013年の参院選以降，いわゆるネット選挙が解禁されてい
るが，これはインターネットを利用した選挙運動のことを指しており，イ
ンターネットを活用した投票は未だ導入されるには至っていないことは理
解しておきたい。

第Ⅱ章　経済分野 ◇◇◇◇◇◇◇◇◇◇◇◇◇◇◇◇◇◇◇◇◇◇◇◇◇◇◇◇◇◇◇◇◇◇◇◇

1　近年の経済状況の推移に関する出題

問　生徒Ｘは，日本，韓国，中国の経済発展に関心をもち，これら３か国の
　　2000年，2010年および2020年の実質GDP成長率，一人当たり実質GDP，
　　一般政府総債務残高の対GDP比を調べ，次の表にまとめた。表中のＡ～
　　Ｃ国はこれら３カ国のいずれかである。後の記述ア～ウは，これら３か国
　　についてそれぞれ説明したものである。Ａ～Ｃ国と記述ア～ウの組合せと
　　して最も適当なものを，後の①～⑥のうちから一つ選べ。

		2000 年	2010 年	2020 年
Ａ国	実質 GDP 成長率（対前年比：％）	2.8	4.1	− 4.8
	一人当たり実質 GDP（米ドル）	36,230.9	38,111.4	40,048.3
	一般政府総債務残高（対 GDP 比：％）	135.6	205.7	256.2
Ｂ国	実質 GDP 成長率（対前年比：％）	9.1	6.8	− 1.0
	一人当たり実質 GDP（米ドル）	22,988.1	34,431.1	42,297.8
	一般政府総債務残高（対 GDP 比：％）	16.7	29.5	48.7
Ｃ国	実質 GDP 成長率（対前年比：％）	8.5	10.8	2.3
	一人当たり実質 GDP（米ドル）	3,427.6	8,836.9	16,296.6
	一般政府総債務残高（対 GDP 比：％）	23.0	33.9	66.8

（注）　一人当たり実質GDPは購買力平価換算したものを用いており，基準年は2017年であ
　　　る。また，一般政府には中央政府と地方政府とが含まれる。

（出所）　IMF Webページにより作成。

ア　この国は，1978 年からの改革開放政策の下で，外資導入などにより経
　　済成長を続けてきた。この国の経済運営方針は，低・中所得国にとって，
　　一つの経済発展モデルになっている。

イ　この国は，1960 年代から工業化による経済成長が進み，NIES の一つに
　　数えられた。その後，アジア通貨危機による経済危機も克服し，現在はア
　　ジア有数の高所得国となっている。

ウ　この国は，1950 年代から 1973 年頃まで高度経済成長を遂げ，急速に欧
　　米の先進国に追いついた。しかし，1990 年代以降は低成長が常態化して
　　おり，政府部門の累積赤字の拡大が議論の的となっている。

①　Ａ国－ア　Ｂ国－イ　Ｃ国－ウ　　②　Ａ国―ア　Ｂ国－ウ　Ｃ国－イ

③　Ａ国－イ　Ｂ国－ア　Ｃ国－ウ　　④　Ａ国－イ　Ｂ国－ウ　Ｃ国－ア

⑤　A国−ウ　B国−ア　C国−イ　　⑥　A国−ウ　B国−イ　C国−ア

(2023年度　共通テスト本試験)

《正解》　⑥

《解説》

　　アの国は，1978年からの改革開放政策という記述から中国である。イの国は，アジア通貨危機による経済危機の克服，さらに，NIESの一つという記述から韓国である。ウの国は，高度経済成長，1990年代（バブル崩壊）以降の低成長の常態化という記述から，日本である。次に表の数値を読み取ると，C国は2000年，2010年と実質GDP成長率が高く，一人当たり実質GDPは3か国中最も低い。このことから，高い経済成長率であるが人口も多い中国であるといえる。A国は実質GDP成長率が3か国中で最も低く，一般政府総債務残高が3か国中，群を抜いて高いことから，日本である。残るB国が韓国である。

2　一般会計歳出に関する出題

問　次の図は，日本における国の一般会計歳出に占める主要経費の割合を示したものである。図中のA〜Cに当てはまる項目の組合せとして正しいものを，下の①〜⑥のうちから一つ選べ。

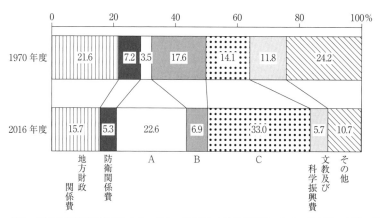

(注)　図中の数値は決算額による。また，「資料」の数値が概数のため，各項目の合計の数値は100パーセントにならない場合がある。

(資料)　財務省「昭和42年度以降主要経費別分類による一般会計歳出予算現額及び決算額」（財務省Webページ）により作成。

①	A	公共事業関係費	B	国債費	C	社会保障関係費
②	A	公共事業関係費	B	社会保障関係費	C	国債費
③	A	国債費	B	公共事業関係費	C	社会保障関係費
④	A	国債費	B	社会保障関係費	C	公共事業関係費
⑤	A	社会保障関係費	B	公共事業関係費	C	国債費
⑥	A	社会保障関係費	B	国債費	C	公共事業関係費

(2020 年度　センター追試験)

《正解》　③

《解説》

　　まずAは，1970年度においてわずか3.5％であるが，2016年度には20％を超えていることから，国債費である。1975年度予算から赤字国債（特例国債）をほぼ毎年発行してきたことで，その返済にあてる国債費が増加したことが読み取れる。次にBは，インフラ整備に予算を投入した高度経済成長期の1970年度から大きく割合を減らしていることから，公共事業関係費である。Cは，2016年度において歳出の30％以上を占め，最も大きな割合となっていることから，社会保障関係費である。

3　企業の資金調達に関する出題

問　次の表は日本とアメリカにおいて，企業がどのようにして資金調達を行ったのかを示したものである。この表から読みとれる内容として最も適当なものを，下の①〜④のうちから一つ選べ。

(単位：%)

		銀行等借入	債　券	株式・出資金
日　本	1999 年 12 月末	38.8	9.3	33.8
	2017 年 3 月末	24.2	4.1	49.9
アメリカ	1999 年 12 月末	12.1	8.2	66.6
	2017 年 3 月末	6.2	13.7	56.5

(注)　ここでの企業とは民間非金融法人企業のことである。なお，「その他」の数値を省略していることから，どの年も合計が100パーセントにならない。

(資料)　日本銀行調査統計局「欧米主要国の資金循環統計」および同「資金循環の日米欧比較」（両資料とも日本銀行Webページ）により作成。

① 　日本の企業における資金調達のあり方を1999年12月末時点と2017年3月末時点とで比較した場合，2017年の方が他人資本の割合が高い。

② 　アメリカの企業における資金調達のあり方を1999年12月末時点と2017年3月末時点とで比較した場合，2017年の方が間接金融の割合が低い。

③　2017年３月末時点の資金調達において，日本の企業はアメリカの企業よりも直接金融の割合が高い。

④　1999年12月末時点の資金調達において，アメリカの企業は日本の企業よりも自己資本の割合が低い。

（2020年度　センター本試験）

《正解》　②

《解説》

　　まず，選択肢と表中において関連する用語の意味を確認する。自己資本は株式・出資金で，他人資本は銀行等借入と債券である。また，直接金融にあたるのは株式・出資金と債券で，間接金融にあたるのは銀行等借入である。次に，選択肢の正誤であるが，①日本の1999年と2017年の比較では，2017年の方が他人資本（銀行等借入と債券）の割合が低い。③2017年の日本は，直接金融（債券と株式・出資金）の合計が54%で，アメリカは直接金融の合計が70.2%である。④1999年の自己資本（株式・出資金）は，アメリカが66.6%，日本が33.8%となっており，アメリカの方が自己資本の割合が高い。

4　消費者物価指数の推移に関する出題

問　生徒Xは，IMF（国際通貨基金）のWebページから，日本，アメリカ，中国，南アフリカの2000年から2016年までの消費者物価指数の変化率のデータを取得し，次の図を作成した。各国の経済状況と，この図から読みとれる内容を説明したものとして最も適当なものを，下の①〜④のうちから一つ選べ。

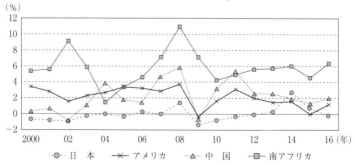

（出所）　IMF Webページより作成。

① 景気回復を図るために2001年に量的緩和政策を採用したこの国では，2001年に消費者物価指数が上昇した。

② 急速な経済発展を遂げ2010年に世界第二の経済大国となったこの国では，2010年以降，消費者物価指数の変化率が毎年０％以上になっていた。

③ サブプライムローン問題を契機にリーマン・ショックの震源地となったこの国では，2009年に消費者物価指数が上昇した。

④ アパルトヘイト撤廃後に経済自由化が行われたこの国では，2000年以降，消費者物価指数の変化率が毎年４％以上になっていた。

(2021年度　共通テスト本試験第１日程)

《正解》　②

《解説》

　　まず，選択肢で述べられている国をその内容から特定していく。①の国は，2001年に量的緩和政策を採用した，の記述から日本である。②の国は，2010年に世界第二の経済大国となった，の記述から中国である。③の国は，サブプライムローン問題やリーマン・ショックの震源地，の記述からアメリカである。④の国は，アパルトヘイト撤廃，の記述から南アフリカである。そのうえで，消費者物価指数の推移の図と選択肢を照らし合わせて読み取ると，②が正文である。また，①の日本は，消費者物価指数がマイナスである年が多く，長引くデフレ不況に苦しんでいたことにも着目したい。

5　実質GDP成長率（実質経済成長率）に関する出題

問　生徒Xは，ある国の経済状況を調べた。次の表は，ある国の経済状況（名目GDP，人口，GDPデフレーター，実質GDP，名目GDP成長率，実質GDP成長率）を示しており，通貨の単位にはドルを用いているものとする。なお，この国では，2015年と2016年の一人当たりの名目GDPが同じである。表中のa〜cに当てはまる数字の組合せとして正しいものを，下の①〜⑧のうちから一つ選べ。

	名目GDP（億ドル）	人口（百万人）	GDPデフレーター	実質GDP（億ドル）	名目GDP成長率（％）	実質GDP成長率（％）
2015年	500	b	100	500		
2016年	a	47	94	500	−6	0
2017年	494	45	95	520	5	c

(注)　2015年が基準年で，2015年のGDPデフレーターを100とする。数値は小数点以下を四捨五入している。2015年の「＼」は値が明示されていないことを意味する。

①	a	450	b	49	c	1
②	a	450	b	49	c	4
③	a	450	b	50	c	1
④	a	450	b	50	c	4
⑤	a	470	b	49	c	1
⑥	a	470	b	49	c	4
⑦	a	470	b	50	c	1
⑧	a	470	b	50	c	4

(2021 年度　共通テスト本試験)

《正解》　⑧

《解説》

　　名目GDPの値から，GDPデフレーターを用いて実質GDPを求める式は，
[名目GDP÷GDPデフレーター×100 (基準年のGDPデフレーターを100と
した場合，×100が必要)] である。このことからaを求めるには，a÷94
×100=500の式を解いてaを求めればよい。aは470である。

　　次に，bの値は，設問文の「2015年と2016年の一人当たり名目GDPが
同じ」という記述から，500÷b=470÷47となり，bは50である。そして，
実質GDP成長率を求める式は，[(本年度の実質GDP－前年度の実質GDP)
÷前年度の実質GDP×100] である。このことからcを求めるには，(520
－500) ÷500×100を計算すればよい。cは4％である。

　　したがって，⑧が正しい。

6　社会保障に関する出題

問　次の図は，北欧型の社会保障制度に分類されるスウェーデン，大陸型の
社会保障制度に分類されるドイツとフランス，そのほかに日本とアメリカ
という，5か国の租税負担率と社会保障負担率を比較したものである。図
中のA～Cに当てはまる国名の組合せとして正しいものを，下の①～⑥の
うちから一つ選べ。

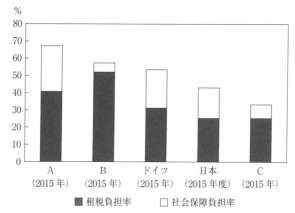

（注） 租税負担率とは，租税負担額の対国民所得比であり，社会
保障負担率とは，社会保障負担額の対国民所得比である。
（資料） 財務省「国民負担率の国際比較（OECD 加盟 35 カ国)」
（財務省 Web ページ）により作成。

① A アメリカ　　　B スウェーデン　　C フランス
② A アメリカ　　　B フランス　　　　C スウェーデン
③ A スウェーデン　B アメリカ　　　　C フランス
④ A スウェーデン　B フランス　　　　C アメリカ
⑤ A フランス　　　B アメリカ　　　　C スウェーデン
⑥ A フランス　　　B スウェーデン　　C アメリカ

（2020 年度　センター本試験）

《正解》　⑥
《解説》
　　問題文中の，「北欧型の社会保障制度」とは租税負担率が高い制度であり，
「大陸型の社会保障制度」とは社会保障負担率が高い制度である。さらに
問題文に「北欧型に分類されるスウェーデン」「大陸型に分類されるドイ
ツとフランス」とあることから，Aはドイツに似て社会保障負担率が比較
的高いフランスである。Bは租税負担率が非常に高い北欧型のスウェーデ
ンである。Cはグラフの5か国の中で，社会保障全体の負担率が最も低く，
自助努力型のアメリカである。

第Ⅲ章　国際分野 ◇◇◇◇◇◇◇◇◇◇◇◇◇◇◇◇◇◇◇◇◇◇◇◇◇◇◇◇◇◇

1　日本の経常収支の推移に関する出題

問　次の図は，日本の経常収支とその項目別の推移を示したものである。図中のＡ～Ｃに当てはまる項目の組合せとして正しいものを，下の①～⑥のうちから一つ選べ。

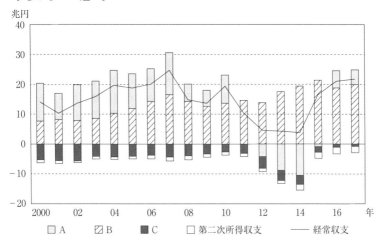

（資料）　財務省「国際収支状況」（財務省 Web ページ）により作成。

①　Ａ	貿易収支	Ｂ　サービス収支	Ｃ　第一次所得収支
②　Ａ	貿易収支	Ｂ　第一次所得収支	Ｃ　サービス収支
③　Ａ	サービス収支	Ｂ　貿易収支	Ｃ　第一次所得収支
④　Ａ	サービス収支	Ｂ　第一次所得収支	Ｃ　貿易収支
⑤　Ａ	第一次所得収支	Ｂ　貿易収支	Ｃ　サービス収支
⑥　Ａ	第一次所得収支	Ｂ　サービス収支	Ｃ　貿易収支

（2020 年度　センター追試験）

《正解》　②

《解説》

　まずＡは，東日本大震災があった2011年から2015年まで赤字が続いている。福島の原発事故後に全国の原発を停止したことで天然ガス等の化石燃料輸入が大幅に増えたことが主な要因であることから，モノの取引（輸出入）の収支を示す貿易収支と判断できる。次に，Ｂは一貫して黒字であり，

近年増加傾向が読み取れる。これは，日本企業の海外進出，工場の海外移転が進んだことで，雇用者報酬や株式の配当，債権の利子が増えたことが読み取れ，生産過程に関連した所得及び財産所得の収支を示す第一次所得収支であるといえる。残ったCが選択肢の組み合わせから，サービス収支という判断ができるが，近年のインバウンド消費の増加を反映して，Cの赤字額が減少傾向であることにも着目できる。なお，この問題とは離れるが，2021年度以降の新型コロナウイルスの影響についても，注目しておく必要がある。

2　外国為替相場の動きに関する出題

問　生徒Yは1929年の世界恐慌について調べた際に，これ以降も経済危機をはじめ世界経済の画期となる出来事が何度か起きているのではないか，そして，それらの出来事と授業で学習した為替相場の動きとが何らかの関連をもっているのではないかと考えたため，さらに調べてみることにした。次の図は，1973年以降の米ドルの対円相場の推移を示したものである。この図から読みとれる記述として最も適当なものを，下の①～④のうちから一つ選べ。

図

（注）　図の数値は，インターバンク相場東京市場ドル・円スポット17時時点／月中平均。
（出所）　日本銀行Webページにより作成。

① 　第二次石油危機が発生した年からアジア通貨危機が発生した年までの全期間を通じて，１米ドル当たり100円のレートを突破する円高を記録したことは一度もない。
② 　ルーブル合意が交わされた年と中国がWTO（世界貿易機関）に加盟した2001年との米ドルの対円相場を比較すると，１米ドル当たり100円以上，円高が進行した。
③ 　第一次石油危機が発生した年からプラザ合意が交わされた年までの全期間を通じて，１米ドル当たり100円のレートを突破する円高を記録したことは一度もない。
④ 　単一通貨ユーロが導入された年とギリシャ財政危機が顕在化した2010年との米ドルの対円相場を比較すると，１米ドル当たり100円以上，円高が進行した。

　　　　　　　　　　　　　　　　（2021 年度　共通テスト本試験第２日程）

《正解》　③

《解説》

　国際経済について，既習の知識と提示された資料を関連付けて，選択文の正誤を判断する知識活用型の資料読み取り問題。具体的には，問題文中の「経済危機をはじめ世界経済の画期となる出来事」の知識と「為替相場の動き」のグラフを関連付ける問題。世界経済の画期となる出来事として，２回の石油危機（1973年，1978年），プラザ合意（1985年）とルーブル合意（1987年），アジア通貨危機（1997年），ユーロの導入（資本市場に1999年，一般市場に2002年）について，この他サブプライムローン問題（2007年），リーマンショック（2008年）なども含めた知識があれば容易に正解できる。これらの出来事の起こった時期とその前後の動きについて，確認しておきたい。また，円高となったときに，例えば100円という数字が大きくなるのか，小さくなるのか，円高・円安の基本を理解していることは必須である。

　以上から，①は，1978 ～ 1997の間の1995に100円を切っており，②は，1987 ～ 2001の間の為替相場の動きとして100円以上の大幅な動きは見られない，④は，2002 ～ 2010の間の為替相場の動きとして②同様に100円以上の大幅な動きは見られない。したがって正解は③となる。なお，消去法的な解答でなくとも，第一次石油危機とプラザ合意という最も基本的な知識から，直接③を正文と判断することもできる。

3　アジア通貨危機に関する出題

問　生徒たちは，アジア通貨危機の発端となったタイについて関心をもった。そこで，タイの通貨バーツと当時のタイの状況および通貨危機についての要点を，次のようにまとめた。また，アジア通貨危機が起こった1997年の前後5年にあたる1992年から2002年のタイの外国為替レート（1米ドルあたりのバーツ），経常収支，外貨準備の値を調べ，その推移を作図した。生徒たちが作成した図として適当なものを，外国為替レートについては後の図アか図イ，経常収支については後の図ウか図エ，外貨準備については後の図オか図カより選び，その組合せとして最も適当なものを，後の①〜⑧のうちから一つ選べ。

メモ

○アジア通貨危機の前，タイのバーツも含めて，アジアの通貨の中には市場においてヘッジファンドなどによる売り圧力がかけられているものがあった。タイ政府は，通貨の下落を阻止するために，外貨準備を用いて買い支えようとしたが，結局は通貨危機に陥ってしまった。
○経済基盤が脆弱で，経常収支赤字が継続している国は，通貨危機が起こりやすいといわれている。

外国為替レート

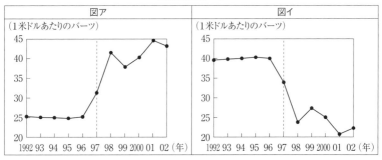

経常収支

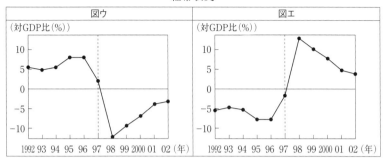

外貨準備

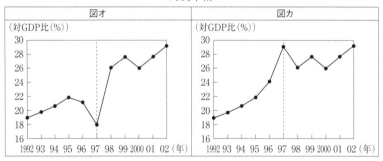

（出所）　World Bank Web ページにより作成。

	外国為替レート	経常収支	外貨準備
①	図ア	図ウ	図オ
②	図ア	図ウ	図カ
③	図ア	図エ	図オ
④	図ア	図エ	図カ
⑤	図イ	図ウ	図オ
⑥	図イ	図ウ	図カ
⑦	図イ	図エ	図オ
⑧	図イ	図エ	図カ

（2022 年度　共通テスト本試験）

《正解》 ③

《解説》

　1997年のアジア通貨危機は，タイの通貨バーツの暴落が発端となっている。そこで，外国為替レートの図を見ると，グラフの縦軸は1米ドルあたりのバーツであり，上方向にいくほどバーツ安（バーツの価値が下がる）となっている。したがって，正しいのは図アである。次に資本取引以外の国際間取引の収支を示す経常収支であるが，バーツ安の時には輸入が減り輸出が増えるため，経常収支は黒字傾向となる。したがって，正しいのは図エである。最後に外貨準備であるが，アジア通貨危機は，ヘッジファンドの投機的な短期資金引きあげの影響が大きい。図オの1997年の外貨準備の急落が，まさにそれを示している。ただし，このあと，バーツ安となって輸入が減り輸出が増えることから，外貨準備は増加傾向となる。したがって，正しいのは図オである。

4　比較生産費説に関する出題

問　生徒Xは授業で学習した，国際分業と貿易に関する経済学の考え方である比較生産費説について復習をした。次の表は，a国とb国における，α財とβ財についての労働生産性（一定の時間における労働者一人当たりの財の生産量）を示したものである。ここでは，各国の総労働者数は，a国が200人，b国が180人であり，各財への特化前は，両国ともにα財とβ財の生産にそれぞれ半数ずつが雇用されているとし，各財への特化後も，両国ともにすべての労働者が雇用されるとする。また，両財は労働力のみを用いて生産され，両国間での労働者の移動はないこととする。この表から読みとれる内容として正しいものを，下の①〜④のうちから一つ選べ。

	α財	β財
a国の労働生産性	1単位	3単位
b国の労働生産性	6単位	3単位

(注)　特化前も特化後も，表中の各単位のα財もしくはβ財の生産に必要な一定の時間と，労働者一人当たりの総労働時間とは一致するものとし，このことは両国とも同じとする。

① 　a国がα財の生産に特化し，b国がβ財の生産に特化すれば，特化しない場合に比べ，両国全体でα財の生産量は640単位増加し，β財の生産量は570単位増加する。

② 　a国がβ財の生産に特化し，b国がα財の生産に特化すれば，特化し

ない場合に比べ，両国全体で α 財の生産量は640単位増加し，β 財の生
産量は570単位増加する。

③　　a 国が α 財の生産に特化し，b 国が β 財の生産に特化すれば，特化し
ない場合に比べ，両国全体で α 財の生産量は440単位増加し，β 財の生
産量は30単位増加する。

④　　a 国が β 財の生産に特化し，b 国が α 財の生産に特化すれば，特化し
ない場合に比べ，両国全体で α 財の生産量は440単位増加し，β 財の生
産量は30単位増加する。

（2021 年度　共通テスト本試験第 2 日程）

《正解》　④

《解説》

　　まず，表の労働生産性の数値から比較優位を求める。労働者一人当たり
の生産量が示されているので，単位数が大きいほど労働生産性は高い。し
たがって，a 国は β 財に比較優位があり，b 国は α 財に比較優位がある。
そのため，①と③は不適である。次に，設問文中から，「各国の総労働者
数は，a 国が200人，b 国が180人であり，…それぞれ半数ずつ雇用されて
いる」とあるので，特化前は α 財を a 国は100単位，b 国は540単位，合計
640単位，生産している。また β 財を a 国は300単位，b 国は270単位，合
計570単位，生産している。特化後は，a 国 b 国とも労働者数が 2 倍にな
るため，α 財を b 国が1080単位，β 財を a 国が600単位，生産することに
なる。すると，特化前と比べて，α 財は440単位（1080－640=440），β 財
は30単位（600－570=30）増加する。よって，②は不適となり，正解は④
である。

短 文 問 題

第Ⅰ章　政治分野 ◇◇◇◇◇◇◇◇◇◇◇◇◇◇◇◇◇◇◇◇◇◇◇◇◇◇◇◇◇◇◇◇◇◇

短文問題❶　法治主義は「法の支配」と混同されることがあるが，法治主義の最も問題とされる点を 30 字以内で述べよ。

《解答例》　法が国民の自由や権利を保障しているかを問題としていない。

短文問題❷　憲法に基づいて政治がおこなわれることを「立憲主義」というが，権力者と憲法の関係について 30 字以内で述べよ。

《解答例》　権力者による権力濫用を抑えるために憲法を制定する。

短文問題❸　大統領制は，議院内閣制と比較した場合にどのような長所をもつか，50 字以内で述べよ。

《解答例》　立法と行政が相互に抑制と均衡を保っているので，大統領は議会から信任を問われず，指導力を発揮できる。

短文問題❹　発展途上国はそれぞれ政治，経済，社会，文化などが異なるが，軍部独裁と開発独裁といわれる政治形態をとる場合が多い。「開発独裁」とはどのような政治体制か，50 字以内で述べよ。

《解答例》　自国の経済発展を最優先で進めるという名目のもと，議会制民主主義を制約・否定した政治体制。

短文問題❺　安保条約による米軍の駐留が争点となった砂川事件訴訟において，最高裁が示した「統治行為論」とはどのようなものか，50 字以内で述べよ。

《解答例》　国の統治の基本に関する高度に政治性を持つ国家行為について
は，司法審査の対象としないという考え方。

短文問題❻　日本国憲法第 25 条は，最高裁により「プログラム規定」説が
適用されると解釈されているが，これはどのようなことを意味するか，50
字以内で述べよ。

《解答例》　生存権は，国民に対する政府の努力目標を定めたもので，個々の
国民に具体的な権利を与えたものではない。

短文問題❼　イギリスは本会議が中心で，アメリカは委員会中心で国会審議
を進めている。日本の国会の審議の進め方について，50 字以内で述べよ。

《解答例》　日本の国会は，アメリカの委員会中心主義を取り入れ，まず委員
会で問題点を洗い出し，本会議にかける。

短文問題❽　行政権の拡大は官僚政治の弊害を生みやすいが，行政の民主化
をはかるために重要なことは何か，60 字以内で述べよ。

《解答例》　行政委員会の本来の機能の回復，許認可事務を透明化するための
行政手続法の制定，情報公開制度の充実・活用などがある。

短文問題❾　「官僚主導から政治主導へ」という改革の取組みの一つして，
国家公務員の人事について，どのような改革がおこなわれたか 80 字以内で
述べよ。

《解答例》　国家公務員の人事について，人事院が採用や給与を含む広範囲の
権限を持っていたが，2014 年に内閣人事局が設置され，異動や昇進につい
て一元的に行うことになった。

短文問題❿　裁判所の違憲立法審査権の行使にはアメリカ型とドイツ型があ
り，日本はアメリカ型を採用している。アメリカ型とドイツ型とでは，どの
ような違いがあるか，60 字以内で述べよ。

《解答例》　アメリカ型は，一般の裁判所が具体的な事件を通して審査するが，

ドイツ型は，憲法裁判所が立法段階で抽象的な審査をする。

短文問題⓫　刑事司法改革の一つとして導入された「司法取引」とはどのようなものか，60字以内で述べよ。

《解答例》　刑事事件で被疑者や被告人が，他人の犯罪事実を検察や警察に証言する見返りに自分の起訴を見送ったり，求刑を軽くしてもらう。

短文問題⓬　「地方自治は民主主義の最良の学校」というブライスの言葉の意味を60字以内で述べよ。

《解答例》　地方政治を住民自身で行うことは，民主主義の基本原理を知ることであり，国の民主主義を実現することにつながるという意味。

短文問題⓭　中央集権型行政システムを地方分権型に転換するために，2000年度から施行されている地方分権一括法によって，国と地方自治体の仕事はどのように変わったか，50字以内で述べよ。

《解答例》　機関委任事務が廃止され，従来の事務区分もなくなり，自治事務と法定受託事務の二つに振り分けられた。

短文問題⓮　近代から現代にかけての政党政治に対して，多くの国民はどのような政党を求めてきたか，50字以内で述べよ。

《解答例》　地方の有力者や名士のみで結成した名望家政党から脱皮し，国民全体の利益を反映する大衆政党を求めてきた。

短文問題⓯　現代の政党政治において，無党派層が増えた原因について50字以内で述べよ。

《解答例》　国民全体の声よりも，政党や支持団体の利益を優先させる動きが目立つようになり，国民の政党離れが進んだ。

第Ⅱ章　経済分野 ◇◇◇◇◇◇◇◇◇◇◇◇◇◇◇◇◇◇◇◇◇◇◇◇◇◇◇◇◇◇◇◇◇◇◇◇◇

短文問題❶　経済では有限な資源を，どのように配分するかという選択の問題がある。この選択に関する「機会費用」とは何か。30 字以内で述べよ。

《解答例》　何かを選択したことによって選択しなかった部分の最大値。

短文問題❷　現代の欧米や日本などで典型的におこなわれている資本主義経済の特徴について，50 字以内で述べよ。

《解答例》　生産手段などを個人が私有し，経済活動は自由な判断に任され，利潤獲得を目的に商品生産がおこなわれる。

短文問題❸　18 世紀後半にイギリスから起こった産業革命の結果，経済活動の主役にどのような変化がみられたか，30 字以内で述べよ。

《解答例》　それまでの商業資本家から産業資本家に移行することになった。

短文問題❹　市場における「価格の自動調節機能」とはどのような機能か，50 字以内で述べよ。

《解答例》　自由に取引できる市場における価格変動により，需要と供給が等しくなり，資源が最適配分される機能。

短文問題❺　外部不（負）経済について，60 字以内で述べよ。

《解答例》　他の経済主体の経済活動が，市場における取引を通さず直接に悪い影響を与えることで，公害がその代表的な例である。

短文問題❻　株式会社の特徴について，50 字以内で述べよ。

《解答例》　「所有と経営の分離」により，会社の所有者である株主と経営を担当する経営者が分離していること。

短文問題❼　企業の社会的責任が問われるのはなぜか，50字以内で述べよ。

《解答例》　企業で生産する商品は消費者の安全に直結し，また，その活動は雇用や環境などにも影響を与えているから。

短文問題❽　GDP指標の限界について，60字以内で述べよ。

《解答例》　公害などのマイナス要因を伴う経済活動でも，市場を通してGDPに計上されるため，幸福を計る指数としては限界がある。

短文問題❾　デフレスパイラルとはどのようなものか，50字以内で述べよ。

《解答例》　不況期に物価が下落し，企業の業績悪化，賃金抑制，消費減少，物価下落，と不況がさらに深刻化する現象。

短文問題❿　信用創造とはどのような仕組みか，60字以内で述べよ。

《解答例》　銀行がその社会的信用を背景に，預金量をこえる資金を貸し出すことによって当初の通貨供給の何倍もの資金供給が発生する仕組み。

短文問題⓫　非伝統的金融政策とは何の総称か，50字以内で述べよ。

《解答例》　1990年代末以降，日本銀行が行っている従来の公開市場操作などの伝統的金融政策とは異なる金融政策。

短文問題⓬　財政の赤字を国債でまかなうことは，今後どのような問題点が生じることになるか，50字以内で述べよ。

《解答例》　財政本来の弾力的な運用を阻害し（財政の硬直化），元本・利子の返済は後の世代に負担増をもたらす。

短文問題⓭　消費課税の問題点について，50字以内で述べよ。

《解答例》　所得の高低にかかわりなく一様に負担がかかるので，低所得者の税負担が重いという「逆進性」が生じる。

短文問題⓮　日本の製造業はオイルショック（第一次石油危機）以後，どのように変化したか，50字以内で述べよ。

《解答例》　ＭＥ技術の導入，減量経営などによって不況を克服し，さらに高品質低価格を武器に家電製品などを輸出した。

短文問題⓯　日本銀行は1989年から，金融引き締め政策に転換し，それが一因となってバブル経済が崩壊した。崩壊後の金融機関について，100字以内で述べよ。

《解答例》　不動産会社などに多額の資金を貸し付けていた市中銀行は，貸した金の回収ができず，多額の不良債権を抱え，貸し渋りや貸し剥がしに走った。また多額の債務を抱えて破綻に追い込まれる金融機関も続出した。

短文問題⓰　日本の女性の年齢別労働力率のグラフの特徴を，80字以内で述べよ。

《解答例》　結婚・出産・育児の時期に仕事をやめ，育児が一段落すると再就職することが多いので，グラフは20代後半と40代後半が高く，30代半ばを底とするＭ字型を描いている。

短文問題⓱　日本の公的扶助について，50字以内で述べよ。

《解答例》　社会保険の対象外の生活困窮者に対し，国が生活保護法に基づき最低限度の生活を保障し自立を支援する制度。

短文問題⓲　公的年金の財政方式のうち，賦課方式について，50字以内で述べよ。

《解答例》　各年度で必要とする年金給付費用を，その年度の現役世代が支払う保険料から支給する方式。

短文問題⓳　6次産業化について，30字以内で述べよ。

《解答例》　農林水産業が加工業や販売・流通も同時に手がけること。

第Ⅲ章　国際分野 ◇◇◇◇◇◇◇◇◇◇◇◇◇◇◇◇◇◇◇◇◇◇◇◇◇◇◇◇◇◇◇◇

短文問題❶　集団安全保障体制について，勢力均衡政策との違いに触れて，80字以内で述べよ。

《解答例》　同盟間の軍事力のバランスを保ち，戦争の勃発を抑える勢力均衡政策に対し，侵略行為を行った国に共同で制裁することで侵略そのものを抑えようとする安全保障体制。

短文問題❷　湾岸戦争およびソマリアにアメリカ軍を中心に派遣された多国籍軍は，憲章に定める国連軍ではない理由を60字以内で述べよ。

《解答例》　多国籍軍は，安全保障理事会の武力行使容認決議により，各国が自発的に派遣したもので，指揮権は各派遣国にある。

短文問題❸　国家間の信頼醸成措置とは何か，50字以内で述べよ。

《解答例》　国際社会における緊張関係が高まる中，緊張緩和のために相互信頼を高めようとする軍備管理措置の一つ。

短文問題❹　国連総会で採択された包括的核実験禁止条約（CTBT）の現状について，40字以内で述べよ。

《解答例》　アメリカをはじめ核保有国などが署名・批准を否定しているため未発行である。

短文問題❺　地域紛争などで発生する難民に対する「第三国定住」とは何か，50字以内で述べよ。

《解答例》　長期間の避難生活を余儀なくされた難民に対して避難先以外の国への受け入れ，定住を認める救済制度。

短文問題❻　2011年から中東世界でおこった「アラブの春」という言葉の意味を，60字以内で述べよ。

《解答例》　中東全域で自由と民主主義が掲げられ，アラブ世界で長く続いていた各国の軍事政権が次々と倒されたことを指す言葉である。

短文問題❼　貧困と飢餓が続くアフリカ諸国などの後発発展途上国に対して，先進国はどのような援助をすべきなのか，50字以内で述べよ。

《解答例》　先進国からの援助は衣食住や教育・保健・医療など人間の基本的ニーズを充足させるものが必要とされている。

短文問題❽　国際分業の水平的分業と垂直的分業について，100字以内で述べよ。

《解答例》　貿易を通じて商品を交換し合う国際分業として，先進国同士がそれぞれ別の分野の完成品や半製品を分担生産する水平的分業と，先進国が完成品を，途上国がその原材料などの生産を担当する垂直的分業がある。

短文問題❾　多国籍企業が生産拠点を海外に求めることは，本国にどのような問題を与えることになるか，50字以内で述べよ。

《解答例》　海外子会社からの逆輸入は本国の経常収支を圧迫し，雇用機会も減少させ，国内産業の空洞化の要因となる。

短文問題❿　ファンダメンタルズと為替レートの関係について，60字以内で述べよ。

《解答例》　ファンダメンタルズは，一国の経済状態や通貨価値を判断する基礎的な条件のことで，為替レートの水準に大きな影響を与える。

短文問題⓫　外国とのすべての経済取引の体系的な記録が「国際収支」である。日本では日銀が作成し，2014年に新形式となった。国際収支統計全体で成立する新旧の式をそれぞれ述べよ。

《解答例》　旧　経常収支＋資本収支＋外貨準備増減＋誤差脱漏＝0
　　　　　　新　経常収支＋資本移転等収支－金融収支＋誤差脱漏＝0

短文問題⑫ 1995 年に GATT を発展的に改組して WTO が設立されたが，GATT と WTO の違いについて，50 字以内で述べよ。

《解答例》 GATT が加盟国間の協定に過ぎなかったのに対し，WTO は法的拘束力を持つ国際機関となったこと。

短文問題⑬ 2008 年に発生した世界金融危機の契機となった「リーマンショック」の原因について，50 字以内で述べよ。

《解答例》 証券化されていたアメリカの低所得者向け高金利住宅ローンである，サブプライムローンの延滞や焦げ付き。

短文問題⑭ イギリスが EU からの離脱国（ブレグジット）となった理由について，60 字以内で述べよ。

《解答例》 移民に職を奪われることやギリシャ危機への特別な配慮から国内での反 EU 派が増え，国民投票で国民が離脱を選択したため。

短文問題⑮ 自由貿易協定（FTA）と経済連携協定（EPA）の違いについて，60 字以内で述べよ。

《解答例》 EPA は FTA の発展型で，FTA を柱に，知的財産権の保護，投資，人的交流など幅広い分野での連携の強化を目指すもの。

短文問題⑯ 京都議定書に代わるパリ協定は何に対する対策を定めたものか，50 字以内で述べよ。

《解答例》 2020 年以降の地球温暖化対策として，温室効果ガスの排出量についてのルールを定めたもの。

短文問題⑰ 日本でのヘイトスピーチへの対応と課題について，70 字以内で述べよ。

《解答例》 不当な差別的言動は許されないとするヘイトスピーチ解消法を制定したが，表現の自由との兼ね合いにより，禁止規定や罰則規定がない。

演習　　　　　　　　　**論述問題**

第Ⅰ章　政治分野 ◇◇◇◇◇◇◇◇◇◇◇◇◇◇◇◇◇◇◇◇◇◇◇◇◇◇◇◇◇◇◇◇◇

1　民主政治の基本原理

❶「法の支配」とはどのような原理か，その成立の経緯や「法治主義」との共通点・相違点も踏まえて論ぜよ。(200字)

> **差がつくポイント**
> ・国家権力と法の関係に着目する
> ・法と国民の人権の関係に着目する

《解答例》「法の支配」とは，統治者の権利を法によって制限し一般国民の人権を保障するという原理であり，イギリスにおいて専制的な君主による恣意的な「人の支配」に対抗する過程で成立した。議会によって制定された法に基づいて行政権が行使されるという点では，19世紀のドイツで確立した「法治主義」も同様である。しかし，「法治主義」では，行政が法に適合しているか否かという手続き的な側面が法の内容よりも重視される。〔194字〕

❷ホッブズ・ロック・ルソーの社会契約説について，それぞれの特徴と当時の社会に与えた影響について論ぜよ。(400字)

> **差がつくポイント**
> ・自然状態のあり方に着目する
> ・人民（国民）と国家の関係に着目する

《解答例》　ホッブズは，社会が成立する以前の自然状態について，自己保存の権利を行使するために各人が闘争する状態であるとした。この状態を脱するために各人が社会契約に基づいて自然権を放棄し統治者に委譲する，と考えたホッブズの説は，結果的にイギリスの絶対王政を擁護した。ロックは，人間は自然状態において自由・平等で独立した状態であるとした。この状態から，各人は所有権を確保するため相互に社会契約を結んで国家へ権力を信託し，国家が背信した場合は国民に抵抗権がある，と考えたロックの説は，名誉革命を正当化し，アメリカ独立革命に影響を与えた。ルソーは，本来の自然状態は自己愛と憐憫（れんびん）の情に満ちた状態であるが，私有財産制によって不

自由・不平等になっていると考えた。そこで，各人の自由な意思に基づく社会契約によって形成された共同体に一般意思の行使を委ねるべきである，と考えたルソーの説は，フランス革命に影響を与えた。〔393字〕

2　日本国憲法と平和主義

❶個別的自衛権と集団的自衛権の違いについて，安全保障上の日本政府の見解と併せて論ぜよ。（200字）

差がつくポイント▶・集団的自衛権の「保有」と「行使」への政府見解の違いに注意する

《解答例》　個別的自衛権とは，他国から自国の領域に攻撃を受けた場合に防衛する権利，集団的自衛権とは，自国への直接攻撃がなくても同盟国に対する攻撃を自国に対するものとみなして反撃できる権利である。日本政府は従来，集団的自衛権は憲法9条との関係上行使はできないという見解をとっていた。しかし2014年，一定の要件を満たせば一部行使可能とする閣議決定を行い，2015年には平和安全法制整備法および国際平和支援法が成立した。〔198字〕

3　基本的人権の保障

❶自由権と社会権の違いについて，それぞれが確立した歴史的経緯も踏まえて論ぜよ。（200字）

差がつくポイント▶・自由権の「国家からの自由」としての性格を押さえる
・社会権の「国家による自由」としての性格を押さえる

《解答例》　自由権は，国家権力による国民生活への介入を制限することによって，財産権や経済活動の自由などの保障をはかる権利である。社会権は，国家権力の国民生活への介入によって，生存権や労働権などの保障をはかる権利である。自由権は，市民革命において自然権が確立されるとともに発達し，資本主義経済発展の基礎となったが，やがて貧困や失業などの矛盾が深刻化し，その解決を国家に求める動きのなかで社会権が確立された。〔196字〕

❷「公共の福祉」とはどのような原理か。具体的な事例を挙げながら論ぜよ。（200字）

差がつくポイント▶・「個人の人権 vs. 他人の人権」「個人の人権 vs. 社会共通の利益」に着目する

《解答例》　公共の福祉は，日本国憲法では第12・13条などに規定されている。

個人の人権同士の矛盾や衝突を調整するための原理という解釈と，個人の人権と社会共通の利益の矛盾や衝突を調整するための原理という解釈がある。前者には，個人のプライバシーの権利を脅かす出版物の販売を禁じて表現の自由を制限するなどの事例があり，後者には，文化財の保護や環境の保全のために建築基準を設けて経済の自由を制限するなどの事例がある。〔196字〕

❸プライバシーの権利の変容と問題点について，次の語句を用いて論ぜよ。
（250字）

「宴のあと」事件　　　自己管理　　　個人情報保護関連5法　　　民間事業者
表現・報道の自由

差がつくポイント
・「情報を自己管理できる権利」としての意義を押さえる
・プライバシーの権利の保護によって起こる権利の衝突に着目する

《解答例》　「宴のあと」事件の東京地裁判決によって，みだりに私生活などを公開されない権利として，プライバシーの権利が初めて認められた。その後，自分の情報を自己管理できる権利として，より積極的にとらえられるようになり，2003年には個人情報保護関連5法が制定され，行政機関に加えて民間事業者にも個人情報の適切な扱いが求められるようになったが，表現・報道の自由が過剰に制限されることへの懸念もある。また2013年に成立したマイナンバー法では，コスト削減や不公平の是正が期待される一方，個人情報の漏洩が懸念されている。〔245字〕

❹日本における環境権の法的な根拠について，1990年代に成立した環境保護のための法律の意義とその限界にも触れながら論ぜよ。（300字）

差がつくポイント
・環境権の根拠としての幸福追求権・生存権に着目する
・環境基本法などの条文における環境権の扱いに着目する

《解答例》　高度経済成長のころから，生活環境の保全と環境破壊の差し止めを求める権利として，環境権が主張されるようになった。環境権は，日本国憲法の制定当時には想定されていなかったため，憲法第13条の幸福追求権や第25条の生存権を根拠として主張されてきたが，大阪空港公害訴訟をはじめとした大規模開発をめぐる裁判において，環境権を明示的に認める判例は出ていない。1993年には公害対策基本法にかわって環境基本法が，1997年には大規模開発による影響の事前調査などを規定した環境アセスメント法

が制定されるなど，環境保全の動きを強化するための立法が行われてきたが，いずれの法律も環境権そのものについては明記されていない。〔293字〕

4　国民主権と政治機構

❶大日本帝国憲法下の帝国議会と内閣の関係，および日本国憲法下の国会と内閣の関係の違いについて論ぜよ。(250字)

差がつくポイント
・天皇の統治権下の帝国議会と国務大臣の位置づけを押さえる
・日本国憲法下の議院内閣制と立法権の優位を押さえる

《解答例》　大日本帝国憲法下では，天皇が国の元首として統治権を総攬し，帝国議会は天皇が立法権を行使するための協賛機関にすぎなかった。内閣は議会の多数派で構成されることもあったが，議会に対しては責任を負わず，各国務大臣が個別に天皇を輔弼して責任を負った。一方，日本国憲法では，国会が国権の最高機関であり，唯一の立法機関として位置づけられた。そして，議員のなかから指名された総理大臣が，国務大臣の過半数を国会議員から任命して内閣を構成することが規定されており，国会の信任のうえに内閣が成り立つ議院内閣制がとられている。〔250字〕

❷日本国憲法における裁判所について，国会・内閣それぞれの機関との関係を説明し，さらに違憲法令審査権の行使をめぐって指摘されている問題点について論ぜよ。(300字)

差がつくポイント
・裁判官弾劾権・違憲法令審査権・最高裁長官指名権などを押さえる
・違憲法令審査における統治行為論に着目する

《解答例》　司法権をもつ裁判所は，立法権をもつ国会が制定する法律に対する違憲法令審査権を有し，国会からは裁判官の弾劾権によって抑制を受けている。行政権をもつ内閣に対しては，政令などに対する違憲法令審査権や行政訴訟に対する終審裁判権を有しており，内閣からは最高裁判所長官の指名やその他の裁判官の任命によって抑制を受けている。裁判所は，行政権・立法権の干渉を受けることなく，司法権の独立と裁判官の独立の原則の下に裁判を行うよう規定されている。しかし，実際に違憲法令審査権が行使されるのは具体的な訴訟を取り扱うときだけであり，高度な政治性を有する事件については，統治行為論に基づいて憲法判断を避ける傾向がある。〔296字〕

❸「大きな政府」と「小さな政府」の長所・短所を踏まえて，1980 年代以降に日本政府が行ってきた改革の目的と弊害について論ぜよ。(300 字)

差がつくポイント▶ ・経済・社会政策における規制・財政規模・税負担などの規模に着目する

《解答例》　現代の福祉国家は，「大きな政府」としての側面をもっている。「大きな政府」は，国民の生活水準に平等・安定をもたらすが，行政機構の肥大化による非効率性，財政赤字による国民の負担の増大などの弊害，各種規制による活力の低下などをもたらす。そこで，1980 年代以降，日本政府は行政機構の再編，国鉄や電電公社などの民営化，規制緩和によって「小さな政府」を志向する改革を行ってきた。「小さな政府」には，競争による活性化や規制緩和による効率の向上，財政均衡による国民負担率の軽減などのメリットが期待されるが，近年は，少子高齢化や景気の低迷などもあいまって，福祉水準の低下や所得格差の拡大などの弊害も指摘されている。〔299 字〕

❹地方自治における住民投票について，その種類と特徴を論ぜよ。(350 字)

差がつくポイント▶ ・地方自治法や憲法で定められているものと条例によるものとに着目する

《解答例》　住民投票には，地方自治法により認められている地方自治体の首長・議員のリコールの賛否を問う住民投票と，憲法により認められている地方特別法についての住民投票とがある。これらの住民投票は，地方政治に住民の意思を反映するために設けられている制度である。これ以外で最近広がりを見せているものとして，各地方自治体が条例を制定することで行われる住民投票がある。この条例に基づく住民投票は地方自治法に定めがないため，未成年者へ投票権を与えることができるなど，選挙と異なる形で住民の意思をはかることができる。その反面，投票結果には法的拘束力がないにもかかわらず，対象となる案件は原発建設の賛否など国政に関わるものが多いので，投票結果として現れた「民意」を現実の行政にどのように活かすかが課題である。〔342 字〕

5　現代日本の政治

❶ 1955 年から今日に至るまでの日本の政党政治の変化について，衆議院の選挙制度改革にも触れながら，次の語句を用いて論ぜよ。(350 字)

派閥　　連立政権　　無党派層

差がつく ポイント
・中選挙区制における派閥の役割に着目する
・小選挙区比例代表制導入の影響に着目する

《解答例》　1955年に統一された社会党と保守合同で成立した自由民主党による55年体制が成立したが，1960年代の多党化もあって，実際は自民党一党優位が続いた。政権交代は政党の間ではなく，中選挙区制の下，自民党内の派閥の間で擬似的に行われた。1993年に政治改革問題を背景に自民党が分裂して非自民非共産の連立政権が成立し，55年体制は崩壊した。1994年には衆議院に小選挙区比例代表並立制が導入されたが，その後も政治の流動化が続いた。2009年の総選挙では，民主党が野党としては戦後初めて単独過半数を獲得して政権が交代し，同党を中心とした連立政権が作られたが，その後の政権運営の混乱などもあり，2012年の総選挙では再び自公連立政権が成立した。この背景には無党派層による投票行動が影響を与えたとされる。〔345字〕

❷現代の日本政治において，世論が果たしている役割と世論形成をめぐる問題点について論ぜよ。（200字）

差がつく ポイント
・国民の政治参加と世論の関係に着目する
・世論形成におけるマスメディアの役割に着目する

《解答例》　世の中の人々の間に形成されている合意を世論という。世論は，マスメディアを通して社会全体に大量伝達されることによって，議会や政府などの政治権力に強い影響を与える。国民が政治参加するために，世論を表出することは，選挙と並ぶ有力な手段であるといえる。マスメディアは世論の形成においても重要な役割を果たすが，誤報や偏向，スポンサーの圧力や国家権力の統制などによって世論操作につながる危険性も指摘されている。〔199字〕

第Ⅱ章　経済分野 ◇◇◇◇◇◇◇◇◇◇◇◇◇◇◇◇◇◇◇◇◇◇◇◇◇◇◇◇◇◇◇

1　経済社会の変容

❶ 20世紀の資本主義の展開について，ケインズの経済理論をもとに「修正資本主義」へと変容した経緯を説明せよ。(300字)

差がつくポイント▶
・ケインズによる不況とその対策の説明に着目する
・経済社会のおける政府の役割の変化を捉える

《解答例》　ケインズは，売れ残る商品がないように供給者（企業）は生産量を減らすため，過剰になった人員を削減したり，工場を閉鎖したりすることが不況の原因であると考えた。世界恐慌のような激しい景気変動や失業の発生に対し，金融政策によって金利を低下させることや政府が公共投資を増やして有効需要（新しい需要）を作り出すべきであると主張し，この政策は第二次世界大戦後には，多くの国で採用された。このように，経済社会における政府の役割は大きく変容し，経済社会の変化に応じて政府が介入して役割を果たすようになった。この段階の資本主義をアダム＝スミスが経済理論を展開した段階の資本主義と区別して「修正資本主義」としている。〔296字〕

❷ 1970年代以降の資本主義の展開について，フリードマンの経済理論をもとに「新自由主義」へと変容した経緯を説明せよ。(300字)

差がつくポイント▶
・大きな政府の問題点に着目する
・政府の役割が小さな政府に回帰した変化を捉える

《解答例》　1970年代，不況とインフレーションの同時進行であるスタグフレーションの時期にケインズの理論に基づく政策は行き詰まりをみせるようになる。大きな政府の弊害として財政赤字の拡大や行政権の肥大が経済の非効率を生んでいるとして，フリードマンはこれまでのケインズの経済理論による政策を批判し，市場の自動調節機能への信頼と自由な経済活動への支持から，政府の経済への介入には効果がないとして「小さな政府」への回帰を主張した。景気対策としては，財政政策よりも金融政策を重視し，貨幣の供給量に注視すること，市場経済における自由な経済活動を重視する「新自由主義」の立場による経済政策が展開されるようになった。〔296字〕

2　現代経済のしくみ

❶市場の機能にはどのような限界があるのだろうか。市場がうまく機能しない場合の具体例や政府の経済社会における役割について，次の語句を用いて論ぜよ。(350字)

　　市場の失敗　公共財　外部経済　外部不経済　寡占市場　情報の非対称性

差がつくポイント ・市場がうまく機能できない状況について，具体的場面に着目
　　　　　　　　 ・市場の限界を補完する必要性のある経済的な取引に着目

《解答例》　市場機能がうまく機能しない場合を<u>市場の失敗</u>と表現している。具体的には，市場における取引きでは適切に資源配分されない財やサービスは，<u>公共財</u>や公共サービスとして政府によって供給される。また，市場における取引きに直接参加していない経済主体がプラスの影響を受ける<u>外部経済</u>や公害などのようにマイナスの影響を受ける<u>外部不経済</u>，市場における自由な取引きの結果，特定の財やサービスを供給するのが一つの企業もしくは少数の企業だけという独占市場や<u>寡占市場</u>，市場を通じた取引きにおいて，売り手と買い手において商品に関する情報の格差が生じている<u>情報の非対称性</u>，などがある。このため，市場経済における自由で公正な経済取引を実現し，その限界性を補完するためにも，経済社会における政府の役割は重要である。〔337字〕

❷通貨量の適切な調整や金融システムの安定のために日本銀行が取り組んでいる金融政策について，次の語句を用いて論ぜよ。(300字)

　　マネーストック　　　オペレーション　　　金融政策決定会合

差がつくポイント ・通貨供給量を適切に管理するための具体的な政策に着目
　　　　　　　　 ・金利の変動を誘導するための方策を考察

《解答例》　金融システムや景気の安定のために，日本銀行は国内の個人，法人，地方公共団体などが保有する<u>マネーストック</u>の調整を図る。そのために行う金融政策の中心的手段は<u>オペレーション</u>（公開市場操作）である。不況対策として，公開市場操作を通じて，資金供給を行う場合は日銀が市中銀行から国債などを買う，買いオペレーションを行い，インフレーションを抑制するために資金吸収を行う場合は日銀が市中銀行へ国債等を売る，売りオペレーションを行うことで，無担保コールレート（短期金利）の誘導目標をコントロールしている。その際，<u>金融政策決定会合</u>（日銀総裁，副総裁2名，審議委員6名）が，金融政策の基本方針を決定している。〔293字〕

❸インフレーションが起きる要因を，複数の視点から論ぜよ。(200字)

差がつくポイント
・通貨供給量の急激な増加がもたらす影響を考察
・需要と供給の不均衡が起こる原因を考察

《解答例》　賃金や原材料費の上昇によって起きるコストプッシュ・インフレーション，国民の購買力の向上や政府の財政支出の伸びによって生じるディマンドプル・インフレーション，輸入品の価格上昇や輸出拡大による貿易黒字が原因で，通貨供給量が増大して生じる輸入インフレーション，大量に発行された国債を中央銀行が直接引き受けたことによって通貨供給量が急激に増大して生じるハイパーインフレーションなどがある。〔190字〕

❹国の財政の役割と限界について論ぜよ。(400字)

差がつくポイント
・資源配分の調整，所得の再分配，景気変動の調整の三つの機能を押さえる
・政府の経済活動の効率性の問題に着目する

《解答例》　国は，租税・借り入れなどで得た歳入を，道路・港湾・下水道施設・義務教育など，私企業によっては供給されない公共財に出資することによって資源の再配分を行っている。また，累進課税制度を組み入れた所得税や相続税などにより高所得者からより多くの租税を徴収し，生活保護や雇用保険などの社会保障制度を通じて，低所得者への所得の再分配を行っている。そして，累進課税制度には景気の過熱を抑え，社会保障制度には有効需要の減少を抑えるはたらきが備わっており，これらは景気変動を調整する役割も果たしている。さらに，不況期には財政支出拡大・減税，好況期には財政支出削減・増税を政府が行うことによって，景気の安定がはかられている。しかし，政府の経済活動には競争原理がはたらきにくいため，効率が低くなりがちである。財政健全化などの目標を掲げながらも，国民の不人気を嫌って，必要な財政支出削減や増税を避けようとする傾向もみられる。〔399字〕

❺政府が経済活動に介入する場合（大きな政府）と，あまり関与しない場合（小さな政府）について，そのメリット・デメリットを論ぜよ。(400字)

差がつくポイント
・経済社会の「効率」と「公正」のバランスを考察する
・政府の経済的な役割の変化について着目する

《解答例》　不況の際に国債を発行してでも景気のてこ入れを行い，不況によ

る国民生活への影響を抑えようとすることや，必要な福祉政策の充実を図り，所得の再分配機能を高めることで，格差の拡大を抑えることは，大きな政府のメリットである。財政の赤字や行政の肥大化を招いてしまうことで，経済運営が非効率になり，財政赤字により将来世代の負担を大きくしてしまうことは，大きな政府のデメリットである。財政の基礎的財政収支の健全さを優先し，効率の良い行財政が実行されることや，経済活動の自由を尊重し，企業や民間の活力，市場の機能を生かした経済システムを構築することは，小さな政府のメリットである。経済活動における効率を重視して，業務を縮小する部門について，公共サービスが受けられなくなることや，各経済主体の自己責任が求められ，社会保障や教育などについても自己負担が大きな社会システムとなることは，小さな政府のデメリットである。〔396字〕

❻日本の一般会計における歳入の「公債金収入」と歳出の「国債費」の変化を読み取り，その変化の理由について考え，日本の財政の課題として指摘できる点について論ぜよ。(200字)

差がつく
ポイント　・資料集や教科書で国の歳入と歳出の内訳を確認して考察する
　　　　　・プライマリーバランスに着目して課題を考察する

《解答例》　歳入に占める公債金収入の割合は34.3％（2022年度），歳出にしめる国債費の割合は22.6％（2022年度）と国債の発行残高の増加によって，基礎的財政収支（プライマリーバランス）の赤字が固定化しており，弾力的な歳出の余地を奪い，国家財政を硬直化させてきている。今後は増税を含めた歳入増と，効率化を図って歳出減を行うことが求められるが，これらの改革は，税と財政における「公正」さを検討しながら進める必要がある。〔189字〕

3　日本経済のあゆみと現状

❶日本が第二次世界大戦後に高度経済成長を達成した要因を，次の語句を用いて論ぜよ。(250字)

設備投資　　貯蓄率　　労働力　　固定為替レート

差がつく
ポイント　・企業の設備投資，高い貯蓄率，良質な労働力などを押さえる

《解答例》　第一に，めざましい技術革新を背景に各企業が事業の拡大をめざして積極的な設備投資を行い，それが関連産業に波及してさらなる投資を呼んだことである。第二に，国民の貯蓄率が高く，間接金融の形で企業に潤沢

な資金がもたらされたことである。第三に, 明治以来の学校教育の充実によって良質な<u>労働力</u>が農村部から都市部へ豊富に供給されたことである。第四に, 安定した保守政権が, 低利融資などの企業育成・保護政策を積極的に行ったことである。第五に, 円の実力に比べて割安な<u>固定為替レート</u>が輸出産業の国際競争力を高めたことである。〔250 字〕

❷グローバル経済の進行とともに, 世界経済は地域的金融問題に端を発する周期的な危機に見舞われるようになった。その背景について, 次の語句を用いて論ぜよ。(200 字)
　　金融・資本取引の自由化　　グローバル化　　遠距離通信網の拡大
　　新自由主義
差がつくポイント▶・国家の規制を解かれた資金の流動性を押さえる

《解答例》　1970 年代以降の<u>金融・資本取引の自由化</u>やインターネットなどの<u>遠距離通信網の拡大</u>, <u>新自由主義</u>の「国家を越えた認識共同体」意識やそれに基づく経済政策が支持されたことなどにより, 国家の規制を解かれた資金が国境を越えて流動する金融の<u>グローバル化</u>が進行した。しかし, 何らかの原因でいわゆる潮目が変わると, 投機的資金は瞬時に移動し, 遠く離れた地域の市場における些細な危機が世界市場に拡散されるようになった。〔198 字〕

❸日本の消費者行政の変容について, 次の語句を用いて論ぜよ。(400 字)
　　消費者主権　　消費者保護基本法　　消費者基本法　　一元化
差がつくポイント▶・情報の非対称性が引き起こすさまざまな問題を押さえる
　　　　　　　　　・「保護の対象としての消費者」の変化を押さえる

《解答例》　日本では高度経済成長によって大量生産・大量消費の時代を迎えたが, 有害食品・薬品や欠陥商品, 不当表示などの消費者問題が多発するようになった。生産のあり方を変えるためには, 消費者が合理的な行動をとることが重要であるが, 強大な企業から消費者側が得られる情報は限られており, <u>消費者主権</u>が実現されにくい状況であった。そこで, <u>消費者保護基本法</u>の制定や, 国民生活センターや消費生活センターの整備を通して, 消費者の権利や利益の保護がはかられてきた。しかし, 商品・サービスの多様化や情報化・グローバル化の進展によって消費者問題も多様化する一方, 消費者の側にも契約などに関する責務への自覚が求められるようになり, <u>消費者基本</u>

法の制定によって，消費者は自立した権利の主体として位置づけられるようになった。また，各省庁に分散していた消費者行政を消費者の視点に立って<u>一元化</u>することをめざして，消費者庁が設置された。〔393 字〕

4 労働と社会保障

❶日本の社会保障給付をめぐる問題点について論ぜよ。(250 字)

差がつくポイント ・給付内容や財源の問題，格差などについて言及する

《解答例》 第一に，給付内容の不十分さが挙げられる。例えば，国民一人あたりの社会保障給付費は，ヨーロッパ諸国の水準を下回っている。第二に，財源不足の問題である。急速な少子高齢化の進展は，社会保障給付費の急速な増大をもたらした反面，財源の担い手となる労働人口の減少という危機に直面している。第三に，不公平感の問題である。加入している制度によって負担額・給付額に格差がある。また，現在の若年層には将来の自分自身への給付水準が低下するのではないかという不満があり，未加入・未納などの問題も引き起こしている。〔244 字〕

❷「新しい生活様式」と働き方改革について，次の語句を用いて論ぜよ。(300 字)

終身雇用　　年功序列型賃金　　長時間労働　　成果主義
ワークライフバランス　　働き方改革関連法　　リモートワーク

差がつくポイント ・雇用慣行の変化に着目
・コロナ感染症の拡大に伴う新しい生活様式の影響を考察

《解答例》 戦後日本の社会では，<u>終身雇用</u>や<u>年功序列型賃金</u>といった制度により，<u>長時間労働</u>に依存する雇用慣行が敷かれてきた。これを見直し，<u>成果主義</u>を導入することで，仕事の効率化と<u>ワークライフバランス</u>の適正化を促そうとするのが「働き方改革」であり，2018 年には，時間外労働の上限規制や同一労働同一賃金の実現を目指して「<u>働き方改革関連法</u>」が整備された。新型コロナウイルス感染症の拡大にともなって，多くの企業では<u>リモートワーク</u>の導入が急激に広まった。この変化は，旧来からの企業の組織や雇用の在り方を見直すきっかけともなっている。コロナ収束後も「新しい生活様式」の働き方が，改めて求められている。〔285 字〕

❸「少子高齢社会」の課題について，今後の労働力人口の確保に着目して論ぜよ。(200 字)

差がつくポイント▶　・労働力人口の減少による問題点に着目
　　　　　　　　　　・少子化対策と働き方改革の関連について考察

《解答例》　少子高齢社会の課題解決には，少子化の解消が求められるのと同時に，現役世代の人口減少に対して，社会保険料の担い手としての働き手の数を確保する必要がある。そのためには，高齢者の就業を促すことや女性の就業が継続できる環境整備が求められる。経済的な負担を軽減する児童手当や子ども手当の拡充，育児休業制度，保育所の整備は，子どもを産み育てやすい環境を整え，長期的に労働力人口を確保する上で，今後も重要である。〔199 字〕

第Ⅲ章　国際分野 ◇◇◇◇◇◇◇◇◇◇◇◇◇◇◇◇◇◇◇◇◇◇◇◇◇◇◇◇◇◇

1　国際政治と日本

❶ 17世紀から今日に至る国際社会の形成とその変容について，次の語句を用いながら，主権国家の地位に注目して論ぜよ。(400字)

　　ウェストファリア会議　　ウィーン会議　　植民地　　民族自決の原則
　　欧州連合

差がつく ポイント ▶● ・主権国家体制の成立に着目する
　　　　　　　　　・ナショナリズムや国家以外の主体の台頭に着目する

《解答例》　ヨーロッパでは，17世紀中ごろのウェストファリア会議によって，主権をもつ国家が対等な立場で話し合いを行う近代国際社会が形成された。この国際秩序は，フランス革命とナポレオンの大陸支配によって混乱に陥ったが，ナポレオン没落後のウィーン会議によって現状復帰がはかられた。ただし，ヨーロッパ諸国は，侵略したアジア・アフリカ諸国に対しては主権を認めずに植民地支配を強いてきた。しかし，第一次世界大戦後のベルサイユ条約の基調となり，第二次世界大戦後の国際人権規約の社会権の規約などにも明記された民族自決の原則に基づいて，ナショナリズム運動が活発化し，第二次世界大戦後は多くの植民地が独立して主権国家が増加した。一方，欧州連合に代表される地域的経済統合のもとで国家主権が制約される状況や，非政府組織（NGO）やグローバル企業などの台頭による，主権国家の相対的地位の低下が指摘されている。〔383字〕

❷ 勢力均衡（バランス - オブ - パワー）政策と集団安全保障の相違点とそれぞれの問題点について，具体的な事例も挙げながら論ぜよ。(300字)

差がつく ポイント ▶● ・軍事力を管理する手法に着目する

《解答例》　勢力均衡政策とは，敵対する国家集団の軍事力のバランスを取ることによってある特定の国家の政治的影響力の突出を防ぎ，戦争を抑止しようとする考え方である。第一次世界大戦前のヨーロッパにおける三国同盟と三国協商の対立が典型であるが，一方で互いを牽制しながら軍事力が増強される傾向になり，結局は均衡が保たれにくい。集団安全保障体制は対立関係にある国家同士を含むすべての国家を組織してルールを定め，造反国には加

盟国が共同で制裁を加え国際平和を維持する体制である。具体的には第一次世界大戦後の国際連盟や第二次世界大戦後の国際連合であるが，正規の国連軍が発足されていないなど，理念を実行する部分で課題が残っている。〔299字〕

❸第二次世界大戦後からマルタ会談に至るまでの核兵器を中心とした軍縮・軍備管理の経過を，国連常任理事国の動向に注目して論ぜよ。(300字)

差がつくポイント▶・米英ソ中心の核不拡散政策，米ソ間の軍縮交渉に着目する
・フランス・中国の独自路線に着目する

《解答例》　1954年に起こった第五福竜丸事件を契機に，核実験の禁止や核廃絶を求める原水爆禁止運動が活発化したが，1962年のキューバ危機では米ソによる核戦争の危機が高まった。1963年，米英ソの三国は地下空間以外での核実験を禁止する部分的核実験禁止条約（PTBT）を締結した。1968年には，核兵器の保有を当時の核保有国に限定する核兵器不拡散条約が成立したが，フランスと中国は，米ソ中心の核管理体制に反発して当初からの参加は見送った。財政負担の増大などを背景に米ソは1970年代には戦略兵器制限交渉，1980年代には包括的軍縮交渉に取り組み，1987年に中距離核戦力（INF）全廃条約を成立させ，その後，1989年のマルタ会談で米ソ冷戦の終結が伝えられた。〔294字〕

❹2022年に行われた国連人権理事会の理事国の権利停止の具体例を示せ。(150字)

差がつくポイント▶・ウクライナでの紛争における国連でのロシアへの制裁について考える。

《解答例》　国連総会では，出席しかつ投票する構成国の3分の2以上の多数によって，重大かつ組織的な人権侵害を行った国連人権理事会の理事国としての権利を停止できる。2022年4月，国連緊急特別会合はロシアの理事国資格を停止する決議を，日米欧などの賛成多数で採択した。〔123字〕

❺冷戦終結後にソ連・東欧で起こった民族紛争の背景と経過について，次の語句を用いて論ぜよ。(250字)

ユーゴスラビア　　　アゼルバイジャン　　　アルメニア　　　チェチェン

差がつくポイント▶・冷戦体制下で民族紛争が抑制されていた理由を押さえる
・各紛争の位置づけを的確に整理する

《解答例》 冷戦体制下，旧ソ連や東欧諸国では，諸民族の自立への動きがソ連共産党の指導によって強く抑制されていたが，ゴルバチョフによるペレストロイカによってイデオロギーの制約が緩んだ。冷戦終結後のソ連解体と前後して東欧諸国で民主化改革が進んだが，<u>ユーゴスラビア</u>では，独立を宣言した各国が宗教対立と絡んで内戦を起こした。<u>アゼルバイジャン</u>と<u>アルメニア</u>の紛争など，旧ソ連を構成した共和国同士の紛争も起こり，ロシア連邦内のイスラーム系<u>チェチェン</u>人による独立の動きなどがみられ，たびたび内戦が起こった。〔239字〕

2　世界経済と日本

❶リカードの貿易に関する考え方と，その現代とのかかわりについて，次の語句を用いて論ぜよ。（100字，早稲田大・法 2009 年度改）

　　穀物法　　マルサス　　ＷＴＯ

差がつくポイント▶・マルサスとの穀物法論争を押さえる
　　　　　　　　　・ＷＴＯが自由貿易体制をめざしていることを踏まえる

《解答例》　自由貿易を主張したリカードは，穀物輸入を制限する<u>穀物法</u>に反対し<u>マルサス</u>と論争した。比較優位の品目の貿易が各国に利益をもたらすという彼の考え方，<u>ＷＴＯ</u>を中心とした現代の自由貿易体制の基調をなしている。〔100字〕

❷第二次世界大戦後の日米経済摩擦の要因と摩擦解消への取り組みについて，貿易品目の変化にも触れながら論ぜよ。（400字）

差がつくポイント▶・日本の貿易品目の変化を押さえる
　　　　　　　　　・日本の経済構造も問題視されたことを押さえる

《解答例》　第二次世界大戦後，日本経済はめざましい復興を遂げて輸出を伸ばし，国際収支は貿易黒字を基調とした。日米間も大幅な貿易黒字を記録するようになり，結果，アメリカの当該産業を圧迫するようになった。アメリカ国内からは，日本からの商品はダンピングであり，関税を引き上げるなど国内産業を守るべきとの声が高まり，貿易摩擦に発展した。この間，日本からの輸出品目は，繊維・雑貨類などの軽工業品目から，1970 年代の鉄鋼・カラーテレビ，1980 年代の工作機械・自動車・半導体などの重化学・ハイテク製品へと変化してきた。日本側は輸出の自主規制や現地生産などで対応

してきたが，アメリカの包括貿易法スーパー301条が発動されるなどアメリカ側の反発は収まらなかった。そこで，1980年代後半から1990年代前半にかけて開かれた日米構造協議や日米包括経済協議では，日本の複雑な流通制度や商慣行などを非関税障壁として問題視され，法改正や規制緩和が話し合われた。〔398字〕

❸為替相場の変動要因と為替相場の安定のための対策について，次の語句を用いて論ぜよ。(250字)

　　ファンダメンタルズ　　ホットマネー　　政策協調

差がつくポイント・ファンダメンタルズ以外の要因の拡大と主要国の政策協調の重要性を押さえる

《解答例》　為替相場の長期的な水準は，外国為替手形の需給関係に加えて，ファンダメンタルズと呼ばれる，各国の物価上昇率や経済成長率などの基礎的条件によって左右されるのが一般的である。しかし，短期的には，為替差益の獲得を目的とした投機や各国の金利差を利用した投資資金作りなどによって，ホットマネーと呼ばれる短期資金が市場に大量に流れ込んで急激な為替変動が引き起こされることがある。そのため，国ごとの市場介入では為替相場の安定がはかられなくなってきており，先進国を中心とした関係各国による政策協調の重要性が高まっている。〔250字〕

❹第二次世界大戦後の国際的な経済格差問題の変容と格差是正のための取り組みについて，次の語句を用いて論ぜよ。(400字)

　　モノカルチュア経済　　資源ナショナリズム　　ＮＩＥｓ
　　後発発展途上国　　ＮＧＯ

差がつくポイント・南北問題と南南問題の基本的な構造を押さえる
・国際機関とＮＧＯの連携に着目する

《解答例》　第二次世界大戦後，アジア・アフリカの多くの国々が植民地支配を脱したが，少数の一次産品に依存するモノカルチュア経済を余儀なくされ，発展途上国と先進工業国との格差が拡大した。そこで先進諸国中心のＯＥＣＤなどが途上国の支援を行い，国連では途上国主導でＵＮＣＴＡＤが設立されて途上国の貿易拡大がはかられてきた。しかし，1970年代以降，途上国間の格差がいちじるしく拡大した。資源ナショナリズムを強く主張する産油国や，政府主導の外国資本・技術の導入で工業化に成功したＮＩＥｓが台頭

した。一方，後発発展途上国は，低所得で資本蓄積が進まないので生産性が低く，税収が少なく教育が不十分で人的資源の質が向上しないなど，「貧困の悪循環」に陥った。国際紛争やテロの温床になっているとされる悪循環を根本から断ち切るために，ODA資金の一部をNGOの活動に提供するなど，国際機関と草の根レベルの活動との連携が重要となっている。〔398字〕

❺「プラザ合意」の内容について説明し，「プラザ合意」後に日本経済が急激に不況に陥った理由を円の対ドルレートの変化に関連付けて述べよ。
　（200字，神戸市外国語大・2023年度改）

差がつくポイント▶●・プラザ合意の内容を正確に押さえる
　　　　　　　　　・円の対ドルレートの変化を押さえる

《解答例》「プラザ合意」とはG5の蔵相・中央銀行総裁会議での合意で，具体的にはドル高是正のためにG5各国がドル売りの協調介入を行う決定がされたこと。「プラザ合意」後には，円の対ドルレートは急激に円高・ドル安が進行した。この円高は日本製品のドル建て価格を上昇させることになり，日本製品の国際競争力も低下した。輸出企業の収益も悪化し，輸出依存型の経済であった日本では景気が悪化した。このことは円高不況と呼ばれた。〔199字〕

❻ GATTとWTOの共通の理念と主な違いについて説明せよ。
　（160字，高崎経済大・2023年度改）

差がつくポイント▶●・GATTとWTOの理念と目的の違いを理解する

《解答例》　GATTもWTOも自由貿易体制の拡充が共通の理念であるが，GATTは関税やその他の輸入制限を撤廃することで，貿易の拡大と世界経済の発展を図るのが目的の協定である。WTOは世界の多くの国家が加盟する国際機関で，GATTの目的に加えてサービス分野や知的財産権，紛争解決方法など，多岐にわたる通商ルールが規定されている。〔159字〕

❼ 1973年に外国為替相場が変動相場制へ移行した背景を次の語句すべてを用いて，説明せよ。
　　ニクソンショック　　評価　　移動
　（400字，東京学芸大・2023年度文字数改）

差がつくポイント▶● ・ドルの弱体化の理由を当時の世界情勢を背景に理解する

《解答例》　ブレトンウッズ体制下では，アメリカのドルは，各国政府に金との兌換を保障され，国際間の取り引きに用いられる基軸通貨として位置づけられた。しかし，1950年代末以降，アメリカの国際収支の悪化などにともなって国際通貨としてのドルの信用に懸念が広がるドル危機とよばれる状況に陥った。アメリカのベトナム戦争への巨額出費や多国籍企業の海外投資の増大でドルの海外流出が進み，その結果，他国が取得したドルと金との交換を求めたためにアメリカの金保有高が減少して危機が進行した。これに危機感を持ったニクソン大統領は1971年にドルと金との交換停止を発表，この国際通貨体制の根幹を揺るがす事態はニクソンショックと呼ばれ，ドルに対する信頼はさらに低下した。IMFは固定相場制を維持するため，スミソニアン協定を締結してドルの切り下げなどを行ったが，その後も資金移動が続いてドルに対する評価は回復せず，1973年に主要国通貨は変動相場制に移行した。〔399字〕

《《《　さくいん　》》》

322

編集・執筆者

伊藤　智大	下川　欣哉
伊藤　航	庄司　健浩
大久保博史	杉山　拓哉
加藤　伸城	鈴木　広基
川瀬　雅之	辻堂　雅之
小西　真一	中村　大輔
櫻田　典子	則末　一大
佐藤　駿	八柳　匡
佐藤　豊記	藤倉　水緑
志田　光瑞	吉川　敦巳

（五十音順）

政経データバンク　――一問一答――

2023年12月20日　　第1刷発行 ⓒ　　　定価はカバーに表示してあります

編　者　　清水書院編集部
発行者　　野村久一郎
印刷所　　広研印刷株式会社
発行所　　株式会社　清水書院
　　　　　〒102−0072　東京都千代田区飯田橋 3−11−6
　　　　　　　　電話　03（5213）7151
　　　　　　　　振替　00130−3−5283　　　　ISBN978−4−389−21918−5